観光と地域振興

大薮多可志・中島 恵・大江靖雄・細野昌和 共著

KAIBUNDO

まえがき

　観光立国を推進することを目的に観光庁が 2008 年に発足し，各種のプロモーションを実施してきているが，日本の観光産業は未だ厳しい状況にある。同年に米国の投資銀行であるリーマン・ブラザーズが破綻し世界的金融危機を誘引し，各国経済は疲弊し日本の観光者も急減した。2011 年に東日本大震災が発生し津波被害や放射能汚染が生じ，東北地方は未曾有の被害を被った状態が続いている。日本は大きな試練の渦中にある。その後，日韓の竹島問題，日中の尖閣諸島問題で両国との間では「政凍経冷」状態が続き，日本は厳しい観光交流時代を迎え好転する兆しが見えてこない。とくに，これといった産業に乏しい地方が疲弊したままである。多くの地方では観光交流による経済的な支えが必要である。もちろん，農業や漁業などの一次産業の育成は必須事項である。地域が経済的に自立できない限り若者が都市部に流出し，地方の高齢化が進みコミュニティの維持管理ができなくなる。これは，田畑のみではなく漁港，山や森，川の管理までもが行き届かなくなり，災害や環境問題を誘引し，これまで集落で管理してきた取組も消滅しつつある。地方にとって観光は非常に重要な産業であるのみならずコミュニティを維持する産業である。

　日本の地方において，観光により地域を振興するさまざまな方策が検討され取り組まれてきている。成功事例は少ないが，一つ一つの事例は当該地域の財産であり他地方の方策構築に役立つ。観光には，成功のための唯一の学術的な理論はないといえる。ある地域で成功した事例があるからといって，単にそれを模倣することで成功はしない。さまざまな要因を検討し地域に合致した固有の手法を導出する必要がある。ただ，他地域の成功・失敗事例は十分に解析し参考にすべきである。その意味で多くの事例を広く公表し，各地域の方策構築に貢献させていく必要がある。

　本書の内容は広い分野をカバーし，各分野での現状や成功のための対策を事例としてまとめている。いかなる対策を構築するにせよ考慮しておくことが必要と思われる分野を組み入れたものである。一つの要因のみで観光が活性化されるわけではない。さまざまなアイデアを織り交ぜ地域に合った方策が実施さ

れ成功事例に繋がる。その中心は「人」であり，人が活用する資源や情報通信技術（ICT）は必須のアイテムとなってきている。とくに，ICT により地元の地域資源を詳細に発信していくことは必要不可欠となっている。ガイドブックでは多くの人が求める情報を画一的に示すことに主眼が置かれ，個別に知りたい情報をすべて網羅することは不可能である。改編には多額なコストがかかる。ICT のコンテンツはアップデートすることは容易である。この意味で ICT により着地型コンテンツを発信することが必要である。スマートフォンや多機能タブレットなどさまざまな ICT 機器が旅先で使用されはじめている。ソフトの提供が後手に回っている状況にある。この現状を把握しコンテンツ作成も含めた方策を立てるべきである。本書で示した事例が地方振興の一翼を担うことを願っている。

本書発行に際し海文堂出版編集部岩本登志雄氏に大変お世話になった。図やデータの検証も行って頂くとともに複数の専門家で構成した内容を統一あるものにしていただいた。ここに著者一同，心から感謝申し上げる。

2013 年 3 月　　　　　　　　　　　　　　　　　　　　大薮　多可志

目　　次

第 1 章　道の駅活用による地域振興 *1*
　　1.1　はじめに *1*
　　1.2　珠洲市概要 *2*
　　1.3　SWOT 分析 *8*
　　1.4　住民と観光者へのアンケート *10*
　　1.5　まとめ *13*

第 2 章　新幹線開業に向けた北陸 3 空港の連携と外客増加 *15*
　　2.1　はじめに *15*
　　2.2　日本の地方空港の現状 *16*
　　2.3　小松，能登，富山 3 空港の現状 *17*
　　2.4　航空機と新幹線 *23*
　　2.5　北陸 3 空港の連携 *26*
　　2.6　外客増加策 *29*
　　2.7　まとめ *32*

第 3 章　東京ディズニーリゾートと三鷹の森ジブリ美術館の経営比較 *35*
　　3.1　研究の背景 *35*
　　3.2　ウォルト・ディズニーと宮崎駿の人物比較 *36*
　　3.3　TDR と三鷹の森ジブリ美術館の経営比較 *41*
　　3.4　まとめ *54*

第 4 章　北九州ルネッサンスと新日鉄のテーマパーク事業参入 *59*
　　4.1　研究の背景 *59*
　　4.2　先行研究のレビュー *60*
　　4.3　新日鉄の多角化戦略 *61*
　　4.4　北九州市の活性化とテーマパーク設立 *63*
　　4.5　スペースワールドの意義と経済効果 *69*
　　4.6　民事再生法申請と経営譲渡 *74*
　　4.7　発見事項と考察 *77*

	4.8 まとめ	79

第5章　農業における教育旅行の活動とその課題　83

- 5.1 はじめに　84
- 5.2 我が国における教育旅行の現状　85
- 5.3 酪農教育ファームの概要　89
- 5.4 酪農教育ファームの経営者意識調査結果　91
- 5.5 むすび　101

第6章　山形県における地域文化的資源と観光需要との関連性　103

- 6.1 はじめに　103
- 6.2 分析対象　106
- 6.3 文化的資源と観光客数　108
- 6.4 重回帰分析の計測結果　110
- 6.5 食文化についての計量分析　113
- 6.6 むすび　116

第7章　交流型漁業経営の効率性評価　119

- 7.1 はじめに　119
- 7.2 簀立て体験の現状　122
- 7.3 聞き取り調査の概要と結果　124
- 7.4 DEA分析の概要と結果　128
- 7.5 考察　135
- 7.6 むすび　141

第8章　観光行動と着地型情報提供　145

- 8.1 はじめに　145
- 8.2 「観光行動」と「観光事業」　146
- 8.3 観光は情報のグルメ　147
- 8.4 最も重要な観光事業「情報提供」　148
- 8.5 モバイルICT活用による情報提供　149
- 8.6 スマートフォンとWi-Fiの活用と展望　150
- 8.7 結果　151

	8.8	考察 *171*
	8.9	まとめ *174*

第 9 章　外国人旅行者への着地型観光情報提供の課題 *179*

	9.1	はじめに *179*
	9.2	観光情報提供の重要性 *180*
	9.3	観光情報提供の手段・媒体 *181*
	9.4	公衆 Wi-Fi 活用の可能性の検証 *182*
	9.5	公衆 Wi-Fi を活用した外国人観光客への情報提供のあり方 *184*
	9.6	結果 *186*
	9.7	考察 *205*

索引 *213*

第1章
道の駅活用による地域振興

大藪 多可志(金沢星稜大学)

　地方においては第1次産業従事者の割合が高く，それを活用した地域活性化が望まれる．とくに，地域固有な資源として農漁業を活用した魅力的な食が求められている．本章においては石川県珠洲市の事例について述べる．珠洲市（第1次産業従事者約20％）は能登半島の突端にあり，高齢化率が40％程度と日本の50年後の値である．地元住民の意見と観光者の動向を解析した結果，県外からの宿泊者割合が70％と高いことが明らかになった．方策によっては宿泊数増が期待できる．課題はアクセスに時間を要することである．金沢から車で2時間半，能登空港から40分かかる．本章においては，市内に3つある「道の駅」をコアとした地域活性化の有効性について述べる．住民にも親しまれている3つの「道の駅」をトライアングルとし，塩田村，見附島，禄剛崎灯台などの観光スポット，食，揚浜式塩田体験，早くから地デジ移行やワンセグ放送を行ってきたICTの活用が有効であるとの結論に達した．
Keywords：道の駅，第1次産業，高齢化，県外訪問者，訪問者増加策

1.1　はじめに

　アメリカ投資銀行リーマン・ブラザーズの破たん（2008年9月）以来，さまざまな金融危機が生じてきている．グローバル化の進行により他国の影響が

すぐに自国に及ぶ。さらに，日本は 2011 年 3 月の東日本大震災の発生により大きな試練を課せられた。観光どころではないという風潮のため経済が停滞した。観光産業においては，訪日外国人数が激減するとともに滞日外国人も帰国するという事態が起こったが[1]，企業活動の再開とともに復帰の兆しが出始めている[2]。世界や国内の事件や災害がすぐに地方に影響する時代である。地方自身が自立しリスクを軽減する方策が必要である[3]。その 1 つが独自のプロモートによる観光であり，影響を受けないようなインフラの構築である。観光分野にはさまざまな領域が含まれる。最近，注目を集めているのはアニメやロケ地などを観光資源とするコンテンツツーリズム，食に軸足を置いたフードツーリズムなどであるが，地元住民に密着した資源の提供が大切である。

石川県珠洲市は，人口減少や少子高齢化など日本の多くの地方と同様の課題を抱え，コミュニティの維持すら難しくなっている地区が発生してきている。一定の訪問者増加策により，滞在日数を延ばし，地域活性化を図る必要がある。地域活性化には，ヒト，モノ，カネ，情報がキーとなる。すべて備える必要はなく，不足しているものは満ちているもので補完すればよい。最も重要なのは人の交流である。本章では，珠洲市の統計データから交流人口の必要性を示し，地域活性化策として 3 つの「道の駅」の活用を検討した。珠洲市には，「すずなり」「すず塩田村」「狼煙」の 3 つの道の駅がある。この道の駅をトライアングルとし，ヒト，モノ，カネ，情報の交流を行うことにより地域活性化が可能という結論に至った。道の駅は地元に密着したさまざまな機能を融合した施設であり，着地型観光の要になりうる。日本全国で 970 か所（2011 年 3 月現在）ある。地方においては，主な移動手段は車であり，道の駅の活用は必須といえる[4]。

1.2　珠洲市概要

(1) 人口変化

珠洲市は日本海に面しており，古代より人が住んでいたことを証明する土器や古墳が出土し，古くから朝鮮や中国とも交流があったと伝えられている。歴史的にも出雲との交流があり，日本海の拠点都市の 1 つであった。現在の市の

総面積は約 240 km² である。珠洲市人口の経時特性を図 1.1 に示す。1962 年には 3 万 5160 人だったが，2010 年には 1 万 7327 人と約 50 年で 50 % の減少である[5]。世帯数は 7341 から 6535 と約 10 % の減少であり，核家族化が進行し，高齢者世帯が増加している。地元で家を守ることが継承され，地域コミュニティに愛着があり，地域を大切にする風習が残っている。家を守るとの強い風習から，世帯減少率が人口減少率より低い。珠洲市には，表 1.1 に示すように 10 の地区があり，各地区の 2010 年の人口を示す。1 世帯当たりの平均人員は 2.6 人であり，1970 年の 4.17 人から大きく落ち込んでいる。1999 年から 3 つの年齢別構成（0～14，15～64，65 歳以上）人口特性を示すと図 1.2 のようになる。少子高齢化が進行しているのがわかる。ここ 10 年で高齢者の割合が 10 % も増加した。

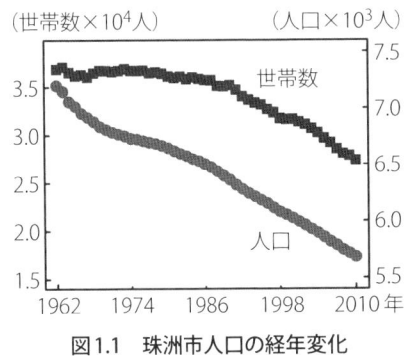

図1.1　珠洲市人口の経年変化

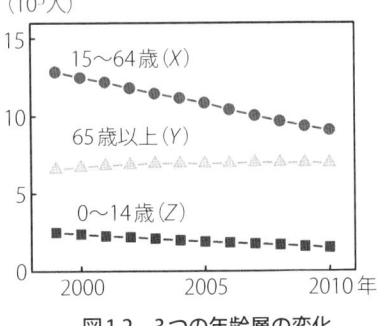

図1.2　3つの年齢層の変化

表1.1　珠洲市の各地区とその人口

宝立	上戸	飯田	若山	直	正院	蛸島	三崎	日置	大谷
2,729	1,552	1,786	2,077	1,283	1,755	1,546	2,639	602	1,358

(2) 産業別人口構成

珠洲市は農林漁業に従事している市民の割合が高い。農林漁業と他の産業とを兼業している場合も多い。主な従事産業で分類すると図 1.3（2005 年度）のようになる。第 1 次産業に就業している割合は 20.1 % に上る。これは，石川

県内の当時の41自治体中4位（内浦町22.7，柳田村22.5，門前町21.3％）という高い割合である。第2次産業は31位，第3次産業は38位である。農業より漁業就業者数の減少が著しい。その経時変化を図1.4に示す。2003年までの落ち込みが著しい。人の交流を図り，第1次産業従事者の生業が立つような方策が必要である。このためには珠洲市1次産品の販売が可能となる仕掛け，すなわち道の駅を活用し人の交流による販促が求められる。

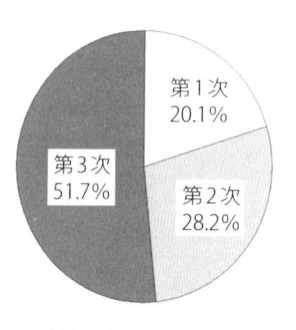

図1.3　産業別就業人口比率（2005年）

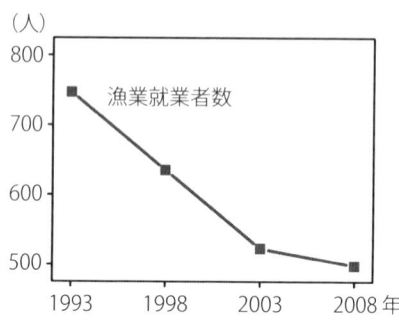

図1.4　漁業就業者数の推移

(3) 観光

　珠洲市の観光入込数は年々減少傾向にある。能登沖地震などの大きな試練もあったが，日帰り客と宿泊客のいずれも減少してきている。2003年7月に能登空港が開港し，羽田–能登間（約60分）を1日2往復している。能登空港は能登地域活性化の起爆剤として有望視されたが，人口減少に歯止めがかかっていない。日帰り客数の経時変化を図1.5に示す。1998年までの落ち込みが著しい。2007年の落ち込みも大きい。これは同年3月発生した能登半島地震による影響である。図1.6に宿泊者数の特性を示す。同様に2007年の減少が大きい。能登空港開港の影響が顕著とはいえない。いずれも減少傾向にあり，何らかの歯止めとなる方策が望まれる。宿泊者数と日帰り客数の相関をとると図1.7のようになる。正の相関があるが，プロットが経時とともに原点に向かって進行しており，厳しい状況にあるといえる。この傾向を逆にする方策が必要である。

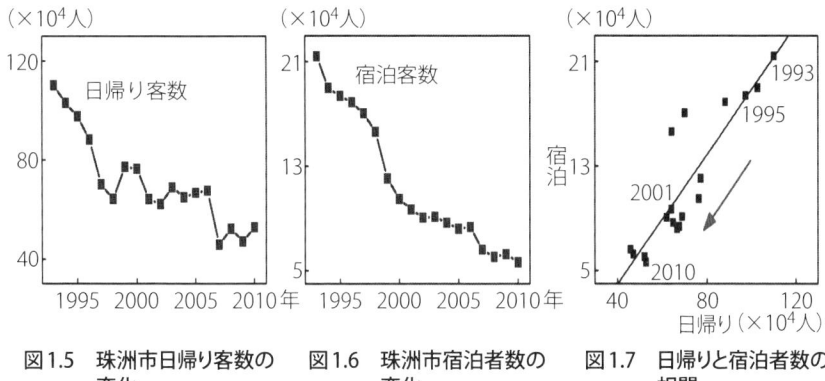

図1.5　珠洲市日帰り客数の変化
図1.6　珠洲市宿泊者数の変化
図1.7　日帰りと宿泊者数の相関

　珠洲市にある宿泊施設のキャパシティはそれほど多くはない。2011年1月時点での値を表1.2に示す。施設数からみると民宿は73％を占める。宿泊者の発地（2010年）をみてみると，県外からの訪問者が約70％であり大きな強みといえる。これを図1.8に示す。また，県外からの訪問者の発地を調べると図1.9のようになる。近隣の発地で最も多いのは富山である。関西（エリア人口約2000万人）や中京（エリア人口約1500万人），関東（エリア人口約4000万人）からも各20％前後ある。日本の3大都市圏からの訪問者が多いことは大きな強みである。効果のあるPR策も立てやすい。施設数と共に重要となるのは年間訪問者数の変動である。日帰り客の年間変動（2010年）を図1.10に示す。月平均で4万4100人であり，5月と8月（約13万4000人）にピークがある。最も少ないのは1月の1万7200人である。冬季の日帰り訪問者が少ない。1月は8月の約13％である。冬季において，集客を増やすイベントが必要である。宿泊客も同様な傾向を示している。宿泊客の年間変動（2010年）を図1.11に示す。宿泊客が最も少なくなるのは2月（1900人）である。最も多いのは8月（1万4450人）である。2月は8月の13.4％である。日帰り客と宿泊客の特性には強い相関が認められる。これは，その地域の季節ごとの魅力ある資源を，近くの人は日帰りで訪問し，遠くからの訪問者は宿泊するからである。近隣からの訪問者のいくらかが宿泊するような，夜までかかる参加型イベントの企画が有効である。このとき，参加・体験型のイベントがキーと

なる。

表1.2 珠洲市内の宿泊施設数

旅館・ホテル	民宿	国民宿舎
9	27	1

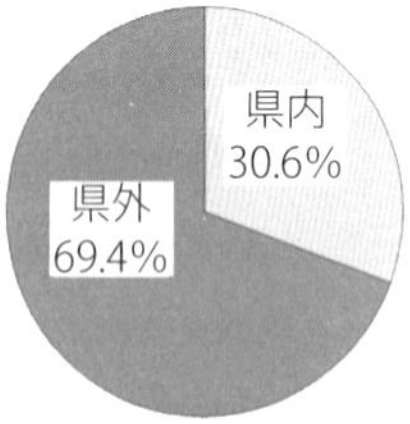

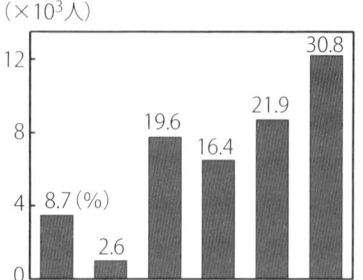

図1.8 宿泊者の発地割合

図1.9 県外宿泊者の発地割合

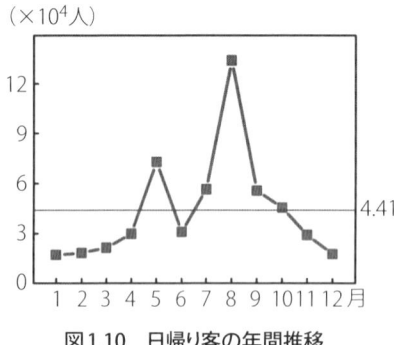

図1.10 日帰り客の年間推移

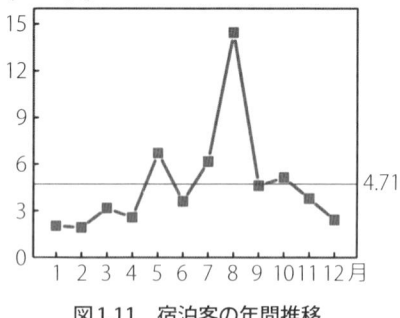

図1.11 宿泊客の年間推移

(4) 道の駅

　珠洲市には鉄道の駅がなく、車での訪問が基本である。モータリゼーションの進行と共に日本の多くの世帯は車を所有している。また、北陸自動車道・氷見北インターから珠洲市までは110 kmもあり、2時間程度かかる。金沢からは150 km程度あり、のと里山海道（旧・能登有料道路）を利用して約2時間半かかる。能登空港から40分である。多くの訪問者が車を利用し、かつ、地元住民のほとんどが車を所有している。このため、国土交通省が認定している

「道の駅」の活用が理想的といえる。全国で道の駅は970駅（2011年3月）あり，幸い珠洲市には，「狼煙」「すず塩田村」「すずなり」の3つの駅がある。この概要を表1.3に示す。いずれも地元住民に好感を持たれ支持されており，その活用による効果が期待できる。なかでも「すずなり」はNPO法人が経営しており，販売品種も多く，観光情報も整っており，中核的な役割を果たし，地元住民の中心的活用施設といえる。しかしながら，さらなる地元密着型イベントの開催が求められる。各地域で開催されているような祭りのみならず，ファーマーズマーケット，地元小中学生による演奏会，カラオケ大会，B級グルメ祭りなどの開催が考えられる。古くから第1次産業が主体であるので，新鮮な食材が揃っている。これを活用したフードツーリズム，近隣の自然景観，古墳時代から能登の文化を築いてきた歴史，さらに総務省主催で行われた「地デジ最先進地域エリアワンセグ実証実験発射式」が2011年2月10日に「ラポルトすず」で行われ，ICT利活用普及に貢献している地域でもある[6]。このとき，「すずなり」で携帯により電波を受信可能であった。すなわち，道の駅をコアとして，食，自然，歴史文化，ICTによる情報発信を融合させた効率的な方策が望まれる。この構成を図1.12に示す。道の駅に行けば，地元住民が集うことができ，すべての観光情報を得ることができ，多くの訪問者が活用できるシステムを構築する必要がある。

表1.3　珠洲市内の3つの道の駅

すずなり（2010年4月オープン）
観光情報（案内）が多, 地産野菜 珠洲焼, 珪藻土コンロ 待合室良（住民も観光客も利用可）
すず塩田村（2006年4月オープン）
塩の資料館（揚げ浜式製塩法），製塩体験 にがり, 塩羊羹の販売 待合室狭い
狼煙（2010年4月オープン）
立山連峰が眺望可, 狼煙灯台 大浜大豆, 豆腐, きな粉, 豆腐の体験 待合室良

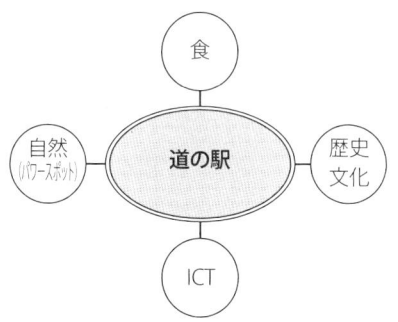

図1.12　道の駅をコアとした資源融合

1.3 SWOT 分析

珠洲市の最も注目すべき弱み (Weakness) はアクセス時間といえる。アクセス時間を凌駕するような強み (Strong) を具備する必要がある。強みとして挙げられるのは，自然，立山連峰を臨む眺望，食材，歴史・文化である。また，ワンセグなどの ICT の利活用も進んでいる。この強みを連携させたのが図 1.12 である。強みとなる資源を「道の駅」をコアとして連携させることができれば効果が大である。道の駅を中心とすることにより，広く一般住民のアイデアを取り入れることができると同時に，市政とも連動した方策を構築することが可

強み	機会
自然 食材 歴史・文化 ICT パワースポット 能登空港	新幹線（金沢） 世界農業遺産 能越自動車道 （砺波-輪島）
弱み	脅威
アクセス 少子高齢化 人口減 宿泊施設少	輪島・七尾（和倉）の ブランド化 志賀原発 東日本大震災

図1.13　珠洲市SWOT分析

能になる。公と民の連携が地域活性化には必須である。珠洲市の SWOT 分析を図 1.13 に示す。SWOT とは，地域や企業の強み (Strong)，弱み (Weakness)，脅威 (Threats) とその環境の機会 (Opportunity) を整理・分析することにより，地域や企業が置かれている環境や現状に即した戦略構築の支援を行う 1 つの方法である[7]。

強みを生かして機会を利用する戦略が考えられる。すなわち，2015 年 3 月に新幹線が金沢まで開業する予定である。新幹線の駅である金沢のみならず高岡からのアクセスも容易となる。これを利用し，珠洲市の自然，食材，歴史・文化などを売り込む仕掛けを構築する必要がある。高岡駅から無料あるいは割引バスの運行も検討すべきである。このとき，氷見市と連携し，「高岡→氷見→珠洲等」のルートを構築し，弱みであるアクセスを短くする仕掛けが必要である。畳みかけるような PR として，「関東圏→高岡→（氷見）→珠洲」のルートを浸透させる必要がある。環境に配慮した PHV（plug-in hybrid car）などの

レンタカーも必要である。朝に関東圏を出ると午後には珠洲に到着するようなルート開発が望まれる。これにより，弱みである「アクセス」対策が十分ではないながらかなり改善される。

　最も注目しなければならない脅威として和倉と輪島のブランド力がある。これに対抗する資源の開発が必須である。輪島は朝市，和倉は温泉のブランド力がある。能登半島の食と歴史・文化はいずれも大差がない。珠洲は立山連峰を臨む眺望が大きなブランドである。また，古来より継承されている揚げ浜式製塩もブランドになる。この歴史を学ぶ体験も資源になり誘客につながる。道の駅「すず塩田村」には塩の資料館も併設されている。図1.14に，珠洲市内3つの道の駅と揚げ浜式製塩プロセスである海水を砂の上に撒き濃度の高い塩をつくるプロセスの写真を示す。いずれの道の駅もきれいで，訪問者が腰かけて話

(a) 道の駅「すずなり」

(b) 道の駅「すず塩田村」

(c) 揚げ浜式製塩プロセスの一部

(d) 道の駅「狼煙」

図1.14　製塩プロセスと3つの道の駅

ができるスペースがあり，土産なども販売している。これらは観光施設として重要な役割を果たす機能を有している。ただ，近くに気軽に食事をする一般食堂が少ない。

1.4 住民と観光者へのアンケート

(1) すずなりの売上

　珠洲市の3つの道の駅のなかで中心的なのは「すずなり」である。これは，市役所に近く，近隣の世帯数も多く，バスセンターともなっているためである。近くに大型ショッピングセンターもあり，競合する商品を販売するのではなく，地元の特産品などに特化した商品を揃える必要がある。図1.15に月別客数のグラフを示す。道の駅「すずなり」は2010年4月にオープンし，現在に至っている。データとしては2012年3月までの2年間を示した。5月と8月にピークがあり，観光客数も多いことがわかる。2010年4月オープン時は4000人を超えている。これは物珍しさもあり多くの地元の方が訪問したと思われる。地元の平均客数として6月と10〜3月の7か月分の2年分の値の平均値を潜在的な客数（cn_p）とみなすこととした。結果として，cn_p = 2357 人となる。これに観光者が重畳されることになる。同様に売り上げのグラフを図1.16に示す。図1.15と同様に地元住民の潜在的購入額（sv_p）を求めると sv_p = 3.022 百万円 となる。1人当たり約1200円である。2011年の5月の観光客の客単価は1352円程度とみなせる。8月の観光客の客単価は2370円程度とみなせる。8月の観光客の購買力が大である。8月に訪問する観光客の動向に整合する仕掛けを他の月にも講ずる必要がある。

　集客数と売り上げの散布図を求めると図1.17のようになる。8月のプロットが特異な位置にあるが，概ね高い相関があり，相関係数として0.9643が得られている。集客力アップが売上アップにつながるといえる。さらに，8月の観光客が興味を示すように季節毎の品揃えが必要である。季節により固有な商品もあるなかで，魅力あるものを提供する努力が必要である。

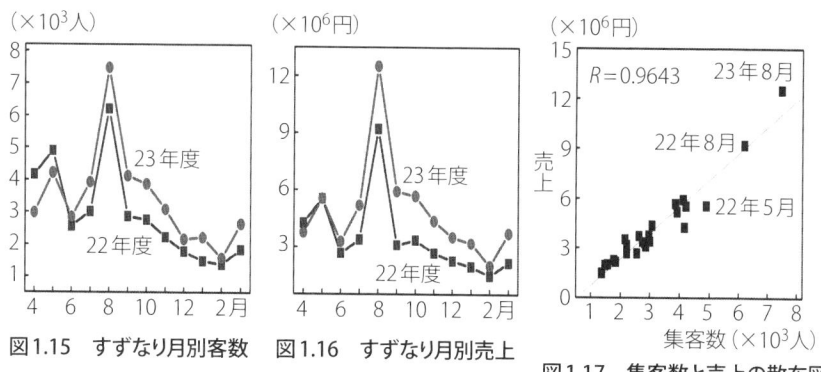

図1.15　すずなり月別客数　　図1.16　すずなり月別売上

図1.17　集客数と売上の散布図

(2) アンケート調査結果

　道の駅への客数を増やすことができれば売り上げも増加することが明らかとなった。いかに地元住民に活用してもらうかが道の駅活性化策となる。この活用策を導くために，珠洲市にある3つの道の駅の周辺住民にアンケート調査を行った。個別に各世帯にアンケート用紙を人海戦術で投函し，郵送により返送する方式を取った。各世帯毎に3通ずつ用紙を配布した。総配布世帯数は160である。返信された封筒は63通で，回収アンケート用紙は112枚である。多くが高齢者1世帯1枚のみの回答であった。配布世帯数に対する回収率は約40％となる。「すずなり」近辺からの回収件数が多い。この地区の人口も多い。少ないのは「すず塩田村」地区からである。近隣の世帯数が少なく回収率も少ない。

　全体として平均約3回／月の利用回数である。この回数を増やす必要がある。満足度も5段階評価で普通が最も多く，正規分布を呈している。回答者の年代分布は60代以上が50％を占める。40代と50代が約15％で，他は10％程度であった。回答者の職業をみると会社員と自営業者で約50％を占める。続いて専業主婦の20％である。道の駅を利用する目的としては，地元特産の土産品購入が30％程度占め，続いて地元の新鮮な野菜購入である。各道の駅には美味しいソフトクリームが販売されており人気となっている。地元で生産

している安全・安心な食材が注目されている。これらは比較的安価で新鮮である。消費者は大型スーパーと購入品をすみ分けていると思われる。

アンケート結果から，道の駅活用イベントとして，下記の項目（多い順）が挙げられている。多くは食に関するもので，希望として地元食材を活用した安い食が求められている。

〔道の駅の活用〕
軽食喫茶，B級グルメ（庶民的で日常的な飲食物），コミュニティスペース（含 談話室），カラオケ，フリーマーケット（含 地産地消品，特産品），大規模な朝市，子供のイベント，体験教室，小さな図書館

住民が求める項目を分野ごとにまとめると図1.18のようになる。意外にも「食」に関する要望が高い。高齢者が多いにもかかわらず，時々はコミュニティで食をベースとした交流の場が求められている。

地元住民の入込が多い道の駅は「すずなり」である。地元に密着した活用を考慮すると，「すずなり」をコアとした連携が必要である。とくに，東日本大震災以降の災害対策が求められる。その意味で災害時用物資の保管や融通など，3つの駅で連携する必要がある。幸い，2つの駅は半島の北側，1つ（すずなり）は内側であるため，津波対策としても位置が良いといえる。観光情報や市

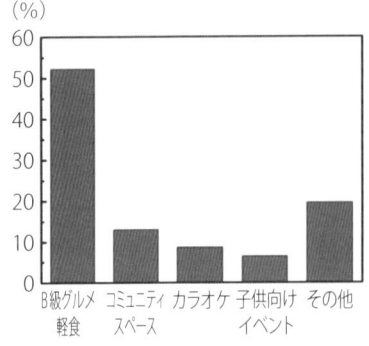

図1.18 住民が求める道の駅の活用

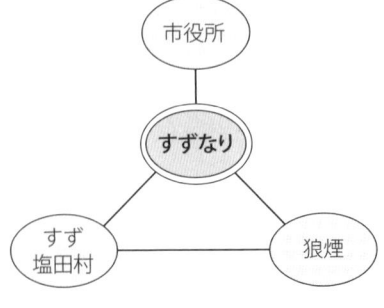

図1.19 すずなりをコアとした連携

政情報などの発信も兼ねる必要がある。さらに，高齢住民の憩いの場ともなるような仕掛けが必要である。3つの道の駅でセーフティネット構築も検討すべきである。この概要を図 1.19 に示す。観光資源と密着し住民のより所となる道の駅の構成が必須である。

1.5　まとめ

　珠洲市活性化策について，統計データと現在ある3つの道の駅を活用する方策について述べた。珠洲市は能登半島の先端に位置し，今後の環日本海時代に則した中心的な地域といえる。また，2015年3月に金沢まで新幹線が開通すると訪問者増が期待できる。このためには，ウリになる資源を再確認し，地域住民と行政が一丸となった方策を構築する必要がある。地域住民の支持が得られない方策は一過性のものとなる。このためには，珠洲市の基礎である1次産品の活用が不可欠である。単に安い食材を他の地域から仕入れるのではなく，地元食材を地元で消費する地産地消システムを構築することにより息の長い活性化策が構築できる。その中核となるのが「道の駅」といえる。道の駅は地元住民のみならず観光者への「買う，食べる，泊まる，見る，体験する」などの情報や案内をホスピタリティをもって提供できる要素を有している。これにより，人口減少や高齢化に歯止めがかかり，地域活性化の端緒が得られるものと考えられる。さらに，道の駅の連携によりセーフティネット構築も検討すべきである。地元の高齢者が安心して暮らせる場の一翼を担うのが地方の道の駅である。

　今後は，ICTの活用により観光者や地元住民に有益な情報提供なども行うべきである。この点においては，2011年2月に行われたワンセグ発射式は1つの端緒である。

【参考文献】

[1] 北陸中日新聞朝刊:"5月訪日客 50％減"(2011 年 6 月 17 日 3 面)
[2] 読売新聞朝刊:"来日外国人回復の兆し"(2011 年 7 月 17 日 9 面)
[3] Dirk Glaesser:"危機管理と観光",きんぷる(2008 年 4 月)
[4] 関満博,酒本宏:"道の駅／地域産業振興と交流の拠点",新評論(2011 年 7 月)
[5] 珠洲市役所:"統計すず",珠洲市役所(2011 年 5 月)
[6] 総務省・情報通信利活用先進地域「奥能登」を目指す調査研究会:"情報通信利活用先進地域「奥能登」を目指す調査研究会報告書"(平成 23 年 7 月)
[7] 大往荘四郎編:"実践:自治体戦略マネジメント",第一法規(2005 年 8 月)

第2章
新幹線開業に向けた北陸3空港の連携と外客増加

大籔 多可志(金沢星稜大学)
井村 繁夫(石川県立高等学校)

　北陸には定期便が運航している3つの空港(小松,能登,富山)がある。2015年3月に北陸新幹線が金沢まで開業し,鉄道による首都圏からの交流人口増加が予想される。北陸地方は新幹線開業によりさまざまな恩恵を受ける一方で,空港利用客数の著しい減少が予想される。日本においては新幹線開業に伴い地方空港路線の撤退や減便が相次いでいる。新幹線と航空路線の相乗効果を図るためには,羽田乗り継ぎ割引の拡大や,新たな海外空港便の開発が必要である。北陸においては,鉄道と航空路線に対する新戦略が求められるとともに,3空港の連携が必要である。また,空港の存続と地方活性化には海外地方都市との姉妹都市協定などによる外客誘致が求められる。外客が訪れやすいよう,ハード面のみならずソフト面からも各種インフラ環境整備が必要である。ソフト面として,あらゆる支払いに対処できる周遊パスポートの発行は外客に対する利便性を向上させる必須の策といえる。

Keywords：空港,国内路線,国際路線,旅客数,空港統合

2.1　はじめに

　日本は2004年をピークに人口減少社会に突入している。2007年には1億2800万人であったが,2045年には1億人を割り込み,2055年には9千万人

の大台を割り，高齢化率（65歳以上の割合）は2007年の約2倍に当たる40.5％になると推計されている[1]。地方における人口減少は首都圏に比べてさらに深刻であり，地域間格差が拡大していく傾向にある[2]。少子高齢化による人口減少は域内消費のみならず旅行者数も減少させる。定住人口1人当たりの年間消費額は121万円と推計されている[3]。年間消費額121万円を旅行消費人数に換算すると，外国人旅行者であれば7人に相当する。これが宿泊を伴う国内旅行に対応させると22人，日帰り旅行では77人に相当する[4]。導出の計算は以下の式による。

$$1人1回当たりの消費額 = \frac{訪日外客旅行消費額}{外国人旅行者} \quad (2.1)$$

$$1人1回当たりの消費額 = \frac{国民の旅行消費額}{国内旅行者} \quad (2.2)$$

近年，国内宿泊旅行回数および宿泊数は減少傾向にある[5]。これに対し，2003年4月にスタートしたビジット・ジャパン・キャンペーンにより訪日外国人旅行者は増加傾向にある。リーマンショックや東日本大震災の影響により一時的に減少しているが，増加傾向に変わりはない[6]。2011年3月に発生した東日本大震災の影響は日本全体に大きな試練を課した。国内では，家電業界を中心とした企業収益の悪化により消費が冷え込み，日本全体として海外旅行も手控えられつつある。国内消費を下支えするために外国人旅行者を誘客していく必要がある。このようななか，航空会社による不採算路線の撤退や減便が相次ぎ，全国の地方空港は非常に厳しい経営を迫られ，地方はさらに疲弊しつつある。

本章では，北陸にある小松，能登，富山の3空港の現状について述べ，地方空港の生き残りをかけた連携策を提案するものである。さらに地方活性化に向け外国人観光客増加策を提案する。

2.2 日本の地方空港の現状

近年，世界同時不況や新型インフルエンザ，ETC（Electronic Toll Collection System）利用による高速道路料金の引き下げなどにより空港利用者が減少しつつある。さらに，燃料高騰が航空会社の経営を圧迫し，地方不採算路線からの

撤退が相次ぎ，国内路線数は1997年時のピーク（275路線）の4分の3に減少している。また，新幹線開業による影響も大きく，多くの地方空港が赤字状態にある。日本における空港は約100あるが，年間1万人以上の利用者がある空港は80前後である。空港の役割を再検討する時期に来ている。北陸にある福井空港は定期路線を持たない地方管理空港であり，本章の検討から省くこととする。能登，富山空港も地方管理空港であるが，小松空港は自衛隊との共用空港である。地方空港の大半は採算を度外視して路線維持に当たっている。地方から空港が消滅すれば地方の産業基盤も失われかねない。地方自治体はさまざまな財政支援を行い，人の移動や観光振興に欠かせない空港の路線維持に努めている[7]~[9]。

地方自治体が行う財政支援のなかにはライバルとなる近隣空港を意識した対策も見受けられる。また，莫大な資金を投資した設備増強の動きもある。徳島空港では約400億円かけた滑走路が2010年に完成した。徳島県はこの滑走路を利用して国際便就航につなげる予定でいるが，社会状況からも厳しい取り組みといえる。今後，地方において加速する少子高齢化を見越して交流人口を拡大していくことは必要不可欠であるが，独自の方策を構築する必要がある。今後，旅行消費額が高い外客誘致は地方の活性化には欠かせない。地方空港の存在は単に収支面だけでなく，地方経済活性化に重要な役割を担っている。

全国の空港を精査すると，距離的に近い位置にありながら同じ路線を持つ空港が数多く存在する。青森県にある青森空港と秋田県にある大館能代空港もその1つである。これは東京一極集中によるものである。就航路線が共通していることに加えて距離的にも近く，限られた利用者を奪い合っている。小松と富山，香川と徳島も同じ関係にある。外国人観光客にとって小松も富山も同じ北陸圏であり，海外定期路線の就航と路線維持を考慮した場合，同じ地域に複数の路線があるのは非効率であり，緊密な近隣空港連携策が必要である。

2.3 小松，能登，富山3空港の現状

石川県は，加賀百万石の歴史と伝統文化を残す金沢市を中心に南北に長く豊富な観光資源を有している。空の玄関口である小松空港は滑走路を航空自衛隊

と共用している．その関係から滑走路が長く，大型機が就航可能な空港である．地理的には，金沢市と福井市の間に位置し，石川県にありながら福井県民も多く利用（約15％）する空港である．利用者のほとんどが石川県民（約80％）であり，富山県民の利用はわずか（約5％）である[8]．

富山県は自然豊かな立山連峰を生かしたアルペンルートや黒部ダムなど，雄大な観光資源を持っている．富山空港は，富山市中心部に近く，市民にとって利用しやすい空港である．しかし，河川敷にあることが災いし，着陸支援装置の設置ができず，雪の影響を受けやすいなど，マイナス要因もある．

東海北陸自動車道が全線開通（2008年）し，東海地方と北陸地方を接続する交通網が整備された．2015年3月には北陸新幹線が金沢まで開業予定であり，車や鉄道インフラが整備される反面，空港利用者の急減が予想される．現在，小松空港には，国内線が6路線（羽田11便，成田・福岡2便，札幌・仙台・那覇1便／日），国際線はソウル，上海，台北の3路線が就航している．能登空港は定期便として東京便（2便／日）のみ就航している．富山空港は，国内線が2路線（東京6便，札幌1便），国際線はソウル，上海，大連（北京），台北と4路線が就航しており，北東アジアが中心である．小松と富山空港の重複便が多い．

小松空港の国内線旅客数は図2.1[7]に示すとおり減少傾向にある．図2.1の特性からは2011年の東日本大震災の影響は軽微であったといえる．この旅客数の約82％が羽田便利用者である．平成23年（2011年）度の各便利用者のおおよその値は以下のとおりである．

東京便：154.8　福岡便：12.1　那覇便：8.0
札幌便：7.0　　成田便：4.1　　仙台便：1.7（万人）

北よりも西への移動者数が多い．成田便は2010年度より2便／日となっている．増便直後は50％の旅客増であった．福岡便は2007年の9月までは3便／日であったが以降は2便に減便となっている．福岡便の減少傾向はいまも続いている．新幹線開業によりこの傾向は加速されるものと思われる．

小松空港の国際線利用者数の推移を図2.2に示す．国内線とは異なり増加傾向にある．平成23年（2011年）度の各便のおおよその値は以下のとおりであ

る．搭乗率を括弧内に示す．

　　　　　ソウル便：4.35（68.7 %）　　上海便：3.56（63.0 %）
　　　　　台北便：3.55（74.4 %）（万人）

　台北便の搭乗率が高い．台北便は，2011年12月から週4往復運航し現在に至っている．ソウル便も上海便も週4往復であり，旅行者にとっては利用しやすい便数が提供されている．

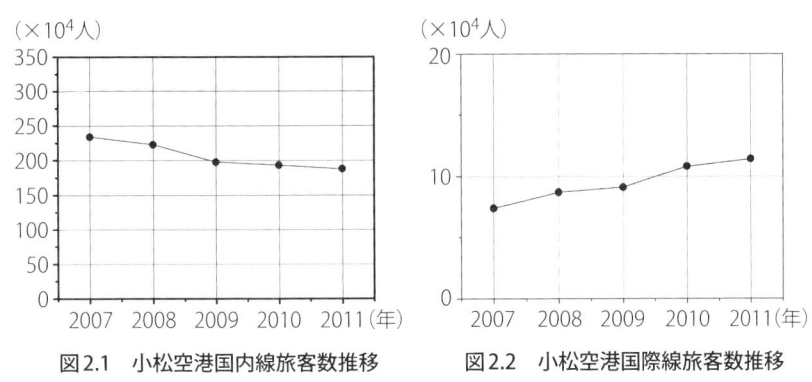

図2.1　小松空港国内線旅客数推移　　　　図2.2　小松空港国際線旅客数推移

　能登空港は過疎地域にありながら東京便の搭乗率が開港9年を経た現時点でも60 %以上を保つ全国的に優れた空港である[9]．9年目（2011年7月7日〜2012年7月6日まで）の搭乗率は62 %で，14万9093人の利用者があった．石川県は航空会社と搭乗率保証制度（66 %を上回ると航空会社が販売促進協力金を支払い，58 %を下回ると搭乗率1 %減につき約700万円を航空会社に支払う）を結んでいる．規定の搭乗率を下回った場合に補償を行い，オーバーした場合は航空会社側が奨励金を支払う仕組みとなっている．現在，このシステムは成功しており，全国から注目を集めている．近年，地元利用者が減少しており，利用増が望まれる．今後のキーポイントは老人会や婦人会などの地元住民の利用率向上といえる．能登空港は規定搭乗率域内にあるが，収支の面では年間2億1300万円もの赤字を出している．しかし，台湾からのチャーター便や隣接する日本航空学園輪島校などにより経済効果は40億円ともいわれて

いる。能登空港の羽田便の旅客数の推移を図2.3に示す。ただし，2012年は2011年7月7日〜2012年7月6日までのデータを示している。各年は同様期間を意味する。東日本大震災の影響で2011年は減少率が大きいものの，2012年は約13％も上昇している。しかしながら，わずかであるが減少傾向にあるといえる。地元住民の旅行の足としていかに利用するかが課題である。能登空港は欠航率が少なく就航率が99.5％超えていることは大きな強みといえる。2010年の各月の旅客数の推移を図2.4に示す。2011年は大震災のため2010年のデータを示すこととした。4月と12月の旅客数が少なく，1万1000人以下である。この時期の搭乗者確保が課題である。例年，同様な傾向を示している。

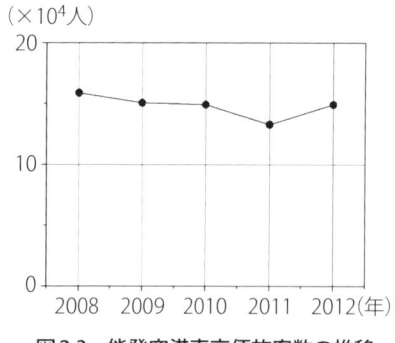

図2.3　能登空港東京便旅客数の推移　　図2.4　2010年能登空港月別旅客数

　富山空港は全国の地方空港において数少ない黒字空港の1つであったが，ここ2〜3年は赤字となっている。全国に54か所ある地方空港の9割近くが赤字空港である[10]。地方空港の収入の大半は着陸料収入である。富山空港を離着陸する航空機の80％が東京便である。富山空港の国内定期路線の旅客数推移を図2.5に示す。国内定期路線は，東京と札幌便である。2011年度の東京便利用者数は74万8641人（93％），札幌便の利用者数は5万5436人（約7％）であった。札幌便は減少傾向にあり，その歯止めが掛かっていない。なお，2007年度の値には福岡便利用者数（2万5446人）も含まれている。2008年度から福岡便は廃止されている。利便性向上のために，羽田経由の札幌便は

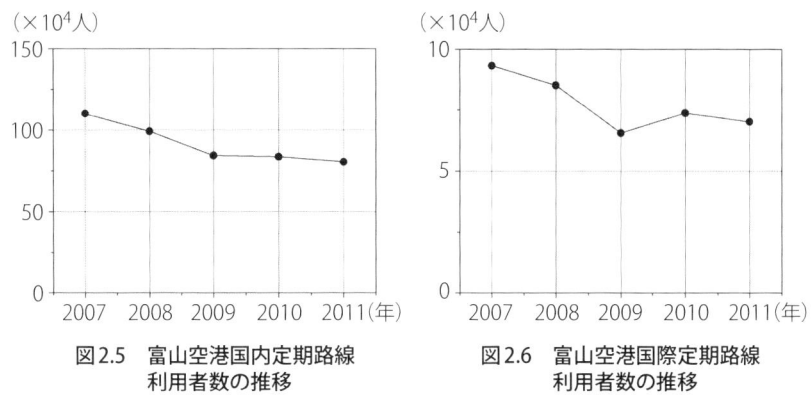

図2.5　富山空港国内定期路線利用者数の推移

図2.6　富山空港国際定期路線利用者数の推移

乗継割引がある。この「特定便乗継割引」は羽田経由便を利用した場合でも直行便と同程度の価格にするものである。富山空港では過去数年間に数多くの国内定期便が廃止となった。名古屋，沖縄，函館，東京（JL），福岡などの定期路線が廃止となり，残された札幌や東京便も廃止になりかねない。「特定便乗継割引」を活用すれば東京便の乗客確保とともに地方へ向かう利用者の利便性も高まる。東京便を維持するための起死回生の手段である。新幹線開業後も東京便が持ちこたえられるよう方策を立てる必要がある。

　国際便に目を向けると，ソウル便は小松空港同様に円高ウォン安の影響でアウトバウンドが増加している。逆に，インバウンドは減少している。大連便利用者の大半は日本人である。大連には富山県の企業であるYKKなどが進出しており，利用者の大半はビジネス需要である。現在，大連便は北京まで延長して運航している。富山-上海便は，小松空港の1年遅れで就航した。現在，搭乗率が40％あまりと厳しい状況にある。図2.6に富山空港国際定期路線利用者数の推移を示す。2010年度まではウラジオストク便（2010年度利用者数：1149人）が含まれている。国際定期路線も減少傾向にある。小松空港と比較してすべての路線で搭乗率が低い。なお，ここ2～3年，国際チャーター便利用者数が2万7000人／年程度ある。その多くは台湾（約2.2万人）からである。2011年度は震災の影響でわずか5548人であった。2011年度の国際定期便のおおよその値を以下に示す。括弧内は搭乗率である。

ソウル便：2.84（60.8％）　北京・大連便：2.92（50.7％）
上海：1.26（41.8％）（万人）

　富山空港における2011年度国内定期路線月別利用者数の推移を図2.7に示す。7〜11月と3月の利用者が7万人を超えている。4月と1，2月の利用者が著しく少ない。例年，12月と1月の欠航回数は10回を超え多いといえる。とくに1月は30回を超える。他の月の欠航回数は1〜2回程度である。能登空港の欠航回数は少なく，富山空港は多い。2011年度国際定期路線月別利用者数の推移を図2.8に示す。国内線同様に7〜11月と3月の利用者が6万人を超えている。日本においては長期の夏休みと春休み期間であり，多くの旅行者

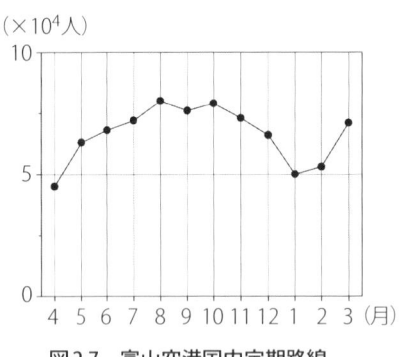

図2.7　富山空港国内定期路線
　　　月別利用者数（2011年度）

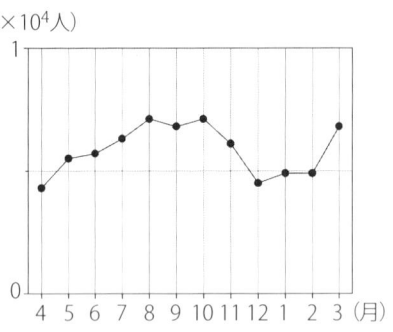

図2.8　富山空港国際定期路線
　　　月別利用者数（2011年度）

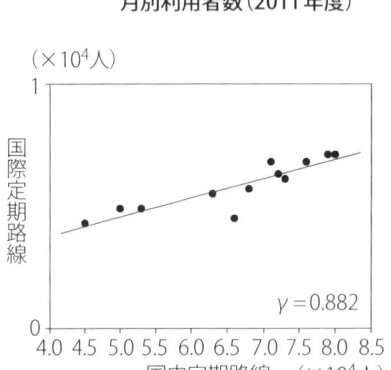

図2.9　富山空港国内・国際定期路線
　　　月別利用者数の相関（2011年度）

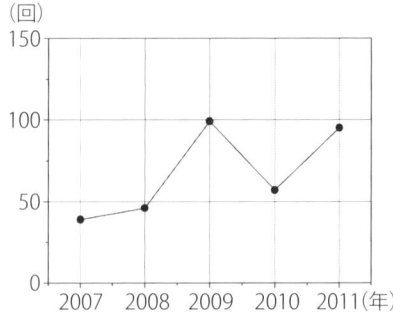

図2.10　過去5か年の富山空港
　　　　国内定期便欠航回数

が国内のみならず海外に出かけて搭乗率を押し上げている。富山空港国内・国際定期路線月別利用者数の相関をとると図 2.9 のようになる。相関係数 $\gamma = 0.882$ が得られ，非常に高い値を示している。国際線の利用者の多くは日本人であり，日本の休暇時期に合わせて海外にも出かけているといえる。海外からの利用者が増えると相関係数はかなり下がるものと思われる。また，東日本大震災などの災害発生年においては幾分傾向が異なるものと思われる。

　空港にとって欠航を減らすことは重要な課題である。富山空港は河川敷にあるため欠航回数が多い。その多くは天候不良によるものである。2010 年度の欠航 57 回のうち 45 回が天候不良，機体故障などが 5 回となっている。過去 5 か年の各年度の欠航回数を図 2.10 に示す。2010 年度に一時減少しているものの増加傾向にある。2002～2005 年までは 100 回を超えていたが，2006 年は 38 回と減少に転じた。できる限り欠航回数を減らすインフラの整備と維持が求められる。

2.4　航空機と新幹線

　北陸の玄関口である小松，富山空港は，いずれも東京便が利用者全体の 80％以上を占めており，北陸新幹線の開業は空港にとって脅威である。金沢まで北陸新幹線が開業した場合，東京–金沢間は 2 時間 28 分で結ばれる。富山は 2 時間 7 分で結ばれる。通常，鉄道利用による移動時間が 3 時間を超えると飛行機を利用する。両空港ともに 3 時間圏内にあり，利用者の減少は避けられず，新たな方策が求められる。過去に羽田便が存在していた地方空港のほとんどが新幹線開業により羽田便廃止に至っている。新潟空港は 1982 年に上越新幹線が開業，それまで在来線で 4 時間近く要していたものが 2 時間（最速で 1 時間 37 分）で首都圏と結ばれるようになった。羽田便が廃止となったのは開業翌年である。岩手県の花巻空港は県庁所在地の盛岡市まで 50 分程度かかる。距離や時間面で小松空港と金沢市の関係によく似ている。東北新幹線の開業により東京–花巻間は 2 時間 25 分で結ばれ，ほどなく羽田便は廃止となった。山形県中央部に位置する山形空港においても，新幹線により東京–山形間が 2 時間 30 分で結ばれ，現在，羽田便は 1 往復のみ，大阪（伊丹）は 3 往復運航してい

る．このように新幹線は交流人口を拡大し大きな経済効果を創出する一方で，空港にとっては大きな脅威となる．近い将来，小松，富山の羽田便も新潟，花巻，山形のように減便，廃止になると考えられる．これらの現状を明確にするためSWOT分析（SWOT analysis）により航空機と新幹線の"強み"（Strength）と"弱み"（Weakness），これらを取り巻く"機会"（Opportunity）や"脅威"（Threat）についてまとめると以下のようになる．

(1) 航空機

航空機は概して搭乗時間が短く快適であるが，運賃が高く空港維持には多額のコストが掛かり地元の負担率が大きい．飛行機に対するSWOT分析を表2.1に示す．経済不況など出掛ける機会が減少することが大きな脅威となる．これは，鉄道も同様である．

表2.1 航空機のSWOT分析

Strength	Weakness
・海外アクセス可能 ・搭乗時間短い ・災害時の緊急輸送	・除雪 ・大量輸送不可（修学旅行など） ・搭乗に時間が必要 ・運賃が高い
Opportunity	Threat
・外客数が増加傾向 ・海外路線増加傾向	・北陸新幹線開業 ・低額高速バス ・経済不況 ・燃料費高騰

(2) 新幹線

新幹線は航空機に比べて大量輸送が可能であり，運行時刻が正確である．途中下車や乗車ができるなどのメリットがある．最も大きな強みは大量輸送と正確な運行といえる．これは旅行者にとって最も重要な事項といえる．安価な高速バスの出現が脅威である．そのSWOT分析を表2.2に示す．

表2.2 新幹線のSWOT分析

Strength	Weakness
・天候の影響受けにくい ・大量輸送可能 ・正確な運行 ・低事故率 ・運転本数多い	・乗車時間長い ・輸送が国内に限定
Opportunity	Threat
・首都圏からの交流人口拡大 ・国を挙げて観光推進	・低額高速バス ・ETCによる高速道路料金値下げ

(3) 航空機と新幹線の比較

　航空機と新幹線を比べると，安定・大量輸送，本数，正確な運行など多くの面で新幹線が勝る。これまで金沢−東京間を「はくたか」と越後湯沢からの上越新幹線利用による輸送能力は約1万4000人／日であるが，新幹線では5万4000人／日と約4倍となる。これに対して，航空機による輸送能力（往復）は以下に示す通りであり，新幹線の約2割強である。

　　　　小松：約8000　富山：約3400　能登：約660（人／日）

　航空機を活かすには，新幹線では不可能な海外需要の掘り起こしと，国内地方への乗り継ぎ便の割引が必須である。外国人を誘客することは地域活性化にもつながる。平成24年3月30日に観光立国推進基本計画が閣議決定された。そのなかで訪日外国人旅行者を2016年までに1800万人にすることが示されている。一方，平成23年の各都道府県の外国人延べ宿泊者数をみると，北陸三県のデータは以下のようになっている。

石川県：11.7（19位）　富山県：4.8（29位）　福井県：1.3（46位）（万人）

　富山と福井の順位が低い。外国人宿泊者を増加させる潜在能力がまだまだあるといえる。北陸においては，香港，中国，台湾などの中華圏と韓国からの訪問者が多く，定期便も設けられている。香港との定期便の開発も検討すべきである。定期便がない海外からの需要拡大には，現在，アジアのハブ空港となっ

ている韓国・仁川空港を活用することも有効策といえる。仁川空港は24時間営業であり，首都ソウルに近い。また，世界約120都市に就航しており，就航都市数は成田，羽田，名古屋，関西など日本の国際空港をはるかにしのぐ。小松空港から世界各都市へ大韓航空を利用して出国する場合，手続きは仁川空港での乗り換えだけでよい。これに対し，成田空港で乗り継ぐ場合は国際線の搭乗手続，荷物の預け替えなど手間がかかる。これは国内に入国する場合も同様である。その他，仁川空港は成田，羽田，名古屋，関西と比べて着陸料も安く，コスト面でメリットが大きい。現在，地方空港がアジア圏以外の都市と定期路線を結ぶことは困難であり，仁川空港を活用した誘客促進に力を入れることが望まれる。さらに，中国・地方大都市との路線を開発することも必要である。

2.5 北陸3空港の連携

　地域間競争，世界同時不況，新幹線開業などさまざまな問題を抱えており，北陸圏の空港は連携していく必要がある。コストや欠航率，遅延率などを改善し，搭乗者の利益を優先し，利用者確保に専念することが求められる。海外からの訪問者にとって，福井，石川，富山という区別はそれほどなく，北陸，むしろ中部として捉えていると思われる。その地域に同一路線で同様なスケジュールで運航するのは非効率である。隣り合う石川と富山で外客誘致の面で限られた乗客の奪い合いをしていては，搭乗率の低下を招き，アジアそして世界と広く交流を行う目的の障害となる。実際，搭乗率の大幅な増加は認められない。行政サイドも誘客促進の足並みを揃え，「北陸地域」として広域圏での誘客策を構築すべきである。新幹線開業による羽田便の再検討を視野に入れ，次の4点を提案する。

　① 富山空港に「高雄便」
　② 「上海便」を小松空港に一本化
　③ 雪害による欠航便の減少対策
　④ 「北陸空港管理会社」の設置

[第2章] 新幹線開業に向けた北陸 3 空港の連携と外客増加　27

　2008 年 6 月に小松–台北間に定期便が就航した。台北路線については小松空港と富山空港が争った経緯がある。近年，台湾からの訪日観光客が増加傾向にある。雪の降らない台湾は，北陸圏が魅力的な観光地である。2007 年の富山空港における台湾からのチャーター便実績をみると，台北からのチャーター便は 87 便で 1 万 608 人の観光客が訪れている。これに対し，高雄からは 136 便で 1 万 6392 人が訪れている。実績としては高雄からの観光客が比較的多い。高雄市（人口約 280 万人，北陸は約 310 万人）は台湾第 2 の都市で，台湾第 2 の国際空港を持つが，日本の都市との定期路線は少なく成田と名古屋のみである。そこで，富山空港は台湾第 2 の都市「高雄」と早期に定期路線を結ぶことを提案する。北陸 3 県が独自の路線を開発しつつ連携を図ることにより北陸圏全体の経済振興が達成できる。さらに，上海便を小松空港に一本化することを提案する。中国は人口も多く，近年急速に富裕層が増加している。2009 年 7 月に個人旅行が解禁され（北京，上海，広州），今後増加する市場であることは間違いない。しかし，中国人の旅行ニーズを考えた場合，北陸圏は首都圏に比べて劣勢である。小松，富山空港を利用する中国人の割合も伸びていない。個人旅行が解禁されたからといって北陸圏のみに中国人旅行者が急増することは考えにくい。中国において「北陸」の知名度は低く，地道に知名度を向上させることが重要である。そのためには北陸地域が協力し，岐阜県高山市とも連携し，「北陸」全体を PR する必要がある。将来の需要を見越して中国市場に北陸を売り出す必要がある。

　低迷する上海便の状況について小松空港と富山空港を比較する。小松と富山の上海便乗降客数の推移を図 2.11 に示す。富山は減少傾向にあるが小松は増加しているといえる。小松空港では中国東方航空が上海へ週 4 便運航している。初年度（2004 年）の利用者数は 1 万 126 人であったが，2011 年は 3 万 5578 人と 3.5 倍に増えている。これに対し，富山空

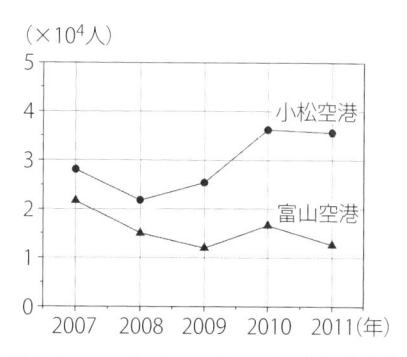

図2.11　小松・富山空港上海便旅客数推移

港は中国東方航空が同様に上海に週2便運航している。小松空港より1年遅れでスタートし，初年度（2005年）は9715人であったが，2010年は1万6580人であった。増加率は1.7倍と小松の半分である。便数からも低い値といえる。両空港とも出発時間はほぼ同時刻となっている。このような関係から，上海便は小松空港に一本化し，毎日運航する体制に移行すべきと考える。石川県は中国江蘇省と友好交流地域協定を結んでいる。また，金沢市は古くから蘇州市と姉妹都市を結ぶなど深いつながりがある。これに対し富山県は遼寧省と友好県省を結び，地方自治体の交流モデルとなっている。中国遼寧省の大連にはYKKをはじめ富山県を代表する企業が進出している。小松空港は中国華東・華南部，富山空港は中国東北・華北部に就航地域を割り振り，北陸圏にある空港同士が連携して対策を立てることが必要と思われる。

　能登空港と富山空港の連携も必要である。富山空港は河川敷に建設されたことが災いし，視界が悪い場合でも安全に滑走路に誘導する計器進入システムILS（計器着陸装置）が設置されていない。そのため積雪量が多い富山空港は欠航数が多い。これに対し，能登空港は同じ北陸の地にありながら全国トップクラスの低い欠航率を誇る。富山空港に着陸できない場合は能登空港に着陸し無料バスによる送迎を行うことにより，両空港の欠点を補って欠航リスクを分散することができれば，北陸圏の利便性は向上する。将来，輪島と北陸自動車道小矢部IC（途中に能登空港あり）を結ぶ能越自動車道が開通すると，両空港間は1時間半程度で結ばれることになる。もちろん小松空港との連携も必要である。3空港が連携するには「北陸空港管理会社」の設置が必須である。現在，各県が地元の利益を最優先するあまり，利用者に3空港のメリットを十分享受されるに至っていない。これまで述べたことを実現するために，各県が出資し「北陸空港管理会社」を設立し，各空港が抱えているさまざまな要因を踏まえ，ダイヤの調整，路線のすみ分け，欠航リスクの分散（無料送迎バス），利便性を向上させるプランを企画するなど，利用者の利益を最優先するための検討を行うべきである。とくに訪日外客獲得と国際交流促進に関しては3空港の連携は必須である。

2.6 外客増加策

　観光分野で訪問者を増加させる普遍的な理論はない．その地域の環境に合致した方策を導出する必要がある．北陸圏の空港が連携するだけで外国人観光客の増加にはつながらない．外客を誘致するには，まず訪れる外国人のニーズを把握し，地域の魅力ある観光資源を見いだし，誘客ターゲットとなる国を見極める必要がある．現在，最も可能性が高いのは中国といえる．外国人の訪問地を調べると圧倒的に首都圏が多い．訪れる外国人の多くがゴールデンルートと呼ばれる地域を周遊する．地方都市では，地域の観光資源により訪れる外国人が異なる．世界遺産「紀伊山地の霊場と参詣道」の一角を成す高野山では，訪れる外国人の80％以上が欧米人である．日本を訪れる外国人の70％近くがアジアからの訪問者であることを考慮すると欧米からの割合がとても高いといえる．

　地域の観光資源を活かすことによる欧米からの誘客は重要事項である．石川県を訪れる外国人の割合をみると，アジアからの訪問者が77％を占める[11]．富山県はアジアからの訪問者が石川県より多く87％を占める[12]．富山県を訪れる外国人観光者の大半が立山黒部アルペンルートを訪れ，その80％近くが台湾からの旅行者である．両県とも台湾からの観光客が多いのが特徴である．これに対し，歴史的な町並みが多く残る金沢や高山市では欧米からの観光客が比較的多い[13]．これらの地域は，日本の文化・歴史に興味を抱いている欧米人に魅力的な地域といえる．石川県を訪れた訪日外国人宿泊者数の推移を図2.12に示す．2009年のリーマンショックによる経済不況の影響で落ち込みがあるが，回復途上にあるといえる．富山県を訪れた外国人宿泊者数の変化を図2.13に示す．石川県同様2009年の落ち込みが著しい．平成23年度の各都道府県別の外国人宿泊者数ランキングでは，石川県が19位，富山県が29位，福井県が46位であり，さらなる受け入れの潜在能力があるといえる．

　石川県と富山県に宿泊する外国人としては，台湾が最も多く，続いて韓国，米国や中国，香港などとアジアからが多くを占める[14][15]．本来，欧米なども含め世界各地から偏らないで訪問し宿泊する傾向があれば地域のグローバル化も進行する．その意味において，高山市には多くの欧米からの訪問者がある．

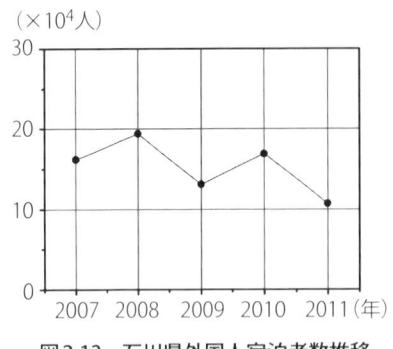

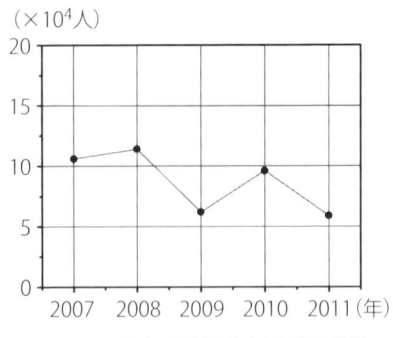

図2.12　石川県外国人宿泊者数推移　　図2.13　富山県外国人宿泊者数推移

実際に訪問している外国人から聞き取り調査を行った結果として，レストランなどの閉まる時間が早く，夜に訪れたいバー（お酒やソフトドリンクなどを飲みながら話せる場所）などがないとのことである．欧米人のライフスタイルも調べる必要がある．欧米人の観光スタイルは滞在型の個人旅行が主である．欧米人誘客対策として，伝統的な歴史や文化が残る「高山」「八尾」「金沢」「能登」の観光資源をつなぎ，北陸圏に滞在してもらう工夫が必要である．欧米諸国からの訪問者は，日本の生活と伝統文化・歴史に高い興味を抱いている．欧米からの訪問者の方がアジア諸国からの訪問者より日本の生活と文化歴史に興味を持っている．中国などアジアからの訪問者は日本の都市やショッピング，経済発展に興味があるといえる．以上の事項を考慮し，具体的な外客増加策として以下の項目が挙げられる．

（1）ハードインフラの整備

訪れた外国人が一人歩きできるように観光案内所や多言語対応環境を整備すべきである[16]．訪日外客誘致に成功した高山市の観光案内所の外国人利用者数は年々増加しているとのことである．観光案内所に外国語ができるスタッフを配置し，多言語対応パンフレットやマップを設置している．外国人の現地消費の利便性を高めるために，24時間対応の両替所の設置は必須である．ショッピングを好む中国・台湾・韓国人のために行政機関が主導し，銀聯カードが使

える店舗を増やすことも必要である．大型ショッピングセンターには中国語や韓国語に対応できる通訳スタッフを常駐させて接客対応に当たることも検討しなければならない．

(2) ソフトインフラの整備

多言語対応のパンフレットやマップ，Web ページ，DVD を作成して「北陸」全体を PR すべきである[17]．また，「指差し会話ブック」を早急に作成すべきである．近年，金沢市を訪れるアジア圏の観光客がタクシーを利用し，対応に苦慮したという話もある．中国語や韓国語ができる人材を育成することも重要である．県内在住の外国人留学生などを活用し，地域住民が語学や異文化を理解することが「もてなし」の向上につながる．

(3) 北陸周遊カード（ウェルカムカード）の発行

現在，全国の 9 地域で利用されているウェルカムカードの北陸版を発行する必要がある．外国人に対して北陸の「足」（交通），「顎」（食），「枕」（宿泊施設）を堪能してもらうためにさまざまな特典を用意する．博物館・美術館，宿泊施設，土産物店，料理・飲食店を利用する際の割引をはじめ，公共交通機関については JR，バス会社と連携して 1 DAY パスや 2 DAY，3 DAY パスを設け，北陸圏を周遊しやすくする．JR やバス内では多言語放送による案内も行うべきである．

(4) 北陸外客誘致協議会

地域住民，行政機関，商工会議所，観光協会などにより構成した協議会を組織し，新しい戦略を検討，実施していく必要がある．協議会が中心となりハード・ソフトのインフラ整備を提言し，行政や観光協会に整備を働きかける．北陸版周遊カードについては加盟店を募集し，加盟店には多言語表示を義務付ける．特典としては加盟店となった宿泊施設や料理・飲食店にはステッカーを貼り，行政が広報誌やネット，観光案内所で紹介する．以上の事項をまとめると図 2.14 のようになる．

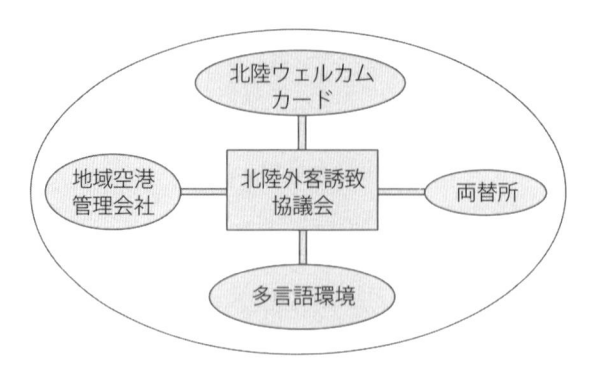

図2.14　北陸外客誘致協議会

2.7　まとめ

　日本の集落の大部分が40年後に限界集落（人口の50％が65歳以上の集落）となることが予測されている。地方の人口減少が急速に進行するため，交流人口拡大が大きな課題である。近年，地方における地域連携が進むなか，同一地域にある県同士が観光客の奪い合いや空港などのインフラ整備にしのぎを削っていては他地域との競争に勝つことはできない。温泉がある観光地でも同様である。1つの温泉旅館が儲かっていてもその温泉地は発展しない。そのような温泉地はいずれ寂れる。北陸圏が連携をとることが最も重要である。北陸圏の空港が連携し「北陸空港」として外客を誘致することが大切である。北陸圏住民が一体感を持ち，県の垣根を越えて誘客促進することが必須である。北陸圏にある観光資源が宝の持ち腐れとならぬように地域の魅力を開発・導出し，いかに交流人口を増加させるかが重要である。観光資源を生かすも殺すも，その地域の住民である。「観光」の重要性が増す時代を担う人材の育成こそが北陸圏を救うといっても過言ではない。その意味において，地域住民こそがいちばんの観光資源である。地域に整合した人材育成を担う高校や大学の重要性はますます高まる。

【参考文献】

[1] 総務省統計研修所編："世界の統計"（2011 年 3 月）
[2] 総務省統計研修所編："日本の統計"（2011 年）
[3] 総務省統計研修所編："家計調査年報 (1) 家計収支編（平成 22 年）"（2011 年 5 月）
[4] 日本政府観光局（JNTO）編："JNTO 国際観光白書"（2010 年 9 月）
[5] 観光庁編："観光白書"（2011 年 8 月）
[6] 観光庁編："平成 24 年版観光白書について"（2012 年 6 月）
[7] 小松空港協議会編："小松空港の概要"（2012 年 5 月）
[8] 富山空港管理事務所："富山空港概要 平成 23 年度版"（2012 年）
[9] 石川県企画振興部空港企画課："能登空港"（2009 年 3 月）
[10] 北日本新聞 平成 21 年 3 月 29 日朝刊
[11] 国際観光振興機構事業開発部編："JNTO 訪日旅行誘致ハンドブック「総合編・各国編」"（2005 年）
[12] 富山県観光・地域振興局観光課編："平成 22 年富山県観光客入込数（推計）"（2011 年）
[13] 大藪多可志，大内東編："北東アジア観光の潮流"，海文堂出版（2008 年 4 月）
[14] 大藪多可志："石川県観光動向と外客数特性"（特集：観光と知能情報），人工知能学会誌，Vol.26, No.3, p.280–285（2011 年 5 月）
[15] 石川県観光交流局交流政策課編："統計からみた石川県の観光（平成 22 年版）"（2011 年 10 月）
[16] Kayoko Hirano, Takashi Oyabu and Hidetaka Nambo："Trend of Foreign Visitors and the Linguistic Landscape in Kenrokuen Garden"，観光情報学会誌「観光と情報」，Vol.3, No.1, p.45–54（2007）
[17] 大藪多可志編："観光と地域再生"，海文堂出版（2010 年 4 月）

第3章

東京ディズニーリゾートと
三鷹の森ジブリ美術館の経営比較

服部 明日香(株式会社メディコム)
中島 恵(大阪観光大学)

3.1 研究の背景

　東京ディズニーリゾート（以降，TDR：Tokyo Disney Resort）のマネジメント研究で取り上げられることの多くはホスピタリティや人材育成についてである。しかしTDRが成功したのは，人材育成やホスピタリティの魅力のみならず，魅力的なキャラクター，アトラクション，お土産，綿密に作りこまれた設定などもその要因であろう。リピーター率9割を誇るTDRの成功要因は，複雑な要素が絡まりあっていると考えられる。

　日本にはディズニー・ピクチャーズと対を成す存在，スタジオジブリがある。スタジオジブリは従業員数300名程度の中小企業である。両社のアニメの物語は比較研究されることが多い。しかし両社の魅力が取り入れられた施設であるTDRと三鷹の森ジブリ美術館（以降，ジブリ美術館）の比較研究は行われていない。両施設の役割は，TDRはテーマパーク，ジブリ美術館はミュージアムと異なる。しかし両施設の来客者が魅力を感じる要素に複数の共通点があるのではないか。宮崎駿は，ディズニーランドはウォルト・ディズニーの最高傑作と評価していることからも，TDRとジブリ美術館の経営を比較することは，今後テーマパークなどの集客施設をつくるにあたり有効と考えられる。

したがって，本章の研究課題はTDRとジブリ美術館の経営を比較することである。そのために，第1にウォルト・ディズニーと宮崎駿の人物比較を，第2にTDRとジブリ美術館の経営比較を行う。

なお，本章は服部の卒業論文に中島が加筆修正したものである。

3.2 ウォルト・ディズニーと宮崎駿の人物比較

(1) 人物史比較

両施設の比較をする前に，それぞれの構想主を比較し，両者がどのような思考の持ち主で，どのような経験を有し，その結果，施設にどのような影響があるのか検証する。それは両施設の基盤を考える上で重要であろう。

ウォルター・イライアス・ディズニー（以降，ウォルト）は1901年に誕生し，兄であるロイ・オリヴァー・ディズニー（以降，ロイ）とウォルト・ディズニー・カンパニー（The Walt Disney Company：以降，ディズニー社）を創立したのが1923年のことである。「蒸気船ウィリー（1928）」を皮切りに「白雪姫（1937）」「ピノキオ（1940）」「シンデレラ（1950）」など，今に語り継がれる名作アニメを発表し続け，1955年にカリフォルニア州アナハイムの広大なオレンジ畑を買い取り，ディズニーランドを開設する。その後，新しくフロリダにもディズニーランドの建設を決定し，その計画を進めている最中の1966年，新しいディズニーランド（フロリダ州オーランド）を見ることなく66歳で病死する。

宮崎駿（以降，宮崎）は，1941年に誕生，学習院大学政経学部を卒業後，1963年にアニメーターとして東映動画に入社した。労働組合活動などから，その後互いを刺激しあう関係の高畑勲（たかはたいさお）と出会う。「未来少年コナン（1978）」で初めて監督を務め，「ルパン三世カリオストロの城（1979）」や「風の谷のナウシカ（1984）」で映画監督としての地位を築きあげる。1985年に徳間書店の子会社としてスタジオジブリを高畑勲とともに発足させる。スタジオジブリは2005年に徳間書店傘下を離れ独立した。「天空の城ラピュタ（1986）」「となりのトトロ（1988）」「もののけ姫（1997）」などの名作アニメを次々にヒットさせ続けており，現在も精力的に活動している。

ウォルトと宮崎の活動時期は重ならない。宮崎がアニメーターとして活動を開始したのは，ウォルトがこの世を去る2年前であり，ウォルトが宮崎に影響を受ける可能性はゼロと言えるだろう。

　一方，宮崎は「ディズニーの作品はあまり好きではない」とインタビューで答えているが[3]，宮崎や高畑勲がアニメーターを目指すきっかけとなった1958年の東映映画「白蛇伝」は，「ディズニーの映画のようなものを作っていけば，将来立派な産業になるのではないか」と考えた当時の東映の社長によって制作された日本で初の全編カラーアニメーション長編映画である。また，日本のアニメーションの祖と言われている手塚治虫は，自らを「ディズニー狂い」と称するほど少年期からディズニー映画を愛好しており，いつかディズニーのようなアニメーション映画を作りたいという情熱を持っていた。このことより，間接的ではあるが宮崎はウォルトの影響を受けているといえる。宮崎は海外記者の「日本のディズニーと呼ばれることに対してどう思っているか」というインタビューに，「ウォルト・ディズニーはプロデューサー。ぼくは現場のアニメーターなので，比較されても困る。オールドナイン（ディズニーアニメのパイオニアである9人のアニメーター）のことは尊敬している」[1] と答えている。

（2）パーソナリティ比較

　ウォルトは，表現力が豊かな人物である。ウォルト・ディズニーとミッキーマウスの共通点として，ボブ・トマスは著書で次のように述べている。「冒険心や正義感にあふれているが，知的教養とはあまり縁がなかった。そして二人とも，成功したいという少年のような野望を抱き，裸一貫からたたきあげた人間像に臆面もなく憧れていた。それに，たった一人の女性に生涯忠実であるという，昔ながらの道徳にしがみついている点で似ていた」[2]。また鉄道ファンで，ディズニーランドには必ず鉄道が走っているのもウォルトの趣味の影響が大きい。ウォルトの作品は，一般大衆向けに作られている。ウォルトは，あくまでも大衆をひきつける作品を作ることを心がけていた。子供だけではなく，その家族にも楽しんでもらいたいという考えはディズニーランドに反映されている。

他方，宮崎は職人気質である。人見知りで，表舞台にはあまり出たがらない。宮崎は軍事マニアで，「紅の豚（1992）」などの作品にも反映されている。宮崎は左翼的[3]で，共産主義的な思想の持ち主である。これは，宮崎自身が幼い頃に戦争の経験をしていたことや，東映動画に就職していた際に労働組合で活発に活動していたことが関係している。宮崎の映画に出てくる主人公は，芯が強く自分の信念を持って行動しているキャラクターが多い。これも，やはり宮崎自身の戦争の体験から来ている。宮崎が幼少の頃，戦争の惨禍から家族で，車に乗って逃げている途中に「乗せてください」と助けを求める親子がいた。しかし，父親はそれを振り払うようにして車を発進させたのである。当時としては仕方がないことであったが，宮崎の脳内ではこのとき，乗せてあげてと言えなかったことが強く印象に残った。このことがきっかけで，「自分のアニメーションでは乗せてあげてとはっきりいえるような意志の強さを持った子を主人公にしよう」という気持ちが生まれた[4]。また宮崎は都会に対する嫌悪感のようなものがあり，どこかで田舎に憧れているところがある。

　両者のパーソナリティで最大の相違点は「プレゼンテーションが上手いか否か」である。ウォルトはアナハイムにディズニーランドを作る際のプレゼンテーションも自ら行った。また，「白雪姫」のプレゼンテーションを行った際，アニメーターたちを呼び集め，身振り手振りで2時間ほど延々と演技をした。ウォルトはこれから手がける作品について熱く語ったと推測できる。ウォルトがインタビューアーに積極的に答えるのに対して，宮崎は消極的である。公の舞台に出てくる回数はプロデューサーである鈴木敏夫のほうが圧倒的に多く，彼の口から間接的に宮崎の考えが語られることも多い。

　第2の相違点は，人材を育成するのが上手いか否かである。ウォルトは人材を見いだす力に長けていた。ウォルトは確かに天才であったが，漫画家やアニメーターとして一流中の一流ではなく，漫画家やアニメーターとして，プロデューサーとして，エンターティナーとして，そして人材を育成する者として総合的に天才であったとされている。一方，宮崎は，本人やプロデューサーの鈴木も認めているが，人材を育成する能力は高くない。たとえば，アニメーターとして天才的な宮崎は，自分ができることを他者ができないということが十分に理解できないので，指導が上手くいかないケースが多々ある。ジブリ

の課題は高畑，宮崎両監督の後継者を育成することと言われている。しかし，ウォルトの死後，ディズニー社は低迷の時代を迎えたこともある（1966年のウォルト死後から1984年のマイケル・アイズナーを迎えるまで）ので，ウォルトの人材育成がすべて行き届いていたというわけではない。

第3の相違点は，ネームバリューを活用しているかである。ウォルトは新作アニメーションを作る際も「ウォルト・ディズニー」が作るということを念頭に置くようにと関係者に伝えていたが，宮崎はどちらかというと「宮崎アニメ」という宣伝を嫌がる傾向にある。宮崎自身は「宮崎アニメだから観る」というよりも「このアニメが素敵だ」と，内容で評価を受けたい。

第4の相違点は思想である。経営者として，雇用者からストライキを受けた経験のあるウォルトは，その苦い経験から反共産主義で，保守的な思想を強めていったとされる。一方，宮崎は東映動画で労働組合の活動をしていたこともあり，共産主義的な思想を持っている。この組合活動は，宮崎にとって重要な経験となっており，この組合活動を通して，その後ずっと付き合うこととなる高畑勲とも出会っている。記者に「宮崎さんは以前マルクス主義であることをやめたとおっしゃっていましたが」と聞かれ，「やめたけれども，今でもマルクス主義的な世界構造は胸の中にある」と答えている[5]。ソ連や中国を見て失望したようである。また「心情的左翼」と述べている[6]。日本共産党が協力して作っている「少年少女新聞」に1969年9月12日～1970年3月15日にかけて「秋津三朗」名義で漫画を連載している。題名は「砂漠の民」である。そして宮崎は「僕は労働組合の役員をやったことがあります」と述べている[7]。宮崎に多大な影響を与えた高畑は共産主義で，記者に「世界はこれからどうなっていくのか」と質問されて「地球の資源は有限なので共産主義的なものでやっていくしかない」と答えている。宮崎はそれに反論しなかった[8]。以上の点から総合的に，高畑・宮崎両監督は共産主義と考えて間違いないだろう。

第5の相違点は，ウォルトが家族（子供および大人）で楽しんでもらいたいとアニメーション映画やディズニーランドを作っていたのに対して，宮崎は，アニメーションは子供のものという考えで作っていることである。ジブリ美術館を作る際も「子供のための，子供が楽しんでもらう」というコンセプトを重視しており，「大人ももちろん楽しんでもらいたいが，どちらかといえば『子供

表3.1 ウォルト・ディズニーと宮崎駿の人物比較

	ウォルト・ディズニー	宮崎　駿
生誕	1909年（〜1966年）	1941年〜
戦争経験	第1次・2次世界大戦	太平洋戦争
右派・左派	右派	左派
経済的な思想	資本主義	共産主義
労働組合活動	ストをされた経験からより保守に傾く	東映動画の社員時代活発に活動
ビジネス・パートナー	兄ロイ・ディズニー（財務，経理，法務など）	鈴木俊夫プロデューサー
アニメーターとして	プロデューサーとして才能ある人々を活用	職人，プレイヤー，非管理業務
対マスコミ	積極的に露出	露出を嫌がる
自己ブランド活用	ディズニー作品，ディズニーブランドを強調	純粋にアニメの質を楽しんでほしい
プレゼンテーション	上手	苦手
後継者育成力	高い	低い
楽しむ対象	家族で，大人と子供が一緒に	子供が
趣味嗜好	鉄道マニア	軍事マニア

が楽しんでいる姿を見ることによって，幸せを感じる』方が望ましい」という考えを持っている。

　両者の類似点は，第1に子供心を忘れないことである。ウォルトは子供の心を理解し，素直で無邪気な人物であったとされている。また，宮崎も少年の心を持っている。第2に，ビジネス・パートナーの存在である。ウォルトにとっては兄のロイである。ウォルトがクリエイターであったのに対し，もともと銀行に勤めていたロイは財務，経理，法務などでディズニー社を支えた。ディズニー社が成功したのは，ウォルトの創造力が大きいが，ロイの資金調達力など経営管理能力にもよる。ロイなしではウォルトは成功していなかったであろう。また，宮崎にとってジブリのプロデューサー鈴木敏夫はなくてはならない存在である。もともと徳間書店に勤めていた鈴木は，資金を工面することよりも宣伝に力を入れている。宣伝を通じて他の企業との交流を深め，そこから

種々の仕事につなげていく。鈴木の人脈形成術は目を見張るものがある。才能のある者だけではなく、それを深く理解し支えようとする者に恵まれていたという点で、両者は類似している。

3.3 TDRと三鷹の森ジブリ美術館の経営比較

TDRとジブリ美術館の経営を比較すると表3.2のようになる。TDRの方が圧倒的に大規模である。換言すると、ジブリ美術館は中小規模の施設である。TDRの成功で、大規模施設がテーマパーク産業では花形とされているが、低コストの中小規模施設で、コンスタントに集客し、利益を上げている優良施設もあると指摘されている[9]。ジブリ美術館も、この集客力から優良中小施設と考えられる。

表3.2 両施設の概要

施設名	TDR	三鷹の森ジブリ美術館
運営会社	株式会社オリエンタルランド	公益財団法人徳間記念アニメーション文化財団 株式会社マンマユート団
開業	【TDL】1983年4月15日 【TDS】2001年9月4日	2001年10月1日
所在地	千葉県浦安市舞浜	東京都三鷹市
構想主	ウォルト・ディズニー	宮崎駿
総工費	【TDL】1800億円 【TDS】3380億円	50億円
連結従業員数	約2万1000名	122名(2009年)
施設面積	【TDL】51万m^2 【TDS】49万m^2	約4000m^2
年間来場者数	約250万人	約60〜70万人
入場料	シニア(60歳以上)5500円 大人6200円 高・中学生5300円 幼・小学生4100円	大人・大学生1000円 高・中学生700円 小学生400円 幼児(4歳以上)100円

3.3.1 創設理由比較

　ウォルト・ディズニーがディズニーランドの構想を思いついたのが1940年のことである。ウォルトがディズニーランドを造ろうと思いついた理由として，大きく分けて2つのことがあげられる。第1に，娘2人を遊園地に連れていった際に，他の親たちが退屈そうに待っている姿や回転木馬の剥げかかったペンキ，掃除の行き届かない汚らしい園内，むっつりして無愛想な店員をじっくりと観察する機会があったことである。ウォルトは子供だけでなく親子で楽しむことができる遊園地があればどんなに楽しいだろうかと思った。その後，世界中の屋外娯楽施設や動物園を見て回るなかで，コペンハーゲンのチボリ・ガーデンにそのヒントを見いだした。チボリ・ガーデンのゆき届いた清掃，鮮やかな色彩，納得できる料金，陽気な音楽，おいしい飲食物，温かな感じで礼儀正しい従業員は，ディズニーランドの構想に，なくてはならないものとなった。第2に，当時のハリウッドの観光事情は，観光客がハリウッドに来ても，観るべきものが何もなく，そのことをウォルトは情けなく思っていたからである。華やかな雰囲気や映画スターが見られるわけでもなく，ディズニースタジオの見学に来る人間が見ることができるのも，アニメーターが机に向かって作業をしている姿だけである。そこで，スタジオの隣に楽しめる施設をつくろうと思いたったのである。しかしロサンゼルス市議会やバーバンク市議会がディズニー社の計画に許可を出さなかったことにより，ウォルトは予定を変更し，スタンフォード研究所に依頼して候補地を探してもらった。そのなかで出てきたのが，アナハイム市の広さ$640.8 \mathrm{m}^2$のオレンジ畑だったのである。これがきっかけとなり，当初予定していたものよりも大規模に膨らんだディズニーランドの計画が進行していった。

　一方，ジブリ美術館の構想が本格化したのは1997年秋である。もともとは，ジブリのアニメーターの高齢化対策として案が練られた。高齢になるにつれ，重労働なアニメーターを続けるのは困難である。現役引退後に過ごす場所として何か店をと店舗用の土地を探していたなか，「もののけ姫」がヒットし，百貨店で開催された原画の展覧会が好評だったことから，構想が美術館へと変化していった。さらに宮崎には幼稚園を作りたいという夢があった（この夢は

2008年にジブリの企業内保育園「三匹の熊の家」および「はなれ」として叶うことになる）。その夢を発展させる形として，美術館の具体的なコンセプトを練るようになる。最初のアイディアは「山を作って，その中に美術館を入れてしまう。入り口を山のふもとに作って，出口は山の上。そこで親子でお弁当を食べてもいいし，山をかけ降りてもいい」というようなものである。始まりが「幼稚園」であることからも，子供に目線をおいた作りを重要視し，「迷子になろうよ，いっしょに。」というキャッチフレーズを用いている。1998年から本格的に建築予定地探しが始まり，同年2月中旬，三鷹市から現在の「井の頭公園西園拡張用地」を紹介されるが，予定地は東京都所有のため，建設できるのは市立などの公の施設だけであった。そこで，スタジオジブリ関連会社が建物を建設後，三鷹市に寄付して，公の施設にするという「負担附き寄付」という方法で，設立する案が出される。施設の管理，運営については三鷹市，徳間書店，日本テレビ放送網が出捐して設立した「財団法人徳間記念アニメーション文化財団」が行うことになった。美術館の正式名称は「三鷹市立アニメーション美術館」である。「三鷹の森ジブリ美術館」はいうなれば「正式な通称」である[10]。

　両施設の創設理由として明らかに異なるのは，主軸となるターゲットである。ディズニーランドは「子供だけでなく，親子で楽しめるもの」とファミリー層をターゲットとしているのに対して，ジブリ美術館は「子供のためのもの」としている。ジブリ美術館にある巨大なねこバスのぬいぐるみはそのなかに入ることができるのが特徴であるが，このなかに入ることができるのは小学生以下限定である。アニメーションは子供のものという宮崎の思いが強く表れていることがわかる。

3.3.2　コンセプト比較

　ディズニーランドの構想は，人々に幸福と知識を与える場であり，親子が一緒に楽しめる場である。ディズニーランドは，アメリカという国を生んだ理想と夢とそして厳しい現実をその原点とし，同時にまたそれらのために捧げられる。こうした夢と現実をディズニーランドはユニークな方法で再現し，それを

勇気と感動の泉として世界の人々に贈るものである。ディズニーランドには，博覧会，展示会，遊園地，コミュニケーションセンター，現代博物館，美と魔法のショーなどの要素が集大成されている。こうした人類の不思議をどうしたら私たちの生活の一部にすることができるか，ディズニーランドはそれを私たちに教えている[11]。

　それに対して美術館の構想は，パンフレット「三鷹市立アニメーション美術館の開館に向けて　三鷹の森ジブリ美術館」によると次のようになる。

　「おもしろくて，心がやわらかくなる美術館　いろんなものを発見できる美術館　キチンとした考えがつらぬかれている美術館　楽しみたい人は楽しめ，考えたい人は考えられ，感じたい人は感じられる美術館　そして，入った時より，出る時ちょっぴり心がゆたかになってしまう美術館！　そのために，建物は...　①それ自体が一本の映画としてつくりたい　②威張った建物　立派そうな建物，豪華そうな建物，密封された建物にしたくない　③すいている時こそ，ホッとできるいい空間にしたい　④肌ざわり，さわった時の感じがあたたかい建物にしたい　⑤外の風や光が自由に出入りする建物にしたい　運営は...　①小さな子ども達も一人前にあつかいたい　②ハンデをもっている人にできるかぎり配慮したい　③働く人が自信と誇りを持てる職場にしたい　④道順だの，順路だのと，あまりお客さんを管理したくない　⑤展示物に埃がかぶったり，古びたりしないよういつもアイデア豊かに，新しい挑戦を続けたい　⑥そのために投資を続けるようにしたい　展示物は...　①ジブリファンだけがよろこぶ場所にはしたくない　②ジブリのいままでの作品の絵が並んでいる「おもいで美術館」にはしたくない　みるだけでも楽しく，つくる人間の心がつたわり，アニメーションへの新しい見方が生まれてくる場所をつくりたい　③美術館独自の作品や絵を描き，発表する，映像展示室や展示室をつくり，活き活きと動かしたい（独自の短編作品をつくって公開したい！）④今までの作品については，より掘り下げた形で位置付けて展示したい　カフェは...　①楽しみ，くつろぐための大事な所として位置付けたい　ただし，多くの美術館のカフェが運営困難になっている現状からも安直にやりたくない　②個性あふれたよい店を，まじめにつくりあげたい　ショップは...　①お客さんのためにも，運営のためにも充実させたい　②ただし，売れれば

よい式のバーゲン風安売り店にしたくない　③よい店のあり方を模索しつづけたい　④美術館にしかないオリジナルグッズをつくりたい！　公園との関係は…　①緑を大切にするだけではなく，10年後にさらによくなるプランをつくりたい　②美術館ができて，まわりの公園もゆたかになり，公園がよくなって　美術館もよくなったといえるような形と運営を探し見つけたい！　こういう美術館にはしたくない！　すましている美術館　えらそうな美術館　人間より作品を大事にしている美術館　おもしろくないものを意味ありげに並べている美術館　三鷹の森ジブリ美術館 館主 宮崎 駿」

なおパンフレットの言葉に考察しやすいように番号を振ってある。

続いて，両施設のコンセプトを比較したい。その前に，TDRの新アトラクション開発を行うイマジニア（Imagineer）について説明する。

イマジニアとは，イマジネーション（imagination）とエンジニア（engineer）を複合させた，ウォルトによる造語である。ウォルト・ディズニー・イマジニアリング社（The Walt Disney Imagineering Company）という，ディズニー社の子会社で世界中のディズニーリゾートのアトラクション開発と製造を専門に行っている会社がフロリダ州オーランドにある。そこでイマジニアは，新しいアトラクションを創造することに尽力している。イマジニアは，専門性にかかわらずイマジネーション（芸術家としての仕事能力）とエンジニアリング（技術者としての仕事能力）の双方を担い，専門外の知識もある程度持つことが求められる。アトラクションを開発していく上で次の15の工程が必要になってくる。

1. ブレーン・ストーミング（白紙の状態から新アトラクションのアイディアを考える）
2. ストーリーを出し合う（他のイマジニアにそのアイディアを説明する）
3. 紙面に2次元の絵を連続して描く
4. コンピューター上に立体的に描く
5. 3次元の模型作成
6. 細部までミニチュア模型作成
7. 建築士が設計図作成

8. 技術者が乗り物をデザイン
9. 乗り物の試作，試乗，改良
10. アトラクション本体の建設
11. 内部のキャラクター作成（オーディオアニマトロニクス：動く人形）
12. 乗り物，キャラクター，水路，レールなどの配置（避難経路確保）
13. イマジニアが試乗し微調整（担当イマジニアにどこをどう直すか伝える）
14. 数百回の試乗と微調整
15. 安全確認

この工程において，1から6までを担当するイマジニアは芸術家的な要素が大きく，7以降を担当するイマジニアが技術者的な要素が大きい[12]。

3.3.3 施設比較

では，両施設のコンセプトを，ジブリ美術館のコンセプトに沿って比較する。コンセプト比較は次の順で行う。(1) 建物，(2) 運営，(3) 展示物（アトラクション），(4) ショップ，飲食店，(5) 周辺環境である。

(1) 建物

両施設の建物の類似点は次のようになる。TDR の建物の大きな特徴は外の景色が見えない設計である。外界と完全に遮断することによって，夢と魔法の国という印象を強く残す狙いがある。これについては，ジブリ美術館も類似した狙いがあるのではないかと考えられる。その理由として挙げられるのは，ジブリ美術館は全体が井の頭公園の森の木々に囲まれたなかに埋もれたような状態で，外界から隠れた位置に作られている。入口は，大きなトトロのぬいぐるみを置いたフェイクの受付からしばらく歩かないと見つけられない仕組みになっている。美術館のキャッチフレーズは「迷子になろうよ，いっしょに。」であるが，迷子になったような感覚にさせることによって，「不思議な場所」であるという印象を与えることができる。ディズニーランドが「外を見せない」ことによって外界を遮断しているのに対し，ジブリ美術館は「外から見えない」

ことにより，外界を遮断しているのである。ジブリのコンセプト①は，ディズニーランドの方針とも一致している。またコンセプト④についてであるが，これは直訳すると，「清潔で安全である」という意味と同一であり，ディズニーランドの「赤ちゃんがハイハイして，落ちているものを食べても平気なくらい清潔」という教えと同じであると言える。

　また，両施設とも建物自身が立派な展示物となり，ディズニーであればディズニーの，ジブリであればジブリの世界観や魅力を発信している。映画「トイ・ストーリー」の監督で数々のディズニー映画を作ってきたジョン・ラセターは，ジブリ美術館を訪れた際に次のような発言をしている。「ジブリ美術館と宮崎アニメ作品の中に出てくる建物には類似点がある。1つめは漫画的な誇張があること。2つめは有機的な雰囲気があること。3つめは西洋建築的な感覚があること。この3つの組み合わせを行ったものが，双方の類似点である。よって美術館のなかでたくさんの宮崎作品に会うことができる」。この「世界観を楽しむ」という行為は，ディズニーランドにも言えることである。ディズニーにもジブリにも魅力的な資源が十分に存在しているので，それを建物にも盛り込むことによって，「行きたい」という欲求を高めることができるのである。

　両施設とも，プロデュースを行っている企業が映画を作っているだけあって，施設の作り方も映画の作り方と一致している箇所がある。それは入口部分である。ディズニーランドのパークの入口は1か所しかないが，これは，映画の物語の始まりが1か所しかないというウォルトのこだわりによるものである。また，ジブリ美術館の入口部分にも宮崎作品との共通点が見られる。それは，入口を入るとすぐに階段を下っていかなくてはならず，すべて下りきった後には吹き抜けがあるので，入園客は最下部から「見上げる」視点を最初に必ず持つように作ってあるという点である。宮崎作品の建物が映し出される場合，必ず「建物を見上げる」ような映像が出てくる。このように，実際の作品と同じような視点を持つことができることにより，訪れた者は「自分がジブリの世界に入っている」と思うことができるのである。どちらの施設も「入口」を大事にしているという点は一致が見られる。

　両施設の建物の相違点はその構造である。ディズニーランドの構造は，ハブ・アンド・スポーク構造と呼ばれるもので，ハブとは車軸のこと，スポーク

とは自転車の車輪の軸と輪を放射状につなぐ細い棒のことである。ディズニーランドの中心にハブ（アナハイムのディズニーランドでは眠りの森の姫の城，東京ディズニーランドではシンデレラ城）があり，そこから各ゾーンへ行く。園内の構造を明確に把握しやすくさせ，ゲスト（TDR では来場者をゲストという）に自分の位置をわかりやすくさせるためである。このことによりゲストは広い園内で迷いにくくなる。それに対してジブリ美術館は，コンセプトが迷子にさせるためのものであり，あえて来場者に自分の位置をわかりにくくさせている。これはジブリのコンセプトの運営④に当てはまることである。また，はっきりとした造りになっている TDR に対して，ジブリ美術館は均等ではない空間や曲線の多い空間で建物を構成しており，わかりにくい。また，「写真スポット」と呼ばれる場所を設け，そのことを目玉の1つとしている TDR に対して，ジブリ美術館は施設内の写真撮影が禁止である（屋上は可）。当初は写真撮影を許可していたものの，写真をとることが目的となり，展示物を見ようとしない親と，その被写体になってしまうせいで自由でいられなくなり，十分に楽しむことができない子供たちを目にした宮崎が禁止したのである。

(2) 運営

　両施設の運営に関する類似点に広告宣伝方法が挙げられる。ジブリ美術館は比較的宣伝をしていない。その具体的な宣伝方法はローソンで見られる。コンビニは若者だけでなく，地方では高齢者もよく利用することから，「千と千尋の神隠し」の宣伝をローソンで行ったことが非常に有効に働いた。コンビニは単なる店ではなく，1つのメディアとして有力であると確信した鈴木が，美術館にもこの手法を用いることにした。両施設はどちらも作品自体に大きな宣伝効果があるといってよい。なお，ジブリ美術館は入場券をローソンのロッピーで独占販売している[13]。ディズニーやジブリは，世界的に十分に有名であり，その世界観を実際に自分で体験してみたいと思う人は多いと推測できる。また，ジブリ美術館の運営コンセプト①②とディズニー・フィロソフィーの「ディズニーランドは一生完成しない」も「成長し続ける」という意味で一致している。

　両施設の運営に関する相違点として産業内での地位類型およびとりうる戦

略が挙げられる。TDR はテーマパーク産業内においてリーダー企業である。リーダー企業とは，「量産経営資源にも質的経営資源にも優れる企業」と定義され，一般的には市場シェア1位の企業を指す。

産業内の地位としては他に3つある。まず，「量産経営資源には優れるが，質的経営資源がリーダー企業に対して相対的に劣るような企業」と定義され，一般的にリーダーの地位を狙う立場にあるチャレンジャー企業と呼ばれるもの。次に，「質的経営資源には優れるが，量的経営資源がリーダー企業に対して相対的に劣るような企業」と定義され，リーダーのようなフルライン政策や，量の拡大を狙わないニッチャー企業。ニッチャー企業は，ある市場の特定のニーズに対応した小さく特殊な市場で売上を伸ばし，独自の地位を築く企業である。最後は，「量的経営資源にも質的経営資源にも恵まれない企業」と定義され，直ちにはリーダーの地位を狙えないフォロワー企業である[14]。つまり TDR がリーダー企業であるのに対して，ジブリ美術館はニッチャー企業であるといえる。

またジブリ美術館は完全に予約制（ローソンのロッピーの独占販売）で，入場時間は1日4回（午前10時，正午，午後2時，午後4時）に限られる。入れ替え制ではないので一日中滞在してもよい。1回に入場できる人数は600名で，1日に入場できる人数が2400名に限られる。その理由は，混雑を避けることと，美術館のイメージとして，人があふれかえって窮屈になってしまうのはあまり良くないからである。また，「ジブリは町工場である。中小企業でないと，隅々まで目の届いた質の高い映画は作れない」というジブリ本体の考えを踏襲していると考えてよいだろう。それについて当時同館館長でもあった宮崎吾朗（宮崎駿の長男）は，休日はかなり混雑するので，ゆっくり見てもらうために，経営的に許せばむしろ制限人数を減らしたいと述べている[15]。

両施設の相違点として，従業員の人材育成への取り組みが挙げられる。TDR の従業員の質が高いのは，オリエンタルランドが徹底した人材育成を施しているからである。ウォルトの経営理念，ディズニー・フィロソフィーを従業員に学ばせるために，ディズニーサイドは従業員がパーク内で働く前に，「ディズニー・ユニバーシティ」という企業内大学のなかで，その理念を徹底的に教育させる。また，ディズニーランド内では，キャスト，ゲスト，パーク内のゲス

トから見えるところを「オンステージ」，見えないところを「バックステージ」と明確に区別させ，「ディズニーランドという巨大なステージ上で，キャストがそれぞれの役割を『演じる』」という意味付けを明確にさせることによって従業員のモチベーションを上げている。

一方，ジブリ美術館はそういった細部まで行き届いた人材育成はしていないようである。接客マニュアルが最低限のものしかない[16]。スタッフ全員が上司から言われるのではなく，自主的に判断し，工夫して対応する姿勢を大切にしている。また，スタッフは来館客との距離を一定に保ち，あくまでも「補助」であるというスタンスを守っている。そこで働く従業員，一人ひとりが本来持っているような自然に対する愛情や小さな子供に対する気持ちを尊重することをコンセプトとしていると考えられる。つまり，従業員の接客の質の高さを魅力の1つとしてブランド化しているTDRに対して，ジブリ美術館は従業員の自然な愛情や思いやりをアドリブで発揮すればよいとしている。

(3) 展示物（アトラクション）

両施設の展示物（アトラクション）の類似点として，TDRならばウォルトの，ジブリ美術館ならば宮崎の幼少時代の思い出が反映されていることが挙げられる。TDRはウォルトの少年時代「古き良き時代のアメリカ」を意識した作りが随所に見られる。ワールドバザールというショップとレストランを主としたテーマランドにはその影響が顕著に見られ，ここはウォルトの生まれ故郷であるマーセリンの町並みをモデルとし，そこで流れているBGMも19世紀から20世紀初頭にかけて流行したラグタイムが多用されている。他方，ジブリ美術館の常設展示である「映画の生まれる場所」は，テーマとしては映画の製作現場を1部屋ずつ作業別に流れに沿って説明し，現場は一昔前の宮崎が東映動画に入社したばかりの頃，「日本が貧乏でしあわせだった頃」を再現している。この「映画の生まれる場所」の2番目の部屋「準備室」は，少年の部屋をイメージしたものである。この少年の部屋のなかには男の子が好きそうな工具や機械，祖父から譲り受けたというコンセプトの古くて大きな机や飛行機模型，宮崎自身が影響を受けたたくさんの書籍などが雑多に置いてある。これは宮崎がジブリ作品の美しい背景などを多数描いてきた男鹿和雄と昔を思い出し

ながら楽しそうに相談して決めたものである[17]。この部屋の主である少年の気持ちと，自分が少年だった頃の気持ちを一体化させながら作り上げたのではないだろうか。宮崎自身も，「（この部屋は）子供の頃に欲しかった部屋」という発言をしている[18]。

またジブリ美術館の展示物コンセプト③は，結果としてリピーターの獲得につながる働きをしている。ジブリ美術館の映像展示室「土星座」は，約80名収容できる映画館であるが，ここで上映されているジブリ製作の短編アニメーション映画は，他で見ることができないものとなっており，現在は9作品「くじらとり（2001）」「コロの大さんぽ（2001）」「めいとこねこバス（2002）」「やどさがし（2006）」「水グモもんもん（2006）」「星をかった日（2006）」「ちゅうずもう（2010）」「パン種とタマゴ姫（2010）」「たからさがし（2011）」がある。1作品1か月程度のスケジュールで上映しているので，ここの作品をすべて観ようと考えた場合，最低でも1か月おきに9回足を運ぶ計算となる。そしてこの短編映画は，今後もどんどん増えていく予定で，12作品程度に増加することが方針として挙げられており，ジブリ美術館の現館長である中島氏の「作り続けることは，ジブリ美術館の開館以来の大きなテーマのひとつ」という発言[19]からも，結果としてこのコンセプト③は，ディズニーランドと同じく「成長し続ける」ことを大切にしていると言える。

展示物（アトラクション）を作る際，TDRではイマジニアがそれを担っている。イマジニア（前述）は，パーク内のアトラクションやその他施設を1つのストーリーとして徹底的に作りこんでいく。このアトラクションを作る上で，やはりウォルトの思想が反映されているが，ここではウォルトが何かストーリーを作る際に大切にしている4つのCが大切になってくる。ウォルトが大切にしている4つのCとは「Curiosity：好奇心」「Confidence：確信」「Courage：勇気」「Constancy：不変」である。この4つのCをふんだんに取り入れたストーリーをアトラクションに組み込むことによって，ゲストはいっそうアトラクションに魅了されていくのである。また，ストーリーのなかには史実もふんだんに取り入れられるため，学習できる要素もある。ジブリ美術館の展示物は，エンターテイメント（楽しみ，娯楽性）よりも教育の要素が大きい。教育（エデュケーション）とエンターテイメントの複合語をエデュテイメ

ントという。たとえば，アニメーションはもともとどういう技術をもって作られたのかを見せる「動きはじめの部屋」などがある。その内容の端々にジブリ作品の世界観を見ることができるので，来場客は楽しんで学習することが可能である。よって，両施設の展示物を訪れる人々は，アミューズメントパークと美術館という施設の役割が異なるように見えても，訪れた印象として類似した感情を持つのではないか。

　両施設のコンセプトの相違点は，ディズニーランドは未来的な要素もパークに取り入れようとしたのに対して，ジブリ美術館は土星座で映写機を使う（今の映画館で映写機を使うところはほとんどない）など，過去というコンセプトを確固たる信念を持って守っていることである。フロリダのウォルト・ディズニー・ワールド・リゾートの4つのテーマパークのうちの1つに，エプコット（Epcot）がある。エプコットは，Experimental（実験的）Prototype（型）Community of Tomorrow（未来都市）の略で，ウォルトは死ぬ間際までこのプロジェクトに熱心に取り組んでいた。結局，この完成を見ることなくこの世を去ってしまうことになるが，エプコットに対する思い入れの強さは相当なものがあった。ジブリ美術館は，ミュージアムとしての役割からすれば，過去に対するこだわりも担うのである。美術館は広義には博物館のうちの1つであり，博物館は資料を保存し，収集し，展示し，それら過去のものを未来へ残し，伝えていく役割がある。両施設を比較してみると，ウォルトと宮崎の思想の違いが見えてくる。ウォルトは，未来に対して希望を持ち，最新の技術を次々に導入し，オーディオ・アニマトロニクスなどの技法を生み出していった「新しいもの好き」な面があったが，宮崎は新しい技術に頼ることを危惧しており，未来に対して悲観的に考え，古いものを大切にしていこうという考えを持っている。

（4）ショップ，飲食店
　TDRのショップや飲食店はどの店もイマジニアによって綿密なストーリーが作られている。その作りこみの濃度は人気のアトラクションと比べても決して劣るものではない。それほど細部まで手を抜かずに作られている。よって，すべての店舗に映画のようなストーリーが成立するので，それを調べるケース

スタディもリピーターにとって楽しみの1つとなる。ジブリ美術館のショップもストーリー性を持つ。ジブリ美術館内のショップと飲食店は各1店舗のみである。ショップは「マンマユート」，飲食店は「麦わらぼうし」である。ここでは「マンマユート」について述べる。これは，宮崎駿の映画「紅の豚（1992）」に出てくる空賊団に由来しており，「マンマユート」はイタリア語で「ママ！助けて！」という意味がある。ショップのマークにも採用されているひげの男はこの空賊団のボスである。つまりこのショップはこの空賊団が運営しているというストーリーを来場者に思わせる狙いがある。また，美術館の運営会社も「マンマユート団」という名前をつけており，この空賊が運営して，盗んできたお宝の美術館というストーリーを連想することが可能である。ショップのコンセプト④の「そこでしか買うことの出来ないオリジナルグッズ」については，ディズニーも同じような手法を取り入れている。近年若い世代の女性に人気のテディベア「ダッフィー」と「シェリーメイ」のぬいぐるみは，それを手に入れることが一種のステータスであるような風潮を世の中にもたらしている。このぬいぐるみは東京ディズニーシー（Tokyo Disney Sea，以降，TDS）内のショップ「アウント・ペグズ・ヴィレッジストア」でしか購入することができない。このぬいぐるみを買うためにはTDSまで足を運ばなくてはならない。その場所でしか買えない限定商品を出すことによって顧客が訪れたいと思う理由をさらに増やすのである。

　ショップ，飲食店に関する相違点は店舗数である。規模が異なるものの，TDRのショップは全83店舗，飲食店は71店舗で，ジブリ美術館はショップ1店舗，飲食店1店舗である。これは，TDRでは多くの来場者が一日中滞在していることに対して，ジブリ美術館ではその特殊な入場方法や，閉館時刻が18時と早いために，必ずしもすべての人が飲食店を利用するとは限らないことがある。またTDR内にある飲食店はどの店にもやはりストーリーがあるが，どれも現実では体験できないような非日常性があり，普段は食べられないようなものを食することができるが，ジブリ美術館の飲食店は，家庭料理をコンセプトにしているので，身近な日常の雰囲気を楽しむことができる。次にディズニーランドが飲食物の持ち込み不可にすることによって飲食店の売上を上げているのに対して，ジブリ美術館はお弁当など持ち込み可であり，「天気の良い

日は芝生の上でお弁当を！」と，持ち込みを歓迎している。ジブリ美術館内の飲食店は混雑している場合も多いので，それを補う要素としてお弁当を持ち込むというアイディアであろう。

(5) 周辺環境

続いて，両施設の周辺環境の比較を行う。TDL 開業により，かつては小さな漁村だった浦安の環境も大きく変化した。浦安市民が感じる良好な変化としては，知名度の上昇，街のイメージ変化，税収効果などが挙げられる。また，迷惑な変化としては交通渋滞，駅の混雑，人の出入りなどが挙げられる。結果としては，浦安市民の約 80 ％が TDR による街の変化に好意的な印象を持っている[20]。ジブリ美術館も，三鷹市のイメージ作りに貢献している。三鷹市の新しいイメージと子供たちの夢のシンボルとして宮崎自身のデザインにより生み出されたキャラクター「ポキ」は，名前を市民から公募し，グッズ展開もなされ，三鷹市とジブリの連帯感を出している。また，1 日限定 2400 枚の入場券のうち，必ず 100 枚を地元市民向けに確保し，市民や近隣市民を無料で招待する「三鷹市民デー」などを設けている。TDR でも地域別のチケット割引サービスはあるが，ジブリ美術館は 1 日 2400 名のみの入場制限で，そのうちの 100 枚を市民のために確保するとなると市民の心象も良いものになるだろう。また，地域の小学生や幼稚園，保育所の園児を積極的に招くなど，地元密着の姿勢を鮮明に打ち出している。近年，漫画やアニメを核とした街づくりが盛んに行われているが，その取り組みの手本として 2 つの施設は存在しているといえるのではないか。

3.4 まとめ

本章稿では，TDR とジブリ美術館の経営を比較してきた。そのために，第 1 にウォルト・ディズニーと宮崎駿の人物比較，第 2 に TDR とジブリ美術館のビジネスモデルを比較してきた。

その結果，次の点を明らかにすることができた。

第 1 に，TDR はテーマパーク，アミューズメント施設，レジャー施設であ

ると同時に美術館としての役割も果たしている。その常設展示テーマは，たとえば古き良き時代のアメリカ，中世のヨーロッパ，伝統，文化などである。同様にジブリ美術館も，美術館としての役割の他に，テーマパークとしての役割も果たしているといえるだろう。

ここでテーマパークとは何か，経済産業省の2001年「特定サービス産業実態調査」の「II. 遊園地・テーマパークの概況」[21] に従って検証する。「テーマパーク」とは，入場料をとり，特定のテーマのもとに施設全体の環境づくりを行い，テーマに関連するアトラクションを有し，パレードやイベントなどのソフトを組み込んで，空間全体を演出して娯楽を提供する事業所である。それに対して「遊園地」とは，樹木，池など自然の環境を有し，かつ，有料の各種遊戯施設を配置し，客に娯楽を提供する業務を営む事業所（客が直接に硬貨，メダル，カードなどを投入するものを除き，3種類以上の遊戯施設を有するもの）である。テーマパークにおいてアトラクションとは一般的に乗り物を意味するが，アトラクションは魅力，引き付ける物，引き付けることであり，必ずしも乗り物だけではない。本章では，乗り物がなくても，テーマに沿った環境演出がなされ，集客するための魅力ある施設，設備，展示物などもアトラクションとする。

そうするとTDRは主としてテーマパークの機能であるが，同時に美術館の機能も有するのである。それに対してジブリ美術館は主として美術館の機能であるが，同時にテーマパークの機能を持つのである。宮崎は「そもそも美術館ではなくて，不思議なものや仕掛けをいっぱい見せる，見世物館を作りたかったんですよ。でも，それだと財団法人になれないらしいので，美術館のふりをしています」と発言しており[22]，「美術館」という典型的な型にはまった施設にするつもりはなかったと言える。

第2に，TDRは利益を上げることを重視しており，優れたビジネスモデルと言えるが，ジブリ美術館は利益を上げることを第1目的としていないことは明らかである。より売上を追求するのであれば，1日当たりの入場券販売数を増加させ，ショップ，飲食店を増やし，飲食物の持ち込み不可にするはずである。TDRは飲食物の持ち込み不可である。売上の最大化のみがテーマパークの成功ではないという事例である。宮崎は資本主義ではなく共産主義なので，

必要以上に売上を追求しないのであろう。また従業員の労働条件への配慮と考えられるが，18時に閉園している。それでは施設内の飲食店での夕食需要が見込めない。それどころか，夕食の需要を放棄している可能性もある。売上増よりも従業員の労働時間短縮を優先しているのではないか。宮崎が左派で共産主義，東映動画時代に活発に労働組合活動を行っていたときの思想が，経営者になった現在も健在のようである。

　第3に，宮崎は成功後も従業員（アニメーター）に優しい雇用慣行を作ろうとしたことが明らかになった。アニメーターとして成功し，地位，名声，富を得て，スタジオジブリを世界的に有名にしたが，それでもなお管理職ではなくプレイヤーとして質の高い仕事を目指す職人であり続けていることが明らかになった。ジブリ美術館は，ハードなアニメーター業務を引退した後，アニメーターの再就職先として設立されたのである。

　第4に，テーマパーク，レジャー施設，アミューズメント施設，エンターテイメント施設は資本主義の産物である。それらは資本主義者が資本主義社会に設立することが前提である。共産主義者がこれらの施設を経営すると，必要最低限しか売上を上げようとせず，集客力を実力より低く抑え，夕食需要を放棄することで労働時間短縮を実現していると考えられる。もっと売上を上げようとすれば，これとは異なるビジネスモデルを構築するはずである。他の集客施設は，いかに集客力を上げ，いかに滞在時間を延ばし，いかに顧客単価を上げるかを戦略の中核に据えているが，同施設はその点で資本主義者が経営する施設と大きく異なることが明らかになった。

　本章の貢献は，これまで盛んに比較されてきた映画スタジオのディズニーとジブリの映画作品の研究ではなく，両社が経営するテーマパークの経営比較を行い，それぞれの構想主のウォルト・ディズニーと宮崎駿の思想から導き出される経営思想の相違を明らかにしたことである。

　今後の研究課題は，より詳細なスタジオジブリおよびジブリ美術館の調査，研究および次の条件に当てはまる施設の調査，研究である。第1に，有名人をキャラクターとして中核に据えて成功している施設である。その条件に当てはまり，知名度が高い成功施設はディズニーリゾートとジブリ美術館のみではないか。藤子・F・不二雄ミュージアム（川崎市）は藤子・F・不二雄氏の死後に

設立されているため，本人の意志や希望がどの程度反映されているのか不明である。第2に，共産主義者が経営するテーマパークである。共産主義国家および社会にテーマパークが運営されているとは考えにくい。また資本主義国家に生きる共産主義者がテーマパークを経営しているケースは他にあるのか，あるとしたら経営状態はどうなのか。もしあるのなら，それら施設と比較研究を行う。共産主義思想がエンターテイメント施設の経営に与える影響を検証したい。

【参考文献】

[1] 鈴木敏夫（2008）『仕事道楽』岩波書店，111 頁
[2] Thomas, Bob, 1976, 1994, "WALT DISNEY: AN AMERICAN ORIGINAL", The Walt Disney Company.（玉置悦子・能登地雅子訳，2010 年『ウォルト・ディズニー　創造と冒険の生涯　完全復刻版』講談社）邦訳 130 頁
[3] 宮崎 駿（2002）『風の帰る場所——ナウシカから千尋までの軌跡』ロッキング・オン，64 頁
[4] DVD『ポニョはこうして生まれた〜宮崎駿の思考過程〜』NHK エンタープライズ，2009 年 12 月 18 日
[5] 『CUT』2009 年 12 月号，54 頁
[6] 宮崎 駿（1996）『出発点　1979〜1996』岩波書店，248 頁
[7] 宮崎 駿（2008）『折り返し点　1997〜2008』岩波書店，361 頁
[8] 鈴木敏夫（2011）『ジブリの哲学』岩波書店，163 頁
[9] 中島 恵（2011）『テーマパーク産業論』三恵社
[10] ジブリ美術館（2009）『迷子になろうよ，いっしょに。三鷹の森ジブリ美術館　GHIBLI MUSEUM, MITAKA　GUIDE BOOK 2009–2010』徳間書店，94 頁
[11] Thomas, Bob, 1976, 1994, "WALT DISNEY: AN AMERICAN ORIGINAL", The Walt Disney Company.（玉置悦子・能登地雅子訳，2010 年『ウォルト・ディズニー　創造と冒険の生涯　完全復刻版』講談社）邦訳 262–263 頁
[12] 中島 恵（2011）『テーマパーク産業論』三恵社，63–64 頁
[13] 日経 MJ（流通新聞）2002 年 3 月 21 日，7 頁「映画や音楽分野，コンビニが強化——人気コンテンツ独占狙う」
[14] 中島 恵（2011）『テーマパーク産業論』三恵社，137–138 頁
[15] 日本経済新聞，2005 年 5 月 11 日，地方経済面，東京，15 頁「三鷹の森ジブリ美術館長宮崎吾朗氏——アニメの魅力分かち合う（TOKIO 進化びと）」
[16] ジブリ美術館（2011）『迷子になろうよ，いっしょに。三鷹の森ジブリ美術館ファンブック　GHIBLI MUSEUM, MITAKA　FAN BOOK』徳間書店，114 頁
[17] ジブリ美術館（2009）『迷子になろうよ，いっしょに。三鷹の森ジブリ美術館　GHIBLI MUSEUM, MITAKA　GUIDE BOOK 2009–2010』徳間書店，50 頁
[18] 宮崎 駿（2008）『折り返し点　1997〜2008』岩波書店，315 頁
[19] ジブリ美術館（2011）『迷子になろうよ，いっしょに。三鷹の森ジブリ美術館ファンブック　GHIBLI MUSEUM, MITAKA　FAN BOOK』徳間書店，115 頁
[20] 大迫道治・構内憲久・桜井慎一・林田正利・渡辺隆幸（1993）「テーマパークが都市に与える影響に関する研究　東京ディズニーランドが浦安市民に与えた影響」『学術講演梗概集』129–130 頁
[21] 経済産業省 HP，平成 13 年度「特定サービス産業実態調査」の「II．遊園地・テーマパークの概況」2011 年 12 月 25 日アクセス http://www.meti.go.jp/statistics/tyo/tokusabizi/result-2/h13/pdf/h13-t-18.pdf
[22] ジブリ美術館（2011）『迷子になろうよ，いっしょに。三鷹の森ジブリ美術館ファンブック　GHIBLI MUSEUM, MITAKA　FAN BOOK』徳間書店，91 頁

第4章

北九州ルネッサンスと
新日鉄のテーマパーク事業参入

中島 恵（大阪観光大学）

4.1 研究の背景

　日本のテーマパークは，大企業の多角化がほとんどで，その大半を占めるのが民間鉄道会社の沿線開発である[1]。たとえば，東京ディズニーリゾート（以降，Tokyo Disney Resort：TDR）も京成電鉄と三井不動産の沿線開発である。その他，小田急電鉄の小田急向ヶ丘遊園，富士急行の富士急ハイランド，東武鉄道の東武動物公園，近畿日本鉄道の志摩スペイン村など多数ある。また，観光開発企業によるテーマパーク開発も盛んである。たとえば，長島温泉観光のナガシマスパーランド[2]などである。このように，テーマパーク産業は，大企業の多角化によって形成されてきた産業といえる。

　さらに，大規模工場の跡地にテーマパークが建設されるケースもあり，その目的は多角化戦略のみならず，用地の有効活用，地域活性化，雇用の維持など，当該地域にさまざまな形で貢献しているであろう。それが，八幡製鉄所跡地のスペースワールドであり，三井三池炭鉱跡地の三井グリーンランド（現・グリーンランド）[3]であり，常磐炭鉱跡地の常磐ハワイアンセンター（現・リゾートスパハワイアンズ）[4]である。それぞれ新日鉄，三井鉱山（現・日本コークス工業），常磐興産が開業させた。時代の流れによって本業で利益を望

めなくなった企業の非関連多角化と考えられる。

　本章では，新日鉄の非関連多角化としてのテーマパーク事業参入を北九州ルネッサンス中核事業と八幡地区活性化の視点で検証する。

　研究方法はインタビュー調査と文献研究である。インタビュー対象者は開業時，広報宣伝課長だったK氏である。インタビューは2011年7月28日，3時間程度行われた。K氏は1976年，京都大学法学部を卒業し，新日鉄入社，広畑製鉄所，本社販売部，北海道支店，本社を経て，1989年9月から1996年3月までスペースワールド社勤務，それ以降，都市開発部門に異動している。

　テーマパークの定義は，経済産業省の2001年「特定サービス産業実態調査」の「II. 遊園地・テーマパークの概況」[5] に従う。「遊園地」とは，樹木，池など自然の環境を有し，かつ，有料の各種遊戯施設を配置し，客に娯楽を提供する業務を営む事業所（客が直接に硬貨，メダル，カードなどを投入するものを除き，3種類以上の遊戯施設を有するもの）である。「テーマパーク」とは，入場料をとり，特定のテーマのもとに施設全体の環境づくりを行い，テーマに関連するアトラクションを有し，パレードやイベントなどのソフトを組み込んで，空間全体を演出して娯楽を提供する事業所である。

4.2　先行研究のレビュー

　新日鉄は，経営学で盛んに研究されており，膨大な研究蓄積がある。しかし，テーマパーク事業への多角化についてはまったく学術研究が行われていないと言っていいだろう。八幡製鐵OB調査[6] でスペースワールドに携わった経験が語られている。そこでは，八幡製鐵に入社してから，富士製鐵と合併して新日本製鐵となり，スペースワールドを2年間ほど担当した経験とそれに対する意見が述べられている。また，ジャーナリストの岩淵昭男氏が新日鉄の協力を得てまとめた1冊の書籍がある[7]。そこでは，新日鉄のリストラクチャリングと北九州ルネッサンスを中心に詳細な調査が行われている。岩淵氏は，産業経済新聞社，日本工業新聞社，雑誌『財界』を経て創作活動に入った人物である。

　スペースワールドの研究は，アトラクションの機械的な仕組みが機械工学，

電気工学などで研究され，電気学会や機械学会で発表されている[8]。しかしそれらは短編であって，詳細な仕組みを研究したものではない。

　ツーリズム研究では，テーマパークの研究がほとんど行われておらず，スペースワールドの研究も行われていない。それ以前に，日本ではまだ観光学という学問自体が確立されておらず，各学問の観光分野の研究が行われている。地理学において，我が国のテーマパークの地理的分布の研究がある[9]。

　また『レジャー白書』で何年かに一度テーマパーク産業の特集が組まれることがある。『レジャー産業白書』では毎年アミューズメント産業の項目でテーマパークの1年間の動向が調査されている。これらはデータであって，学術研究ではないため，テーマパーク産業の体系的かつ学術的な研究はほとんど行われていないと言っていいだろう。

4.3　新日鉄の多角化戦略

(1) 新日鉄の概要と社史

　新日本製鐵株式会社[10]は，1970年設立で，東京都千代田区丸の内に本社を置く製鉄企業である。従業員数1万6150人（社内在籍者，2011年3月末現在），資本金約4195億円，連結売上高4兆1097億円，連結経常利益2263億円，主要事業は製鉄，エンジニアリング，都市開発，化学，新素材，システムソリューションである。

　同社の社史概要[11]は次のようになる。

　1857（安政4）年，釜石で日本初の洋式溶鉱炉の出銑に成功する。1975（明治8）年，工部省が釜石に製鉄所の建設着工，1897（明治30）年，農商務省は八幡に製鉄所の建設着工，1901（明治34）年，官営八幡製鐵所が創業を開始する。1934（昭和9）年，製鉄合併により日本製鐵株式会社創設，そして戦後，1950年，高度経済力集中排除法に基づき解体され，八幡製鐵株式会社，富士製鐵株式会社，日鐵汽船株式会社，播磨耐火煉瓦株式会社として発足する。1970年，八幡製鐵と富士製鐵の合併で新日本製鐵株式会社が発足する。1990年，スペースワールド開業でエンターテイメント産業に参入，2001年，新日鉄ソリューションズ株式会社設立，2002年，新日鉄都市開発設立，2006年，新

日鉄エンジニアリングおよび新日鉄マテリアルズを設立した。

　株式会社スペースワールド（SPACE WORLD, INC.）[12] は1988年7月11日設立，北九州市八幡東区東田四丁目に本社を置く。スペースワールドの営業開始は1990年4月22日，資本金1000億円，代表取締役社長は加森公雄氏，主な事業内容は，テーマパークの経営，博物館，各種展示および宇宙疑似体験施設の経営，商品販売施設，飲食施設の経営，宿泊施設の経営である。テーマパーク「スペースワールド」の施設概要は，総敷地面積24万m^2（駐車場を含む），アトラクション施設「ザターン」「惑星アクア」「ラッキーランド」など34アトラクション，物販施設5店舗，飲食施設8店舗，他，軽食スタンド，ワゴンサービスなどである。スペースワールドは加森観光グループ（札幌市）のパークマネジメント株式会社が運営している（2011年現在）。

　スペースワールドの現状は後述するが，1990年開業以来，計画ほどの集客を得られず，2005年，民事再生法を申請し，加森観光株式会社に経営譲渡をしている。加森観光株式会社[13] は，1981年設立，資本金8億1860万円（2007年現在），代表者は加森公人氏，札幌市中央区に本社，東京都中央区銀座に東京支社を置く。営業種目は，旅客運輸業務，観光施設，ホテルの経営，スポーツ施設の経営，飲食店，売店，娯楽施設の経営，不動産の開発，賃貸に関する業務である。

(2) 新日鉄の多角化

　新日鉄はスペースワールド開業の1990年当時，世界一の製鉄メーカーであった。元々，官営八幡製鉄所であったこともあり，堅い社風であった。それが鉄から最も遠いテーマパークの経営に多角化したのは，本業の鉄の生産量の減少，韓国の追い上げなどが原因であった。新日鉄は1987年にスペースワールド設立を決め，1988年7月に株式会社スペースワールドが設立された。新日鉄の設立後，売上高のピークは1980年の3兆1260億円であり，円高不況に見舞われた1986年と翌年は2兆1000万円台まで落ち込んでいた。成長分野に活路を見いだすしかなかった。当時の副社長・古賀憲介氏は，従来の鉄だけでは成長のチャンスはなく，市場が急速に成長しているエレクトロニクス，情報通信，都市開発，生活開発などの分野に進出する必要性を述べている[14]。

1977年，新規事業を開拓するため，開発企画本部が設置された。このとき事業を，「製鉄」「近鉄」「超鉄」「非鉄」に分けて挑戦する考えが打ち出された。このキーワードの発案者は，スペースワールド副社長（当時）の奥山敏弘氏である。

そして1984年，当時の社長・武田豊氏は株主総会で新規事業を推進し，「総合素材メーカー」を目指すと表明している。1986年になると，エレクトロニクス事業部を発足させている。1987年，事業目的に「教育・医療・スポーツ施設の経営」「バイオテクノロジーによる農水産物等の生産・販売」が加えられ，ライフサービス事業部が新設されたのである。同事業部では，推進事業を「生活開発」「余暇開発」「マネジメント開発」の3グループと15事業に分けている。余暇開発グループは，①レジャー，②スポーツ，③ホテルである。

新日鉄がライフサービス事業で手がけようとした事業は「非鉄」の世界であり，有望な市場でもノウハウがないのに成功する保証はなかった。レストランの「ニラックス」はファミリーレストラン大手チェーンのすかいら～くと組み成功し，シルバーマンションの「サンビナス」は日鉄ライフという不動産会社があったため成功したと考えられている。

ライフサービス事業で絶対成功させなければならないのがスペースワールドであった。当時の社長・斉藤裕氏は「新規事業の目玉」と強調している。この点についてK氏も，「当時スペースワールドは斉藤社長プロジェクトと言われていました。社長が積極的に事業を推進していました」と述べている。

4.4　北九州市の活性化とテーマパーク設立

（1）北九州ルネッサンスとその必要性

1901（明治34）年，官営八幡製鉄所が操業開始したとき，八幡村は人口1200人強の寒村に過ぎなかったが，日露戦争後の製鉄所拡張などで従業員と家族が増加した。同時に関連企業の勃興も促し，八幡の人口は1926（大正15）年には約13万2000人に膨れ上がった。製鉄所に人が集まり，町はその後できたと言われている。つまり製鉄所の存在自体が地域貢献だった。しかし製鉄所の大きさが変われば地域への文化的影響度も変わってくる。第1次オイルショック

前までは，新日鉄八幡の社員厚生施設が地域社会への文化の発信拠点だった。夏にはクレイジーキャッツなどの売れている芸能人を呼んでプール上でカーニバル，秋は体育館で美空ひばり，都はるみといった当時最も人気の歌手による慰安会，それも3交代制の従業員全員が見られるよう1週間タレントを丸抱えしていた。しかし華やかで豪華なイベントは数回の合理化の後，立ち消えた。社会人スポーツも同様となった。昭和30年代から40年代にかけて破竹の勢いを誇ったバレーボール部は，堺製鉄所（大阪）の稼動に伴い昭和42年に堺に移った。同年，バスケットボール部も君津（千葉）に構成メンバーごと移動した。新たに作った製鉄所の士気高揚が狙いで「一時君津は北九州弁一色になった」とも言われている。それに伴って，八幡に空き家の社宅だけが増えていった。北九州は文化不毛の地と揶揄される。その背景には八幡製鉄所のこうした福利厚生の充実と合理化による廃止があるのではないかと言われている[15]。

　この点について，新日鉄の福利厚生で豪華なイベントが行われ，それを新日鉄の従業員と地域住民は無料で見ることができ，いつしかこの地域には対価を支払ってまでイベントを見たり，エンターテイメントを楽しむ地域性が無くなってしまったと指摘されている[7]。

　北九州市は，新日鉄の企業城下町であるため，新日鉄の減産とそのための合理化，人員削減などの影響を受けることが明らかになった。そのため新日鉄の八幡製鉄所跡にスペースワールド構想が持ち上がった頃，北九州市でも地域活性化に向けて大きな動きが起こっていたのである。

　1987年の市長選挙で北九州市出身の末吉興一氏が当選し，同市の活性化を図り，かつての四大重工業都市の栄光を取り戻したいと考えていた。末吉氏は同市に工場を持つ企業に対して遊休土地の有効活用を呼びかけた。末吉氏は建設省から国土庁に出向し，土地局長を最後に官僚人生に終止符を打ち，地元に戻り，活性化させようとしたのである。同市の人口は1981年以降，減少し，1985年以降の円高とそれに伴う産業構造の転換が同市の産業活動を停滞させ人口減少に拍車をかけていた。

　1986年に八幡製鉄所の総務部長に就任していた奥山敏弘氏は，末吉市長と八幡製鉄所の所長の定期会談を設定した。末吉市長にとって，北九州市の活性化は八幡製鉄所抜きでは推進できない。新日鉄にとっては，地元の自治体の

バックアップがなければ，発表から 2 年で開業にこぎつける計画はおぼつかないのである。新日鉄にとっては，同市が地域活性化のために新しい都市計画を策定し，その計画のなかにスペースワールドを 1 つの柱と位置づけてくれるとありがたい。両者の利害が一致し，同市は末吉市長の指揮で北九州ルネッサンスを推進することになる。

末吉市長は北九州市の活性化のために 1988 年に，2005 年を目標年次とした北九州市再生ビジョン「北九州市ルネッサンス構想」を発表した。ルネッサンスと名づけたのは，重厚長大産業中心の産業構造を転換し，昔の栄光を取り戻したいというのが住民の願いだからである。重厚長大産業をハイテク産業化する一方で，第 3 次産業を盛んにして若者にも住みやすいアメニティな都市にしようとしたのである。その開発コンセプトは産業と都市文化が融合した新しい都市核であるアーバンコア八幡の創造である。土地利用計画としては 5 つのゾーニングを行った。

① アミューズメントレジャーゾーンで，スペースワールドを中核として都市型レジャーを発展させる。
② 産業文化ゾーンで，近代鉄鋼発祥の地にふさわしい産業技術の発展をテーマとした博物館や，1901 高炉を核として，現代彫刻の屋外展示や各種のイベントを行うメモリアルパークを整備する。
③ ハイテク産業ゾーンで，国際技術交流の基盤となりうる研究開発集約ゾーンで，平野地区の国際交流ゾーンとも関連する八幡駅北側のゾーンである。
④ 商業・業務核ゾーンで，八幡東地区最大の商業集積のある中央商店街を中心とした中核商業・業務集積の形成をはかる。
⑤ 既成市街地を含むゾーンで，遊休土地活用が住宅中心に行われる地域で，近隣の既存商業の活性化が期待できる。

スペースワールド建設が発表されたとき，北九州市はかつての栄光を取り戻せるという期待で沸き返った。八幡地区では，かつては商店も新日鉄の指定店になるだけでさしたる努力なくして生活できた。そのため努力を忘れていた。八幡製鉄所の従業員数が減少して売上が落ち，閑古鳥が鳴いても，市や新日鉄

がなんとかしてくれるという考えが染み付いた地元は，事態打開の何の努力もしなかった。スペースワールド発表のときは歓喜したものの，異例のスピード開業で2年後に開業ということであっても，2年も先のことなので潮が引くように冷めていった。1989年に同市が「八幡東区東田地区周辺整備計画」を発表して，ようやく腰の重い地元商店街も動き出し，スペースワールドをきっかけに何とかしようと考え始めたのである。

　この点についてK氏は，「かつては八幡製鉄所だけで4～5万人の従業員がおりました。3交代制勤務で，八幡の門から次々に人（新日鉄の従業員）が出てきて，飲食店に吸収されていったものです。一箇所に3年程度で異動しておりましたので，単身赴任者が多かったです。そのためランチや仕事終わりの夕食は外食が多くなるので地元の飲食店は賑わっていました。新日鉄の社員の信用力は地元で絶大でした。新日鉄の名刺でつけで飲めると言われていたほどです。どこに異動しても単身赴任用の寮や会社借上げの物件がありました。まじめに働いている限り，新日鉄が必ず給料を振り込んでくれます」と述べている。ここから，彼らの活発な消費に支えられた地元商店街は，それほど努力しなくても生活できたと考えられる。しかし企業城下町は，当該企業の従業員数減の影響を強く受けると言える。またK氏は，「当時の新日鉄の信用力は絶大で，新日鉄が債務保証をして銀行借り入れをしました。そのためスペースワールド社は銀行から簡単に融資を受けることができました。それが累積されていくことになりましたが。テーマパークは巨大な装置産業なので，初期投資額が巨大です。資金調達力によって施設の規模や内装に差が出ます」と述べている。

（2）スペースワールド駅の設置と行政の協力

　八幡東区東田地区周辺整備計画では，土地利用計画で5つのゾーニングを考えたが，計画を遂行するために交通体系の見直しが必要となった。交通体系のなかでもJRスペースワールド駅の新設はJR九州にもメリットがあるとして，JR九州の石井社長（当時）にJR鹿児島本線の直線化を依頼した。当時八幡製鉄所の周りで急に曲がっている路線が直線化されると，約2500mから約1700～1800mに短縮される。

　同市の末吉市長は「自分たちのプロジェクト」という意識を持ち，できるこ

とはすべて行っている。たとえば，スペースワールド社は「スペースワールドは行政のあらゆる分野に関係するため，総合的なセクションを作ってほしい」と市に要望したところ，都市計画局を窓口としてスペースワールド社の便宜を図っていた。スペースワールドの駐車場は，リストラクチャリング法を適用し，国と北九州市がそれぞれ3分の1ずつ負担し，スペースワールドは3分の1の負担ですむようになった。なお，リストラクチャリングとは，経営の再構築であり，バブル崩壊後に盛んに行われた人員解雇ではない。

同市が，再生をかけた北九州市ルネッサンス構想の一環として，スペースワールドのみならず，その立地する東田地区の周辺整備計画を打ち出したのと呼応するように，新日鉄の東田地区の工場跡地などの大規模な再開発を計画することにした。

スペースワールドの建設が進み，パビリオンの姿が外からでもわかるようになるにつれて，北九州の経済界でもスペースワールドに絡んだ事業計画が相次いでいる。その1つが土星の形をした客室を備えた双胴客船を小倉，下関から北九州八幡地区のスペースワールドまで就航させ，海路で顧客を運ぼうという計画であった。そのクルージング事業を始めたのは北九州市の西日本海運，製鉄曳船，関門汽船の3社で，すでに3社は3分の1ずつの共同出資で資本金3000万円の新会社「スペースクルーズ」[16]を北九州に設立している。運航開始は1990年7月の予定で，使用する客船を三菱重工下関造船所で建設していた。この計画は，車，バス，JRを利用する他に海上輸送はできないかというスペースワールド社の要請に，地元の企業が応じてスタートしたのである。運航する船も，宇宙をテーマとしたスペースワールド向けということもあって，さまざまな特徴がある。技術的には三菱重工が開発した揺れない船（HSCC＝ハイ・スティブル・キャビン・クラフト）の技術を採用した世界で初めての実用船である。このような最先端技術を採用し，デザインもユニークである。客船は土星の形をしており，双胴の上に建設される。この世界で初めての揺れない船は軽合金製で，全長16.5ｍ，幅9ｍ，深さ2.6ｍ，総トン数約110トン，航海速力17ノット，旅客定員200人である。スペースクルーズ社では，すでに1990年に入って，九州運輸局から航路新設を認可されている。当初は，出発時刻を定めない不定期航路でスタートさせることにしており，団体客を中心に，

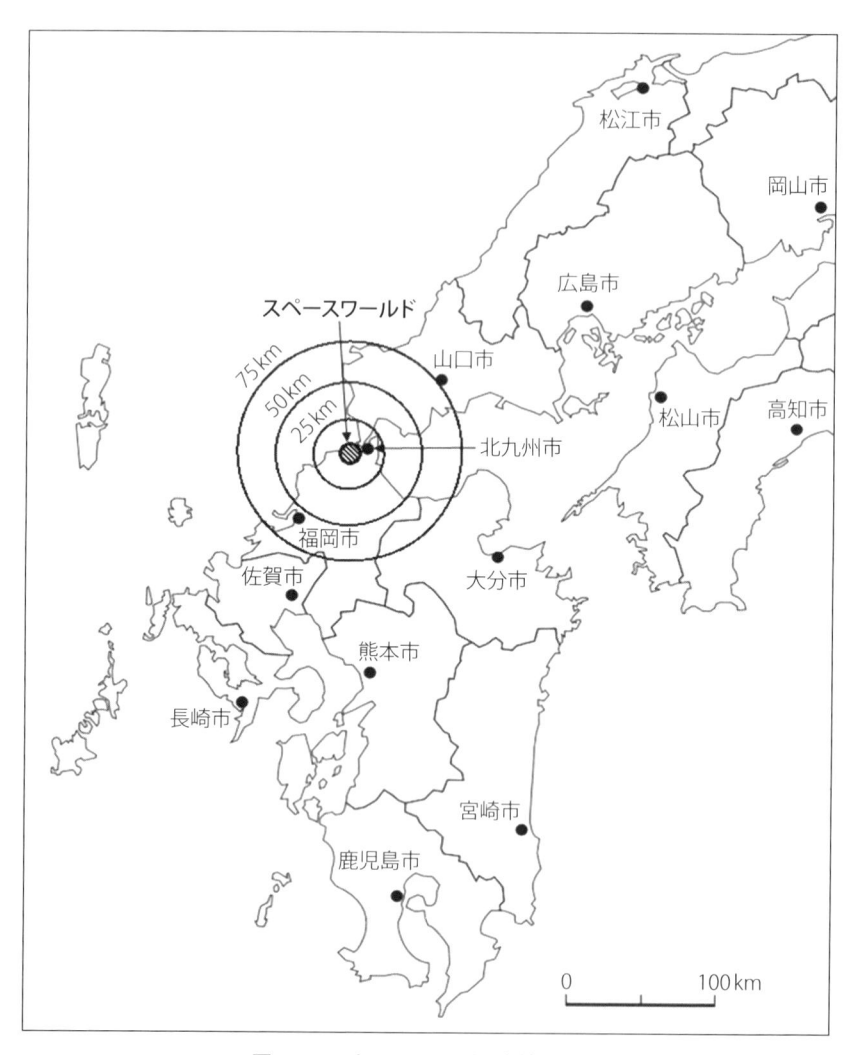

図4.1 スペースワールドの立地と商圏

月間1万2000〜3000人の利用を見込んでいた。運航時間は，小倉・砂津－スペースワールド間（約19km）が約40分，下関市唐戸－スペースワールド間（約28km）が約1時間，運賃は大人数千円である。スペースワールドへ客を

運ばないときは洞海湾や関門海峡を遊覧する観光船として利用する計画で話題を呼んでいた。

スペースワールドとその中心的な商圏となるエリアの地図を示すと図 4.1 のようになっている。スペースワールドの 25 km 圏，50 km 圏，75 km 圏を円で囲っている。50 km 圏に福岡市，山口市がないことは，集客が難しい理由の 1 つと考えられる。K 氏は 1 時間圏に集中的に宣伝したと述べているが，大都市圏を背景にしていないことが，集客が伸び悩んだ原因と言えるだろう。

4.5　スペースワールドの意義と経済効果

（1）スペースワールドの意義

　当時世界一の鉄鋼メーカーの新日鉄にとって，鉄から最も遠い産業であるテーマパーク事業に参入した意義は，第 1 に，鉄以外の産業，とくにライフサービス事業への多角化とそれによる収益の柱を成長させること，第 2 に，八幡製鐵所のリストラクチャリングによる活性化である。それに加えて，地元である北九州市が推進している重厚長大産業から最先端工業化へという国を巻き込んだリストラクチャリングにも関係するのである。国との関係としては，洞海湾に面した地区のウォーターフロント計画である八幡地区臨海部活性化調査地区は運輸省の管轄である。八幡地区は自治省が半額補助するリーディングプロジェクトにも指定された。1987 年には小倉も指定されている。全国に 10 か所しかないのに，北九州市だけで 2 か所になった。まさにスペースワールドは北九州市の「北九州市ルネッサンス構想」に沿った地域開発・活性化という側面も併せ持つ。その意味で，スペースワールドを核とする八幡東区東田地区のリストラクチャリングは国家的リストラクチャリングのモデルといえる。また新日鉄の新規事業としてのスペースワールドの位置づけは，生活文化にかかわるソフトウェアを持つこと，レジャー関連の専門家たちを新日鉄人脈に組み込むことでレジャー産業でのノウハウを蓄積することであったと指摘されている。

(2) スペースワールドの経済効果（事前予測）

　福岡銀行の調査結果によると，スペースワールドの北九州市経済への波及効果は，開業後1年間で約1081億円である。この調査はスペースワールド社と北九州市も協力して行われている。建設事業費290億円，年間入場者数200万人をベースにして算出されている。スペースワールドの初期投資は，建設事業費のほかに建設用地整備費50億円，創業・開業費40億円で，合わせて380億円である。この直接投資が327億5400万円の生産をし，初期投資による北九州地区への波及効果は707億5400万円に上ると予測されていた。

　建設・開業とは別に，スペースワールドの入場者の消費がパーク内で139億円，パーク外で65億2000万円の合計204億2000万円と推定しており，この生産誘発額は169億3000万円になるという。入場者は年間200万人の予定なので，200万人として計算すると，1人当たりのパーク内での消費は7000円弱，パーク外を含めると1人当たり約1万円と予測している。消費活動による波及効果は合わせて373億5000万円である。初期投資による波及効果の部門別内訳と入場者の消費活動による波及効果の部門別内訳は表4.1のようになっている。

表4.1　波及効果の部門別内訳（単位：百万円）

初期投資による波及効果の部門別内訳		入場者の消費活動による波及効果の部門別内訳	
部門	波及効果	部門	波及効果
軽電機器	15,679	サービス	19,644
建築	15,642	商業	6,908
サービス	11,700	運輸	3,169
商業	5,794	金融・保険・不動産	2,938
土木	4,100	食料品	885
運輸	1,582	電力	682
窯業・土石製品	1,441	ガス・水道	421
その他	14,815	その他	2,703
小計(A)	70,754	小計(B)	37,350
合計(A+B)	108,104		

出典：参考文献[7], 228頁を元に作成

この金額については意見が分かれるが，長崎オランダ村（現・ハウステンボス）の入場者数は1989年で約180万人であり，入場料や物品販売，飲食などの総売上げは約93億円だった。スペースワールドの場合，パーク内での消費支出は139億円と推定しているので，初年度ではほぼ長崎オランダ村程度の波及効果をもたらすことになる。わが国初の本格的テーマパークの東京ディズニーランドの場合，三菱総合研究所の調査では，1988年度1年間で9100億円の経済波及効果があったと推定されている。これは当時のカメラ業界の年間総出荷額に相当するわけであり，レジャー施設の生み出す経済波及効果が予想以上に大きいと言える。東京ディズニーランドでは，1988年度で見ると，1人当たりでの支出額は7900円で，飲食費と物品販売で半分以上を占めている。この他にパーク外での宿泊などを含め，1人約1万4500円を支出している。スペースワールドの場合，入場者1人当たりの支出を東京ディズニーランドよりも低めに予想しているが，北九州地区ではそれでも従来では考えられない大きな支出である。それだけに地元の経済界もスペースワールドに熱い視線を向けていた。なお，スペースワールドの駐車場整備は前述のとおり，国，市，スペースワールドで3分の1ずつ負担している。

　雇用への波及効果は，初期投資によるものが7268名で，開業後の消費活動で5643名の恒常的な雇用が創出されると推定されていた。若者の間で働きたいという希望者が多く，すでに若者を地元にとどまらせる職場になっている。
　スペースワールド社社長の小池孜氏は，雇用創出効果は1万2911人になるとしている。またスペースワールド社は，施設建設で特殊工事を除き80％は地元に発注したし，従業員，アルバイトも地元採用が大半としている。永らく「鉄冷え」に苦しんできた新日鉄は，新日鉄および北九州市を活性化させるカンフル剤としてスペースワールドを開業させるのである[17]。新日鉄社内だけでなく，地元からの期待も大きく，具体的な経済効果が求められるのである。
　1991年のゴールデンウィークを前に，バブル景気に沸く日本はさまざまな施策で若手社員やアルバイトの確保にしのぎを削っていた。獲得合戦は業種の枠を越えて広がっていた。人材集めで優位に立っていたのは，楽しみが多そうなテーマパークやリゾート地である。東京ディズニーランドやレオマワールド，スペースワールドなどでは職場の魅力が武器になっているとしている。と

くに知名度の高い東京ディズニーランドでは，多いときは1日に千人のアルバイトの募集がある。スペースワールドでは1989年に労働省の「大規模雇用開発モデル」の指定を受け，1989年から助成金を得ている。年1億円ずつ5年間の予定である。一方で，人手を集めすぎていること，人材不足時代に雇用を奪い，補助金をもらうことについての批判も出ていた。JTBによると，1991年4月26日から5月6日の国内旅行者数は1990万人の見込みで，前年比5.9％増と好調であった。消費が底堅く，余暇も増えていることから夏休みや秋の行楽シーズンもあまり衰えない見方が強く，人手を確保するのはますます難しくなりそうで，レジャー・流通関連企業の悩みはつきなかった[18]。つまり，同社は雇用の創出という地域貢献に成功しているが，1991年当時，バブル景気に重なったため，人手不足をさらに悪化させることとなった。ただしバブル景気は近く終焉し，長引く平成不況に突入したため，その後も継続して雇用し続けることで，雇用確保という貢献性があったといえる。

雇用に関してK氏は「スペースワールドを計画した時点では，深刻な円高不況でしたが，スペースワールド開業当時はバブル景気となり雇用の確保という点ではそれほど大きな貢献になりませんでした。またその頃，中国の発展が始まり新日鉄にとって鉄需要が急増しました。それで本業で十分利益が出るようになっていました。新日鉄は経費の執行におっとりしています。たとえば，飛行機はビジネス，新幹線はグリーンで，ちょっとした移動はタクシーで，私（当時課長）だけでもタクシーチケットを束で持っていました。地方中小企業とは思えない経費の使い方でした。利益が上がっているときは，経理は経費の執行に穏やかでした。利益が上がっていないときは経費にうるさくなりますが，とはいえ，出張するといえば何か仕事があると判断され，出張させてくれました。私だけでも毎週北九州から東京に飛行機で行っていました。ただしバブル崩壊後，ビジネスもグリーンも廃止されていますが」と述べている。ここから新日鉄およびスペースワールド社の活発な経費支出で地元や交通機関が潤い，それが社会全体の経済刺激になったことが伺える。

(3) スペースワールドの経済効果（実際）

スペースワールドの経済効果は実際どうだったのだろうか。

1周年を迎えた1991年4月22日の時点で，初年度の目標だった200万人を達成したが，予期せぬ事態が多発し，変身の連続となった。初年度で約30億円の追加投資をしてようやく90点になったが，開業当初は70～80点以下だったと奥山敏弘副社長は認めている。ある地元の経営者は「当初は『世界の新日鉄』の傲慢さが鼻につき，その割に中身もたいしたことがなかった。だが悪口を言われ，変身を迫られたお陰でようやく良い施設が出来上がった」と打ち明けている。テーマパーク運営は2年目以降が正念場である。同社は「継続的な追加投資で常に魅力ある状態を維持させる」(小池社長)姿勢だが，その前提になるのが売上高である。目標は年間140億円だが，初年度の平均客単価は当初予測の6500～7000円に対し，実際は6000円強で推移，初年度売上は110億円程度にとどまる。東京ディズニーランドも黒字になるまでに4～5年かかったとはいえ，客数を減らさずに客単価を上げる工夫がよりいっそう必要になる。地域への波及効果は，北九州市観光課が1991年4月22日にまとめた1990年6～11月の同市観光動向調査(中間推計)によると，前年同期比で観光客数は83万1200人も増えている。観光消費額も総額161億円で，前年同期より101億円も増えている。これはスペースワールドの効果が大きいとされている。一方，市内の他の観光スポットの集客に影響をもたらしている。スペースワールドに近い帆柱山の観光客が前年比16％増で，若松区のひびき動物ワールドは客数が半減した。地域活性化にとって，スペースワールドは両刃の刃である[19]。

1992年の北九州市の観光動態調査によると，イベント，祭り，海水浴などに訪れる人数を除いた「通年型観光客」の支出総額は約316億円(前年比約18億円)で，これによる同市の生産誘発効果も合わせた経済効果は約467億円である。観光客の立ち寄り先の内訳は，スペースワールド(約183万人)，和布刈公園周辺(約123万人)，平尾台(約65万人)，グリーンパーク(約58万人)などとなっている[20]。

1995年の同市の観光客は，門司港レトロ地区大幅増で前年比約77万4000人増の751万5000人と1988年の調査開始以来最高になった。市観光課によると，市内の観光客のうちトップはスペースワールドの219万3000人，次いで明治・大正ロマン漂う建物を生かしたレトロ地区が107万人で，1995年3

月に整備が完了したこともあって前年比3万7000人増加した。主要観光地8か所のうち5か所で前年比減少しており，レトロ地区効果が浮き彫りになった。市外からの観光客が434万人と前年比約40％増加，構成比でも58％と市内の客と逆転した。経済効果は，観光客の年間消費額は前年比91億9000万円増の420億6000万円である。同市の生産部門に与える誘発効果は566億2000万円と試算，「観光客の消費動向が市経済に与える影響は極めて大きい」（市経済局）と観光関連産業の重要性を指摘している[21]。

　1997年の同市の観光動態調査結果によると，総観光客数は822万9000人と前年比3.4％増加した。門司港レトロ地区が貢献したが，それ以外は景気などの影響で不振が目立ち，全体の伸び率は2年連続で縮小した。レトロ地区は18％増の148万人で，近隣の和布刈後援地区も7％増の118万人となった。このほかスペースワールドが0.5％増の226万人，カルスト台地の平尾台は11％減の59万人などである[22]。

　地域活性化としては，スペースワールドは開業から数年間はそれなりに北九州市の観光客動員数向上に貢献しているといえる。しかし1995年に門司港レトロ地区が開業すると，話題をそちらにさらわれていることから，計画ほどの話題性，集客力を維持することができなかったと言えるだろう。観光地は「一度行けばいい」「一度で十分」という心理になりやすい。リピーターの確保が課題となる。

4.6　民事再生法申請と経営譲渡

　2005年4月15日，スペースワールドの経営権譲渡交渉について末吉市長は記者会見し，「存続を前提に検討していただきたい」と述べ，雇用の確保や地域づくり継続を優先するよう求めた。北九州市はスペースワールドに5％出資しており，宮崎哲助役が非常勤取締役になっていた。同助役は株主総会で退任し，新日鉄主導で再生プラン作りが進む見通しである。民事再生法を申請することも選択肢に入っているようだが，株主でもある市としては，東田地区再開発に発展的に寄与する方向での決着を望む（市長）。市としても地域作りの点から協力していく考えを示している[23]。

2005年3月期の業績が若干の経常黒字になったが，入場者数は160万人強で減少傾向は止まらない。2004年3月期に減損会計を前倒しで適用した結果，減価償却費が軽くなり数千万円の黒字になった。減損処理した結果，土地を除く施設・設備の価値は20億円を下回ることを明らかにした。これをベースに譲渡価格などを詰めるが，関係者によると無償譲渡を検討しているという。これまでの経営について伊倉信彦社長は「過大な投資が経営悪化の原因。顧客を増やす，あるいは何回も来てもらうアイディアを出し切れなかったのかもしれない」と振り返り，譲渡を決めた理由として，餅は餅屋，専門家に経営してもらったほうがいいと加森観光の手腕を評価した結果であることを強調した。350億円に上る累積損失に関して，「取引先には1円たりとも迷惑をかけないようにしたい」と語り，新日鉄が全額負担する姿勢を示唆した。株主責任について出資することはリスクを負うことと語り，減資による株主負担も示唆した[24]。

　スペースワールド社は，2005年5月13日，福岡地裁小倉支部に民事再生法の適用を申請した。資本金20億円を100％減資した上で，リゾート運営の加森観光が全額出資，同社の完全子会社になる。負債総額は約350億円で，約200人の従業員の雇用継続などの合意内容に沿って再生計画案が作られ，営業は継続される。2004年3月期には331億円の債務超過となっていた。新日鉄は2004年3月期までに債務超過分の引き当て処理などを済ませており，業績への影響はない[25]。

　スペースワールド社の伊倉社長は，いちばん稼げる夏休みの前に営業を開始したいとしている。加森観光は運営のための新会社を設立し，2005年7月1日付で現在の従業員200名を雇用し，スペースワールドに派遣する形で業務を継続する。取引先に考慮し，同社は民事再生法適用の申請に当たって債務の返済を禁じる保全命令を受けなかった。2005年4月末に新日鉄から当面の運営資金として20億円の融資を受けており，約300社の取引業者への支払いなどは従来通り続ける。取引業者への説明会も開いた。加森観光への経営譲渡の方法にはさまざまな選択肢があったが，伊倉社長は「再生計画案の策定時の透明性確保や事業継続を大前提として民事再生法を選んだ」と述べている。一方，新日鉄は直接融資と債務保証分を合わせて約350億円の債権を棄却する。新

日鉄社長の三村明夫氏は「すでに財務的には減損処理をしており，収益に影響はない」としている。北九州市の末吉市長は「雇用維持など我々の要望は受け入れられた」と評している。ただ民事再生案が裁判所に認められれば，同市の出資分1億円も100％減資の対象になる。末吉市長は「減資の是非は再生計画案をみて判断するが，雇用維持や地域振興など一定の成果を出した」「投資は有意義だった」と述べている[26]。

2005年6月2日，北九州市は市議会でスペースワールドに関して福岡地裁小倉支部が資本金20億円の全額減資を許可したことを明らかにした。同市は5％に当たる1億円を出資しているが，地裁の判断を尊重して減資を受ける方針を示した[27]。

2005年6月24日，スペースワールドは福岡地裁小倉支部から再生計画案が認可されたと発表した。①新日鉄などによる約350億円の債権放棄，②100％減資後，スポンサー企業の加森観光が1000万円出資し，子会社化するなどが柱である[28]。

2006年6月14日，約1年が経過した。加森観光が経営するスペースワールド社は，業務内容の洗い直し，料金体系の見直し，新規投資を実施し，再生への歩みを固めつつある。戸田義和スペースワールド総支配人は，2007年3月期の目標は客数180万人で売上高60億円，経常利益7億5000万円とV字回復の目標を明らかにした。経営譲渡後，事業再構築の調整に追われた。2005年9月に遊具のメンテナンスを自前に切り替え，2006年春から園内の植栽の手入れも自社で取り組んでいる。加森観光はゴルフ場も手がけるので緑の手入れは得意分野である。経営譲渡後，30人の社員が退社し，正社員は116名になった。一連のリストラと並行して料金体系を見直し，入場のみを廃止してすべてアトラクション込みの料金にした。新日鉄時代には社員向けの格安価格で入場者数を底上げしていたが，安売りも一切やめた。2005年3月期に165万人だった入場者数が1割近く減ったのは新しい料金体系が大きい。客層には変化が見られた。25億円を投資してゴールデンウィークに導入した絶叫マシンで20～30歳代の若者の入場が以前より20％以上増えたが，もう1つの重要ターゲットであるファミリー層はほとんど増えておらず，「思惑が少し外れている（戸田総支配人）」[29]。

新日鉄社員向けの格安チケットについてK氏は「新日鉄がスペースワールドのチケットを買って，社員に福利厚生として配ってくれました。新日鉄には随分助けてもらいました」と述べている。加森に経営譲渡されてからはこのような援助は受けられないし，仮に加森が加森の社員に同じことをしても，社員数が圧倒的に異なるのでその効果は薄いであろう。換言すると，スペースワールド社は親の保護を離れ，自立するしかない。

2007年12月22日，体験型スケートリンクを導入し，それを含むパビリオン「スペースドーム」は通常営業が終わる17時以降も継続営業で，1500円で21時まで遊べるようにした。それで仕事や学校帰りの近隣住民の平日需要を取り込む。1日滞在型の入園者には，園内のレストランに加森が運営する北海道のリゾートホテルから料理長を招くなど飲食・物販機能を強化する。滞在時間中の満足度を高める仕掛けを増やすことで単価の引き上げを進めている。大人向けパスポートの料金は4200円と経営破綻前から400円引き上げ，アトラクションの利用を限定した1000円の入場券も廃止している。収益面では人員の効率配置によるコスト削減効果があり，2008年度にはスポンサー企業の協賛金を除いても営業黒字化できるところまでこぎ着けた[30]。

2008年9月，加森観光はスペースワールドの正社員約110名を50名程度まで削減する方針を示した。来場者の落ち込みに歯止めがかからず，リストラを避けられないと判断された。アルバイトなど非正社員の活用を進めることで人件費を圧縮する。すでに希望退職を募集していた。プールの開業など新規アトラクションの整備を進めてきたが，2008年3月期の来場者数はピーク時の7割の約147万人に落ち込んでいた[31]。

4.7 発見事項と考察

ここまで新日鉄の非関連多角化としてのテーマパーク事業参入を北九州ルネッサンスと八幡地区の活性化の視点で考察してきた。発見事項は次の7点である。

第1に，非関連多角化は，本業での利益が見込めないときに，成長分野への進出が主であるが，新日鉄でもそうであったことが明らかになった。多角化に

は，関連多角化と非関連多角化があり，通常は既存の経営資源を有効利用できる関連多角化が行われる。非関連多角化は，既存の経営資源を活用できないため不利であり，そのためレアケースである。本業とその周辺分野で収益や成長性を見込めないときに行われる。新日鉄のテーマパーク事業は非関連多角化で，その背景には本業の製鉄が危機的な状況だったことが挙げられる。そのため非関連部門の成長産業に活路を見いだしたのである。

　第2に，非関連多角化で既存の経営資源を活用しにくかったが，新日鉄の知名度，ブランド力，信用力が十分に発揮されたことが明らかになった。事業を始めるに際して必要不可欠な経営資源が現金，預金である。その調達手段は上場していない企業の場合，銀行借入である。バブル期という好条件も重なったとはいえ，新日鉄の債務保証があったから積極的な融資が得られたのである。初期投資額によって施設の規模や内装に差が出て，それが施設間競争の重要な要因となるだろう。銀行にとってもまた，融資残高を増やすことができたため，産業界活性化に寄与したといえる。

　第3に，スペースワールド社の従業員の活発な経費の支出で地元や交通機関が潤ったことが明らかになった。スペースワールドを計画した時点では，我が国は深刻な円高不況であったが，スペースワールド開業当時はバブル景気となり，新日鉄にとっては中国の発展が始まり製鉄需要が急増した。新日鉄は業績を回復させたのである。スペースワールド社の活発な経費支出で地元や交通機関が潤い，それが社会全体の経済刺激になったと考えられる。

　第4に，事業としては失敗したものの，地域活性化にそれなりに貢献したと言える。ただし，当時の日本の自民党行政下では，地域活性化は公共工事，公共事業で，一時的に建設業や不動産業が潤い，それが循環して地域全体が潤うというものであった。新日鉄のテーマパーク事業多角化も，一時的に建設業者などが潤い，それによる経済波及も一時的なものだったと考えられる。

　第5に，企業城下町は，当該企業が高業績のときはいいが，当該企業の業績低迷や従業員減の影響を強く受けることが明らかになった。新日鉄の減産の影響を北九州市は強く受け，衰退した。しかし地元は新日鉄がどうにかしてくれるとの甘えが抜けず，自立を目指さない地域性になっていることが明らかになった。

第 6 に，地方中小企業（加森観光）が経営すると，正社員 50 名しか雇用できない企業であるが，新日鉄の子会社ならば 300 名を雇用（1990 年時点で）できることが明らかになった。換言すると，裕福な親会社にぶら下がる子会社だったと言える。また実力より 250 名ほど多い雇用を創出することで地域活性化に貢献していたといえる。しかし経営譲渡後は，地方中小企業らしいシビアな経営となる。人間に例えると，裕福で強大な親にぶら下がるできの悪い息子で，経済力にふさわしくない荒い金遣いで，親が支援するからなかなか自立できずにいたと言える。

第 7 に，新日鉄のこのケースは特殊ケースではなく，典型的な失敗例だったと考えられる。東京ディズニーランド（TDL，1983 年開業）の成功で，日本中でテーマパーク建設の計画があった。バブル期をもたらした改正リゾート法の影響も大きい。1990 年当時，テーマパークの計画は全国で 50 以上あった[32]。たとえば，三菱商事のつくば市の「スペースポート」[33]，日商岩井，全日空エンタープライズ，東宝映像，電通などの「成田ジャパンビレッジ」は計画が結局中止になっている。当時としては，テーマパークを開業すれば TDL のようになれる見込みだったと考えられる。それで TDL のような収益の柱をもう 1 つ持ちたいとテーマパークに多角化したのである。他のテーマパークの経営者も，TDL のような集客施設になることを見込んでの投資だったと推測できる。しかし「開業してみたら TDL とは実力がまったく違うのに，料金設定は TDL とほとんど同じ（K 氏）」であり，計画の集客と売上を上げることができなかった。優良企業の業績を引っ張る「お荷物事業」と化すケースが多いと考えられる。本業の黒字でテーマパーク事業の赤字を埋め合わせるのである。

4.8 まとめ

本章では，新日鉄の非関連多角化としてのテーマパーク事業参入を北九州ルネッサンスと八幡地区の活性化の視点で検証してきた。研究方法はインタビュー調査と文献研究で，インタビュー対象者は開業時，広報宣伝課長だった K 氏である。上述の 7 点を発見した。

本章の限界として，インタビュー対象者の少なさが挙げられる。しかし加森

観光は取材を受けないため，データアクセシビリティ上，ここまでで限界である。

　今後の研究課題は，スペースワールドの経営のより詳細な調査，他の大企業のテーマパーク多角化の事例研究である。

【参考文献】

[1] 綜合ユニコム（2008）『月刊レジャー産業資料』2008年5月号，綜合ユニコム株式会社
[2] ナガシマスパーランド公式HP「会社概要」2011年11月13日アクセス
http://www.nagashima-onsen.co.jp/resort/outline.html
[3] グリーンランドリゾート株式会社HP「会社概要」2011年12月24日アクセス
http://www.greenland.co.jp/ir/prof.htm
[4] 常磐興産株式会社HP「会社の概要」2011年12月24日アクセス
http://www.joban-kosan.com
[5] 経済産業省HP，平成13年度「特定サービス産業実態調査」の「II．遊園地・テーマパークの概況」2011年12月25日アクセス
http://www.meti.go.jp/statistics/tyo/tokusabizi/result-2/h13/pdf/h13-t-18.pdf
[6] 青木宏之（2009）「八幡製鐵OB調査　松本誠夫（総務課長，人事企画課長，経理部長）オーラル・ヒストリー」高知県立短期大学『社会科学論集』96号
[7] 岩淵明男（1990）『発進！スペースワールド』日本工業新聞社
[8] たとえば，田端三千雄・早田保博（1989）「スペースワールドにおける体感形レジャー施設：体験を遊ぶ（＜特集＞遊びと機械）」『日本機械学会誌』92（851），923–927頁，佐藤浩（1994）「世界一のローラーコースター：スペースワールドに『タイタン』登場」『電気学会誌』114（6），404–405頁などがある。
[9] 奥野一生（2003）『日本のテーマパーク研究』竹林館
[10] 新日本製鐵株式会社公式HP「会社概要」2011年11月13日アクセス
http://www.nsc.co.jp/company/profile/index.html
[11] 新日本製鐵株式会社公式HP「沿革」2011年11月13日アクセス
http://www.nsc.co.jp/company/history/index.html
[12] スペースワールド公式HP「会社概要」2011年12月4日アクセス
http://www.spaceworld.co.jp/company/index.php
[13] 加森観光株式会社公式HP「会社概要」2011年12月4日アクセス
http://www.kamori.co.jp/overview
[14] 文献[7]，68–76
[15] 日本経済新聞，地方経済面，九州B，14頁，1991年3月9日「第9部　企業と地域文化（5）栄光去り祭も小さく（豊かさを考える九州報告）」
[16] よことこBY九州「九州の船」によると，スペースクルーズという船での小倉などからの集客は2008年11月30日をもって廃止されている。2011年12月10日アクセス
http://www.yado.co.jp/ship/voyager/voyager.htm
[17] 日本経済新聞，朝刊，27頁，1990年3月12日「世界初の宇宙テーマパーク―スペースワールド社小池孜氏（核心各論）」
[18] 日本経済新聞，朝刊，11頁，1991年4月28日「ゴールデンウィーク，サービス業にはブルーウィーク―賃金アップ（日曜版）」
[19] 日本経済新聞，地方経済面，九州B，14頁，1991年4月23日「スペースワールド，開業1周年―雨対策やパビリオン改善，"変身"投資に20億円」
[20] 日本経済新聞，地方経済面，九州B，14頁，1993年12月28日「92年の北九州市，観光客78万人増」
[21] 日本経済新聞，地方経済面，九州B，14頁，1996年8月28日「95年の北九州市，観光

にレトロ地区効果——88 年以来最高の 751 万人」
- [22] 日本経済新聞,地方経済面,九州 B,14 頁,1998 年 12 月 4 日「北九州観光客 3.4 ％増加」
- [23] 日本経済新聞,地方経済面,九州 B,14 頁,2005 年 4 月 16 日「スペースワールド譲渡交渉——北九州市長,『存続前提に検討を』」
- [24] 日本経済新聞,地方経済面,九州 B,14 頁,2005 年 4 月 29 日「スペースワールド,加森に無償譲渡も——新体制発足,前期『若干の黒字』」
- [25] 日本経済新聞,夕刊,3 頁,2005 年 5 月 13 日「スペースワールド,民事再生法を申請,負債 350 億円」
- [26] 日本経済新聞,地方経済面,九州 A,13 頁,2005 年 5 月 14 日「スペースワールド,民事再生法を申請,加森 7 月から実質運営,雇用など地元に配慮」
- [27] 日本経済新聞,地方経済面,九州 B,14 頁,2005 年 6 月 3 日「スペースワールド,資本金全額減資,福岡地裁が許可」
- [28] 日本経済新聞,朝刊,13 頁,2005 年 6 月 25 日「スペースワールド,地裁が再生計画案認可」
- [29] 日本経済新聞,地方経済面,九州 B,14 頁,2006 年 6 月 14 日「スペースワールド譲渡 1 年,加森流,再生軌道に接近,新施設で若者客増加」
- [30] 日経 MJ（流通新聞）,19 頁,2008 年 1 月 4 日「テーマパーク四半世紀——スペースワールド（北九州）,アフター 5 に一滑りいかが」
- [31] 日本経済新聞,地方経済面,九州 B,14 頁,2008 年 9 月 4 日「スペースワールド,3 月までに正社員半減」
- [32] 日経流通新聞,3 頁,1990 年 2 月 15 日「テーマパーク——開設ラッシュで乱戦模様（マーケティング TODAY）」
- [33] 日本経済新聞,朝刊,41 頁,1989 年 3 月 20 日「テーマパークは企業の夢ランド,異業種相次ぎ参入——アイデア先行ぎみ（月曜版）」
 「スペースポート」は三菱商事が茨城県つくば市で進めていたが,計画のソフト部分のみが先行し,土地が高騰したため中止になった。

第5章

農業における教育旅行の活動とその課題
―酪農教育ファームを中心として

大江 靖雄（千葉大学）

　本章では近年新たな農業の社会的機能として関心が高まっている農業における教育旅行の背景にある農業の教育機能を対象として，農業経営の観点からその現状と課題を考察した。そこで，まず第1に，需要サイドの考察として修学旅行における農業体験旅行の位置づけを明らかにした。第2に，供給サイドの考察として，我が国で初めて農業の教育機能を制度化した取り組みである酪農教育ファームへのアンケート調査結果から，その取り組みの現状と課題について分析した。その結果，酪農教育ファームの経営者は，子どもたちや家族客への体験サービス提供を通じて心理的な満足感や自信，また新たな農業の役割についての認識を高めており，酪農家自身にとっても教育効果を有している。しかし，経済的に自立化したサービスとはなっていないことが明らかとなった。そこで，経営者の体験サービスの自立化への指向性の違いに作用する要因について，統計的検定により考察した。今後の政策的な支援のあり方として，農業経営の多角化の方向性とあわせて経営者意識の向上を図るとともに，農業の教育的機能についての社会的認識を高めることが必要である。

Keywords：教育旅行，農業の教育機能，酪農教育ファーム，農業体験，修学旅行

5.1 はじめに

　農業における教育機能（七戸ら[11]）は，農業の多面的機能の1つとされ，農業生産に伴って生じる公益的な機能を意味する（大江[3][5]）。この教育機能は，農業分野における教育旅行の根拠となるものであり，先進国のみならず開発途上国においても関心が高まっている。その背景には，近年の輸送技術やIT技術の進歩にもかかわらず，都市と農村の心理的な距離感が拡大していることを指摘できる。都市住民が抱く伝統的農村生活や食材への郷愁は，こうした現象の1つといえる。そこで，農業や農村生活を直に体験することは，レクリエーションの機会のみならず，都会生活では体験できない事柄を学ぶ機会となる。こうした体験を通して，食物がどこからきているのか，農村生活や農村の伝統文化とはどういうものかなどを知ることができる。これらは，現代人にとって文化的なアイデンティティとなっているといわれているものの，しばしば現代生活のなかで忘れ去られているものである。

　他方で，この教育機能は，農産物価格の低迷するなかで農業者にとって新たな社会的な役割を提起し，新たな所得機会を提供することとなっている。農業者が提供するこうした教育的サービスへの需要は，学校のカリキュラムにも組み込まれることで着実に増加しており，学校教育との関連での分析はあるものの（山田[13]，佐藤[10]，鈴村[12]），農業経営の多角化の観点からの分析はこれまで行われていない。

　海外に目を向けると，シティー・ファーム（city farms）は，子どもたちに農業や農村体験の機会を提供してきた（Garrett[1]）。教育的なサービスを提供する農家に関する規定は，国によっても異なっている。レクリエーションや教育機能の提供を中心にしているシティー・ファームに対して，我が国の酪農教育ファームでは，酪農生産活動を中心としており，教育的なサービスはあくまでも副次的な位置づけである点に違いがみられる。

　近年，欧州や我が国で教育的機能と農業と農村の関連性を強める政策的な取り組みがみられるようになっている。たとえば，英国ではFACE（Farming and Countryside Education）プログラム（Graham[2]），フランスの教育ファーム（Ferme Pédagogique，大島[8]），イタリアの教育ファーム（Fattorie Didattiche

(Regione Emilia-Romagna[9])，および我が国の酪農教育ファーム（大江[4]，Ohe[6][7]）である。

そこで，本章では我が国における教育旅行の代表として，義務教育レベルでの修学旅行について，その特徴と動向について考察する。次いで，農業における教育機能の意義と課題について明らかにするため，酪農教育ファームを対象にして経営者の意識調査結果を基に分析を行う。そして，最後に農業における教育旅行の自立的かつ持続的な発展に向けた政策的な課題を展望する。

5.2 我が国における教育旅行の現状

教育旅行は，実社会の一端を体験するという点で，教育の一環として重要な意味を有している。ここでは，学校の行事として行われている我が国における教育旅行の現状についてみてみよう。修学旅行は，義務教育の小学校と中学校，および義務教育ではない高校においてもほとんどの学校で実施されている（小学校 88.6 %，中学校 94.4 %，高校 81.8 %：教育旅行白書 2009，ただし中学校・高校については海外旅行は含まず）。修学旅行は，卒業年またはその前年に実施されることが一般的である。学校のカリキュラムに組み込まれ毎年高い割合で実施されることから，経済情勢に大きく左右されず，安定的な需要をもたらす点で，観光事業者にとっては，大口かつ安定的な市場として，修学旅行の魅力は大きいものといえる。

以下では，義務教育レベルでの修学旅行の現状について，その特徴をみてみよう。

まず，修学旅行を受け入れる地域にとっては，大人数での宿泊になるため，収容能力の大きな宿泊施設が必要となる。あるいは分宿する場合には，地域としての受入態勢を整備する必要がある。こうした事情から，宿泊先は，小学校では，5 割近くが旅館，次いでホテルが 4 割近くを占めており，収容能力の小さい農山漁村民泊は 1.2 % とわずかである。中学校では，ホテルが半数以上を占め（55.0 %），次いでホテル（35.6 %）となっており，農山漁村民泊は 1.3 % とここでもわずかである（表 5.1）。言い換えれば，農山漁村民泊の場合は，少人数旅行向きといえる。

表5.1　修学旅行の宿泊施設

学校	小学校		中学校	
宿泊施設	総宿泊数	構成比(%)	総宿泊数	構成比(%)
ホテル(洋室中心)	223	38.6	1,326	55.0
旅館(和室中心)	284	49.2	857	35.6
公共施設	14	2.4	18	0.7
国民宿舎	17	2.9	3	0.1
休暇村	6	1.0	1	0.1
少年・青年(自然)の家	11	1.9	7	0.3
一般民宿	10	1.7	21	0.9
農山漁村民泊	7	1.2	31	1.3
ペンション	1	0.2	64	2.7
その他	5	0.9	80	3.3
合計	578	100.0	2,408	100.0

資料:「データブック教育旅行白書2009」日本教育旅行協会。
　　データは2008年調査実績。

表5.2　修学旅行の実施時期と期間

項　目		小学校(%)	中学校(%)
月	4月	7.3	18.0
	5月	21.5	39.9
	6月	14.8	17.0
	10月	31.7	4.3
	11月	11.4	4.9
旅行期間	2日間	78.5	75.0
	3日間	16.4	23.0
主な旅行費用(円/人)	交通費	9,106　(35.4)	26,332　(42.6)
	宿泊費	9,656　(37.6)	20,511　(33.2)
	体験学習費	2,710　(10.5)	4,086　(6.6)
	合計	25,704 (100.0)	61,744 (100.0)

資料:データは表5.1と同じ。
注:中学校の旅行期間は,2008年データがないため,2007年実績。

旅行の実施季節についてみると，小学校では，10月～11月が43.1％，次いで5月～6月が36.3％と秋と初夏の2つのピークがあり，旅行期間は2日間，つまり1泊2日が78.5％と最も多い（表5.2）。小学校の旅行先の1位から3位までは，京都，三重，奈良といずれも歴史的な遺産の多い県が上位に来ている。旅行費用は，25.7千円で，その内訳は，当然ながら交通費と宿泊費が大半を占め（交通費35.4％，宿泊費37.6％），体験学習費は10.5％となっている。

これに対して，中学校では，4月～5月で6割近くが実施され（57.9％），春から初夏に集中しているのに対して，秋から初冬の10月～11月の実施は，9.2％と一割に満たない。これは，翌年冬に実施される高校受験に備えるため，旅行の実施時期を早めていることが理由と考えらえる。小学校に比べて，中学校では，旅行期間も拡大し，旅行先も遠くなるため，2日間が75.0％，3日間が23.0％とほとんどを占め，旅行総費用は61.774千円で，内訳は交通費の割合が高まり，4割以上を占め（42.6％），次いで宿泊費が3分の1を占めている（33.2％）。体験学習費は4.1千円と小学校より高いが，費用構成比からすると高くない（6.6％）。旅行日数は，年間の変動がないとのことで調査が未実施のため，2007年実施分の調査結果を用いた。旅行先の1位から3位は，京都，東京，奈良の順で，京都と奈良は古都のセットとして周遊されることが少なくない。

次に，体験学習の実施率についてみると，小学校では，旅行期間が短いためもあり，実施率は大きくは増加していないものの，回答校全体の5割近くで実施されている（表5.3）。これに対して，中学校の実施率では，増加傾向が明確に現れている。その割合は6割を超えており，体験学習重視の傾向が読み取れる（表5.3）。体験学習の訪問先はかなり多様で，小学校では最も多い順に，陶芸・絵付け体験で23.5％，伝統工芸15.2％，料理体験14.6％である。このうち，農山漁村体験は9.6％と1割に満たない（表5.4）。中学校においても同

表5.3　年度別体験学習推移

年	小学校(%)	中学校(%)
1986	—	17.1
1992	33.6	—
1996	35.0	—
1998	—	28.1
2000	46.1	37.8
2004	31.8	50.6
2005	60.5	63.3
2006	45.7	62.1
2007	48.5	63.0
2008	49.6	63.7

資料：表5.1と同じ。

表5.4 体験学習実施内容

内容	小学校			中学校		
	件数	構成比(%)	平均費用(円)	件数	構成比(%)	平均費用(円)
伝統工芸・ガラス細工・彫刻体験	60	15.2	1,138	302	18.9	1,762
料理体験(そば打ち,ジャム作りなど)	58	14.6	1,052	259	16.2	1,826
スポーツ体験	23	5.8	1,996	240	15.0	4,772
陶芸・絵付け体験	93	23.5	1,174	187	11.7	1,656
農山・漁村体験(酪農,植林,農産物収穫など)	38	9.6	2,579	98	6.2	2,015
染色・織物体験	8	2.0	1,179	94	5.9	913
自然体験(環境観察,洞窟探検など)	40	10.1	1,326	87	5.5	2,956
芸術体験(演劇,音楽,絵画など)	5	1.3	1,703	82	5.1	1,843
座禅,法話,講演など	8	2.0	831	71	4.5	2,470
職場体験(企業訪問,職場見学,商人体験など)	15	3.8	1,185	65	4.1	1,056
防災・福祉体験	4	1.0	207	12	0.8	36
平和学習	14	3.5	210	79	5.0	1,443
その他(博物館,遊園地,祭り,乗り物など)	30	7.6	1,206	17	1.1	2,538
合計	396	100.0	1,285	1,593	100.0	2,216

資料:表5.1と同じ。

様の傾向がみられるが,スポーツ体験の割合が1割を超えている。農山漁村体験は6.2%と,ここでも高くない。このように食や農山漁村の体験学習は,人気メニューというわけではないものの,一定の役割を果たしていることを理解できる。

修学旅行は,安定的な需要を有しているという特徴から,各地の農村では,農村ツーリズムによる農村活性化の一環として,修学旅行生の受け入れを図ろうとする試みが行われている。

以上,修学旅行を題材として,その全体的な傾向を基にして農業体験の位置づけについて,需要サイドの観点から考察した。もちろん教育旅行は修学旅行のみに止まるものではない。日常的な学校教育のなかでも,日帰りの教育的な旅行は行われている。

以下では,視点を変えて,こうした日帰り教育旅行も含めて,農業の教育機

能の供給サイドからの考察を行うことにする。具体的には農業サイドで，最も早くから教育機能を生かした取り組みを行っている酪農家の活動がある。そこで，その活動を行う経営者の意識について考察を行うことにする。

5.3 酪農教育ファームの概要

　酪農教育ファームのプログラムは，2000年に酪農振興を目的とする公益法人である(社)中央酪農会議により設立された。本プログラムは，酪農の社会的な役割の理解を高めるため，酪農家の活動についての正確な情報を提供することを目的として開始された。具体的には，酪農教育ファームは，外部に農場をオープンにすることのみならず，牛乳がどのように生成されるか，乳牛の一生などを教えることで，酪農の教育的価値を高めることを目的としている。たとえば，訪問者が搾乳の体験を行うとする。体温により暖かい牛乳が牛の乳房から出ることは，単純な事実であるものの，毎日飲む冷蔵庫から取り出すカートンに入った冷えた牛乳とはまったく異なるものであることを，搾乳体験により子どもたちは五感を使って理解することができる。もし，子どもたちが幸運であれば，仔牛の誕生を目撃することも可能である。母牛の出産に立ち会うことで，いのちの意味について生涯忘れえない印象が子どもたちの心に刻まれることになる。食といのちが密接に結びついていることを，こうした体験を通じて学ぶことができる。この点で，酪農家の役割は重要で，本プログラムではファシリテイターと呼ばれている。酪農家自身が自らの仕事と生活について訪問者に直接伝えることは，その効果を高める上で不可欠であるとともに，後述するように酪農家自身にとっても意義を有している。

　このファシリテイターになるためには，酪農家またはその従業員が中央酪農会議主催の研修会に出席し，安全衛生，コミュニケーション技術，事例研究などについて習得する必要がある。中央酪農会議は，酪農教育ファームの認証を行うとともに，その内容向上のための研修会を開催している。2009年の筆者のアンケート調査時点で，認証を受けた酪農教育ファームは257となっている（表5.5）。酪農教育ファームへの訪問者数は年々増加してきており，2009年で88万人を超えている。2003年時点と比べて3.9倍に増加しており，これは酪

表5.5 酪農教育ファーム認証牧場数と訪問者数の推移

年度	上期 (4月〜9月)	下期 (10月〜3月)	上期シェア (%)	年間計	認定 牧場数	訪問者数／ 牧場
2003	162,484	63,392	71.9	225,876	167	1,353
2004	254,542	89,600	74.0	344,142	174	1,978
2005	調査なし				183	—
2006	421,855	133,285	76.0	555,140	200	2,776
2007	465,593	225,114	67.4	690,707	217	3,183
2008	473,220	232,348	67.1	705,568	249	2,834
2009	662,629	216,600	75.4	879,229	257	3,421
'09/'03比	4.1	3.4	1.0	3.9	1.5	2.5

資料：中央酪農会議調べ。

表5.6 酪農教育ファームの需要者構成

項目	幼稚園	小学校	中学校	高校	子ども団体	家族・個人	その他	合計
構成比％(2006)	8.1	16.2	10.2	7.3	8.2	50.0	—	100.0
構成比％(2009)	6.3	13.4	5.6	4.0	7.1	61.7	2.0	100.0
平均訪問者数(2006)	59.8	61.1	63.1	37.8	31.9	11.8	—	19.1
平均訪問者数(2009)	58.1	56.8	44.7	26.6	29.7	4.7	4.2	7.0

資料：中央酪農会議調べ。

農教育ファームの認証牧場数の増加率1.5倍を大きく上回っている。その結果，1牧場当たりの訪問者数は，1353人から3421人へと2.5倍に増加している。この事実は，酪農体験への需要が1つの市場を形成，あるいは少なくとも潜在的な市場に達するレベルにあることを示唆している。したがって，筆者は，この需要増加を踏まえると教育的サービスは，酪農家が果たすべき新たな社会的役割として，明確に認識すべき段階にあると考える。

　表5.6は，タイプ別の訪問者の構成の変化を示している。家族客の割合は，2006年には全体の半数を占めていたが，その後50.0％から61.7％（2009年）へと増加している。これに対して，小中学校からの訪問者数は，同期間に26.4％から19.0％へと低下している。全体数が大きく増加したことを考慮すると，こうした構成比の変化は，酪農教育ファームへの訪問が当初の学校需要から，

一般消費者へと拡大してきていることを示している。

　以上から，現在，酪農教育ファームへの需要は，学校需要と一般需要とに大きく区分でき，それぞれの需要には異なる特徴がみられる。学校需要に関しては，需要が毎年安定的である点や人数単位が大きいことで効率的に扱えるという点で，酪農家にとって長所といえる。これに対して，家族客の受け入れは，少人数のため酪農家側にとっては時間的な効率性は良くないが，一般消費者に酪農家の生活や仕事について学ぶ機会を提供するという点で，消費者教育としての意義が認められる。それに，教育サービスの提供による収入が伴えば，収入面においても貢献できる。しかし，搾乳作業に加えて飼料調製で忙しい夏期の繁忙期には，教育サービスの提供は労働ピークをさらに高めることになり，酪農家側にとって労働配分が大きな負担となることは否定できない。したがって，今後さらに家族客が増えることが予想される状況下では，酪農家側にとって，労働配分の問題は，さらに厳しくなることが予想される。この点からも，教育サービスの提供に関して，経済的な自立化を図ることが必要となっている。

5.4　酪農教育ファームの経営者意識調査結果

（1）体験サービスメニューと料金賦課

　酪農教育ファームの提供する体験サービスが経済的に自立化するためには，いくつもの条件がある。この点を探るため，これまで行われていない酪農教育ファームに対するアンケート調査を実施した結果を，以下解析する。調査項目は，体験サービスがいかに提供されているか，またその課題は何かなどについて尋ねている。調査は，257認証牧場すべてに対して郵送法により実施した。調査期間は，2009年10月から12月にかけて行った。回答率は79.4％（204件）であった。

　まず，表5.7は，認証牧場における酪農経営の多角化に関して，具体的な活動の実施状況を示している。

　乳製品加工や直売はそれぞれ30％以上と20％以上を示しているものの，レストランや宿泊施設の経営は一般的とはいえない。このことから，宿泊旅行よ

表5.7 酪農教育ファームにおける経営活動の多角化状況

活動	乳製品加工	直売	レストラン	宿泊施設
実施牧場割合(%)	31.9	22.5	14.2	9.8

資料：筆者と中央酪農会議で実施した酪農教育ファームへのアンケート調査(2009年10月～12月実施)。サンプル数は204。

表5.8 体験メニューの実施状況(個別メニュー)

タイプ	メニュー	体験サービス提供		予約制		料金徴収	
		実施数	実施率(%)	実施数	実施率(%)	実施数	実施率(%)
作業体験系	酪農家の話	185	90.7	185	100.0	61	33.0
	搾乳	156	76.5	130	83.3	92	59.0
	給餌	154	75.5	121	78.6	61	39.6
	ほ乳	143	70.1	119	83.2	64	44.8
	畜舎清掃	112	54.9	86	35.0	35	31.3
	ブラッシング	95	46.6	75	78.9	34	35.8
	圃場作業	68	33.3	51	75.0	19	27.9
	場内見学	183	89.7	122	66.7	42	23.0
文化体験系	乗馬	33	16.2	19	57.6	24	72.7
	バター作り	133	65.2	107	80.5	104	78.2
	チーズ作り	37	18.1	32	86.5	29	78.4
	アイスクリーム作り	54	26.5	75	138.9	42	77.8
	ハムソーセージ作り	68	33.3	13	19.1	19	27.9
	羊の毛刈り	15	7.4	9	60.0	5	33.3

資料：表5.7と同じ。

表5.9 体験メニューの実施状況(セットメニュー)

体験項目	体験サービス提供		予約制		料金徴収	
	実施数	実施率(%)	実施数	実施率(%)	実施数	実施率(%)
セットメニュー1	101	49.5	92	91.1	85	84.2
セットメニュー2	48	23.5	42	87.5	42	87.5
セットメニュー3	26	12.7	22	84.6	21	80.8
セットメニュー4	6	2.9	5	83.3	5	83.3
セットメニュー5	1	0.5	1	100.0	1	100.0

資料：表5.7と同じ。

りも日帰り旅行を基本として，体験サービスが提供されていることを示している。これは，体験サービスの提供は，観光牧場として提供されているのではなく，あくまで酪農経営の副次的活動であると位置づけられていることに起因している。

表5.8で示しているように，体験サービスは，作業体験と食・農村文化体験の2つのタイプに区分できる。作業体験サービスは，日常的な酪農生産活動に関する作業の一部を体験サービスとして提供するもので，酪農家にとって比較的提供が容易である。教育的効果を高めるためには，酪農家による説明と牧場内の見学は，重要なメニューの1つである。搾乳，給餌，仔牛への哺乳は，最も一般的な作業関連体験メニューとなっている。これに対して，食・農村文化体験サービスは，作業体験サービスに比べると提供牧場は少なくなっているが，バター作りとアイスクリーム作りは，最も人気のあるメニューである。表5.8では，問題点も示されている。それは，提供する体験サービスに対する料金の賦課の割合が低いことである。とくに，それは，作業体験サービスで低くなっている。言い換えれば，多くの体験サービスは無料で提供されているといえる。しかし，酪農家側では，訪問者に対応するための準備や日常業務を調整する必要があり，このことは，体験サービス提供に関して，機会費用，つまり時間のコストが発生していることを示している。このため，酪農教育体験サービスの持続的な発展にとって，この機会費用は酪農家に対して補償されるべきと考える（大江[4]）。

セットで提供されるメニュー（セットメニュー）は，表5.9に示されている。セットメニューは作業体験サービスと食・農村文化体験サービスの組み合わせで提供されている。

セットメニューを提供している酪農家の多くが，日常業務と体験受け入れとの調整を行うため予約制を導入している。料金賦課の割合は，作業ごとの個別メニューよりもセットメニューで高くなっていることから，体験サービスの経済的な自立化にとって，セットメニューの重要性が指摘できる。

(2) 酪農教育ファーム経営者の意識

ここでは，酪農教育ファームの経営者意識についてみることにする。まず，酪農教育ファームの認証を受けた理由については，4割以上で酪農家の仕事について社会的理解を高めることを挙げている（表5.10）。2番目に多い理由は，地元の学校との関係で地域への貢献という点である。これらの2つの理由は，地域や社会に対して貢献したいという非経済的な動機といえるものである。これに対して，所得獲得や経営活動の領域拡大などの経済的動機は，わずか12.3％にすぎない。総じて，酪農教育ファームの開始には，非経済的な動機が理由となっている。

体験サービス提供に関して対象とする地域は，半数以上が近隣市町村であるのに対して，4分の1が地域的な限定を設けていない（表5.11）。対象地域が広いほど，より多くの訪問者数が期待できるので，対象地域の範囲は，経営者がどの程度の市場を意識しているのかについて示している。回答結果からみる限り，大多数の認証牧場は，全国的な広がりよりも地域的な活動として捉えているといえる。つまり，地域貢献として体験サービスを提供している。

表5.10 酪農教育ファーム開始の理由

項　目	構成比(%)	回答数
仕事PR	43.1	88
地域貢献	23.5	48
交流活動に興味	11.8	24
活動領域の拡大	7.4	15
収入源	4.9	10
その他	7.4	15
未回答	2.0	4
計	100.0	204

資料：表5.7と同じ。

表5.11 訪問者の対象範囲

項　目	構成比(%)	回答数
近隣市町村	53.9	110
近隣府県	11.8	24
制限なし	24.0	49
ケース・バイ・ケース	5.9	12
その他	3.4	7
未回答	1.0	2
計	100.0	204

資料：表5.7と同じ。

表5.12は，酪農教育ファーム開始後の経営者の意識の変化について示している。意識の変化は，最も積極的な評価を5，最も否定的な評価を1とする5段階評価とした。先にみた酪農教育ファーム開始理由からも予測できるように，非経済的な項目が高く評価されている。それらを高い評価の項目からみると，人との交流が楽しい，新たな酪農の役割，牧場の資源価値の認識，酪農家の仕事に自信と誇りを感じる，地域社会とのつながり，地域を越えた人的ネットワークの拡大については，4以上の評価が与えられている。これに対して，自家乳製品のマーケティングの手段や収入期待などの経済的な項目については，3ないしそれより低い値をとっており，中立的か否定的な評価であることを意味している。このことから，酪農教育ファームの経営者は，経済的な面では得るものは少ないにもかかわらず，非経済的な面で多くのものを得ていると自己評価していることを把握できる。その理由として，体験サービスの提供を通して，牧場での子どもをはじめ訪問者との交流により新たな喜びを感じること，自分の仕事や地域に対する誇りや自信を持つことになる点を指摘できる。この点で，訪問者のみならず，自らの仕事の意義や役割を再認識させる機会を提供するという点で，酪農家にとっても学習の効果が生じているのである。こうした効果は，通常の生産活動のみを行っている酪農家では得にくいものであり，訪問者を牧場に受け入れて交流が起こることで，初めて生じるものである。この点が，酪農経営者にとっての酪農教育ファーム活動の意義ということができる。

　次に，酪農経営のなかで，酪農教育ファームの活動がどのように位置づけられているのかについてみてみよう。表5.13は，現在の位置づけと将来の位置

表5.12　酪農教育ファーム活動開始後の経営者意識変化（複数回答）

項目	得点	回答数
交流	4.5	195
新役割	4.4	195
資源価値	4.4	190
自信・誇り	4.3	192
つながり	4.3	191
教えること	4.3	193
ネットワーク	4.1	189
素材発見	4.0	192
新経営部門	3.0	186
収入	2.9	187
販売	2.9	181
とくにない	2.0	61

資料：データは表5.7と同じ。回答は5段階評価によるリッカートスケールで，5が最も高い評価とした。

づけ意向を対比したものである。まず，現在の位置づけについては，体験コスト回収，ボランティアは6割を占めているのに対して，経済的動機を有しているとみなせるマーケティング活動の1つとして位置づけているか，経済的な自立的な活動を目指すとする回答は，全体の4分の1にとどまっている。このことから，多くの経営者は原材料費の回収程度で収益追求をしない活動として，体験サービスの経済的自立化を指向している訳ではないことを理解できる。しかし，今後の意向に関しては，自立化指向を有していないとする回答は4割に低下するのに対して，5割近くが自立化を指向すると回答している。以上から，長期的には，経営者は体験サービスの経済的自立化を指向していることが把握できる。筆者は，この指向性は，酪農の新たな役割についての社会的認識を高める上で必要な条件と考える。なぜなら，体験サービスの無料提供は，社会的に評価されがたいし，提供するサービスの質の向上に対する動機付けとならないからである。言い換えれば，体験サービスの経済的自立性の欠如は，その持続的発展を阻害する要因といえるので，将来是正されるべき課題である。

表5.13 体験サービス提供に対する姿勢（現在と将来）

項目	現在		将来	
	構成比(%)	回答数	構成比(%)	回答数
ボランティア	28.4	58	17.2	35
コスト回収	31.9	65	24.0	49
マーケティング手段	7.4	15	23.0	47
収益目的	16.7	34	24.0	49
とくになし	7.8	16	—	—
縮小・やめる	—	—	1.0	2
わからない	—	—	2.5	5
その他	5.4	11	5.4	11
未回答	2.5	5	2.9	6
計	100.0	204	100.0	204

資料：表5.7と同じ。

(3) 自由回答のテキスト分析

ここではアンケート調査票の最後に設けた自由記入欄への記述について，テキスト分析を行った結果を考察する。本調査分析の最後に，アンケート調査で設けた自由記述欄への記述のあった86件（記述率42.2％）について，テキスト分析を行った（表5.14）。左側に示されているのは，酪農教育ファームに関するプラスの意味を有する記述である。自らの活動内容について述べている記述が多く，プラスの評価では，楽しい，生き甲斐，感動などの記述がみられる。体験サービスの提供を行うことで認証牧場の回答者自身が，心理的なプラスの効果を感じていることを示している。

そのほかは，酪農教育ファームに関してしばしば登場する体験，子供，命，地域といったおなじみのキーワードが，ここでも登場している。これらは，認証牧場の正の効果を示している。

これに対して，右側の欄では，否定的な文脈で用いられている項目が整理されている。観光レジャー化に関する記述では，酪農教育ファームが観光牧場化することに対する疑問や反対意見が述べられている。これは，教育的な活動と料金徴収はそぐわないという見解を有する回答者によるものである。これに対して，ボランティアに関する記述では，ボランティアからの脱却が必要という意見が表明されており，料金の徴収が必要との認識が示されている。両者は対

表5.14 自由記述に関するテキスト分析結果

正の評価項目		負の評価項目	
キーワード	件数	キーワード	件数
酪農教育ファーム	27	学校関係	15
楽しい／生き甲斐／感動	27	観光レジャー化	9
体験	23	教材関係	6
子供	20	ボランティア	5
命	9	労働力	2
地域	5	問題	2

資料：表5.7と同じ。
注：自由記述欄記載の86件（記載率42.2%）を分析した。
　　各件数間には重複がある。

立的であるが，料金の徴収が即観光牧場化を意味する訳ではなく，両者の違いは，提供する体験サービスに対する社会的役割と責任を認識することの重要性をどうみるかによる違いによるものと考えられる。したがって，今後はこの点に関する認証牧場ファシリテーターの認識を高めることが，こうした見解の違いを解消する手立てとなるといえる。

学校関係者に関する記述では，酪農教育ファームに関する関心や認識の低さやそれに伴う準備不足など，学校側の対応に関する不満，教員向けの体験の実施の必要性などが述べられている。教材に関しては，豊富な教材提供に感謝する記述がある一方で，逆に教材が多すぎて使い切れないという記述もある。また，体験時間の2時間程度で終了する内容の教材が欲しいという意見や，現在使用中の教材が傷んできたので更新してほしいなどの意見もあった。

他の問題点では，労働力の確保や酪農教育ファーム組織に関する意見や，酪農教育ファームの今後の活動の課題などが述べられている。

まとめると，体験サービスで酪農家側が心理的な満足感を得ていることや，提供体験サービスの供給側と需要側，とくに学校側との間の認識のズレがテキスト分析から明らかとなった。今後は，両者の認識のズレを解消するための，意見交換の場などを設けることで，その解消を図ることが重要になると考える。

(4) 体験サービスの経済的自立化に向けた意識に関する統計的検定結果

本章の最後に，今後の体験サービスの経済的な自立化に向けた経営者の指向性に作用する要因について，統計的検定を行い検討する。ここで，表5.13の体験サービスの将来の位置づけの回答結果から，経済的自立化への指向性ありと指向性なしの2つグループに区分した。

具体的には，酪農製品のマーケティングの手段と自立化を目指すという回答を自立化指向あり（自立化指向＝1）と区分し，ボランティアと原材料費回収および他の回答を自立化指向なし（自立化指向＝0）とした。この区分を用いて，この2つのグループに体験活動における要因で違いがみられるかどうかについて，統計的検定により検証した。統計ソフトウエアは，STATA10を用いた。検定に用いた要因は，訪問体験者数（過去1年間），体験サービスの提供

表5.15 体験サービスの経済的自立化指向性と活動内容との関連性(カイ2乗検定)

項　目	具体的内容	経済的自立化指向 あり	経済的自立化指向 なし	検定結果
体験受け入れ人数	100人以上	78.1	58.3	***
	300人以上	63.5	33.3	***
開始理由	収入源	33.3	20.4	**
受け入れ客数の動向	増加	9.4	1.0	***
受け入れ地域	近隣市町村	44.8	62.0	**
開始後の意識の変化	新役割	90.6	82.4	*
	地域の体験素材の発見	77.1	61.1	**
	収入源	53.1	13.9	***
	販売	57.3	21.3	***
	新経営部門	51.0	21.3	***
提供体験メニュー	個別	28.1	42.6	**
PR方法	HP	54.2	33.3	***
	雑誌掲載	25.0	13.0	**
	とくになし	33.3	52.8	***
直売	乳製品販売あり	45.8	19.4	***
料金設定	すべてにあり	38.5	10.2	***
活動の問題点	労力確保	66.7	54.6	*
	来訪者数安定	44.8	22.2	***
	メニュー開発	52.1	27.8	***
	ノウハウ不足	47.9	30.6	**
	トイレ不足	42.7	28.7	**
	牧場PR	42.7	27.8	**
今後強化したい活動	旅行業連携	42.7	15.7	***
	受け入れたい対象拡大	51.0	25.9	***
	食とセット	61.5	27.8	***
	酪農以外の農家との連携	64.6	38.9	***
	宿泊施設	36.5	18.5	***
	レストラン	38.5	8.3	***
	直売施設	62.5	24.1	***
	地域社会外連携	74.0	55.6	***

資料：データは表5.7と同じ。
注：検定方法はカイ2乗検定および各セルのサンプル数が5未満の場合はFisherの正確検定を用いた。
　　***, **, *はそれぞれ1％, 5％, 10％の有意水準を示す。
　　各項目の数値は当該項目の選択割合(％)を示す。

に関する特徴や課題，および将来予定している体験活動である。2つのグループ間で統計的に有意な差が得られた結果のみ，表 5.15 に示している。

その内容を検討してみよう。体験活動の経済的自立化を指向する経営者は，その自立化を指向しない経営者よりも，訪問体験者数が多い。そして，自立化指向グループは，非自立化指向グループよりも，体験活動の開始の理由として所得指向の割合も高く，体験サービスの料金を有料化している場合が多い。

その結果，自立化指向グループでは個別体験メニューの提供割合が低い。これは，先ほどみたように，個別メニューでは有料化の割合が低いためと考えられる。

PR 活動に関しては，以上の結果から容易に予想できるように，自立化指向グループは，非自立化指向グループよりもより積極的な方法を用いている。

体験活動の課題に関して，自立化指向グループは，その積極的な姿勢の裏返しとして，より多くの課題を挙げる傾向がある。具体的には，体験活動への労力の確保，訪問者の安定的な確保，新たな体験メニューの開発，体験サービス提供のノウハウの不足，トイレの不足，および PR 不足などである。

最後に，今後の活動の方向性に関して，自立化指向グループは，教育ファーム活動の拡大に積極的である。具体的には，旅行代理店との連携，訪問者のタイプの拡大，食と結びついた体験サービスの提供，そして，レストランや宿泊施設などの経営活動の多角化においても，積極的な姿勢が明らかとなった。その場合，個別経営の展開のみならず，自立化指向グループは，地域社会への思いを有しその連携も念頭に置いている点も示されている。

以上をまとめると，自立化指向を有する経営者は，自立化指向を有しない経営者と比べて，酪農教育ファーム活動に積極的であるとともに，将来の酪農経営の多角化に関しても積極的な姿勢を有している。また，自立化指向を有する経営者は，労働力，マーケティング，体験サービスマネジメントのノウハウ，トイレなど最低限の施設整備などの点で課題を有している。このことから，これらの課題を克服するための支援策を講じることを通じて，酪農教育ファームの経営者意識を高める必要がある。

5.5　むすび

　本章では，我が国における教育旅行について，とくに農業体験サービスに焦点を当てて，その現状と特徴を考察した。さらに具体的な取組みとして，酪農教育ファームを対象にその活動状況の把握と今後の経済的な自立化のための課題を明らかにするために，アンケート調査結果を基に解析を行った。
　第1に，修学旅行における農業の体験旅行は，全体のなかでは小さな割合にとどまっているが，受入側の農業部門にとっては，毎年安定した需要を確保できる点で，修学旅行誘致が行われている。
　第2に，酪農教育ファーム経営者に対するアンケート調査結果から，牧場を訪問する消費者への体験サービスの提供による食や農村文化の学習の機会を提供するとともに，酪農家側にとっても新たな社会的役割や未利用経営資源の再発見などの点で，学習の機会ともなっている。これらの点から，教育機能の発揮は，経営資源のより有効な活用につながるということができる。
　第3に，体験サービス提供に伴う課題として，体験サービス自体では経済的に自立化した活動とはなっていないことである。したがって，長期的な観点から体験サービスの自立化を図る必要がある。その場合，体験サービスの有料化は即観光牧場化を意味する訳ではない。活動の多様化に伴う酪農教育ファームの多様性を維持しつつ，教育機能という新たな社会的責任に応えるためには，その教育機能と経済的自立化との両者のバランスを図りつつ，この両者の向上を図ることが必要となる。また，農業における教育機能についての，社会的認識を高める努力も必要である。支援施策についてもこの点を配慮する必要がある。
　最後に，本章の制約は，学校需要と家族需要の違いなど酪農教育ファームに関する需要サイドの分析を行っていない点である。この点に関しては今後の研究課題としたい。

〔付記〕本研究の一部は，（社）中央酪農会議による委託調査研究事業を基にしている。さらに，分析の過程で日本学術振興会より科学研究費補助金を受けている（番号 20248024，24658191）。

【参考文献】

[1] Garrett, R.（1986）"Making an Ecological Place: City Farm Byker（Newcastle）", Bulletin Environmental Education, 184, 4–7.
[2] Graham, B.（2004）"The Work of Farming and Countryside Education（FACE）", Journal of Royal Agricultural Society of England, 165, 1–8.
[3] 大江靖雄（2003）『農業と農村多角化の経済分析』農林統計協会, 185–204.
[4] 大江靖雄（2004）「酪農教育ファームの取組みと展開への課題」（持田紀治編）『国際競争に打ち勝つ農業経営自立化戦略 —新しい農業経営者能力の開発と活用—』農林統計協会, 56–73.
[5] 大江靖雄（2007）「農業教育機能サービスの結合性に関する実証的検討」『農業経営研究』, 132, 118–121.
[6] Ohe, Y.（2011）"Evaluating Internalization of Multifunctionality by Farm Diversification: Evidence from Educational Dairy Farms in Japan", Journal of Environmental Management, 92, 886–891.
[7] Ohe, Y.（2012）"Evaluating Operators' Attitudes to Educational Tourism in Dairy Farms: The Case of Japan", Tourism Economics, 18（3）, 577–595.
[8] 大島順子（1999）（酪農教育ファーム推進委員会監修）『いのち, ひとみ, かがやくフランスの教育ファーム』日本教育新聞社.
[9] Regione Emilia-Romagna（2005）Fattorie Didattiche dell' Emilia-Romagna: Guida ai Percorsi Didattici nelle Aziende Agricole. Regione Emilia-Romagna: Bologna.
[10] 佐藤真弓（2010）『都市農村交流と学校教育』農林統計出版.
[11] 七戸長生・陣内義人・永田恵十郎（1990）『農業の教育力』農山漁村文化協会.
[12] 鈴村源太郎・中村敏郎（2010）「小学生を対象とした農林漁家体験の実態と効果」『2010年度日本農業経済学会論文集』, 228–235.
[13] 山田伊澄（2008）「農業体験学習による子どもの意識・情感への影響に関する実証分析—実施場所の異なる都市地域の3つの小学校を対象として—」『農林業問題研究』, 171, 326–336.

第6章

山形県における地域文化的資源と観光需要との関連性

小野 貴弘（山形県庄内総合支庁）
大江 靖雄（千葉大学）

　我が国の余暇活動が，高消費型から低消費型へと移行していくなか，各地域では地域振興を目的として地域文化的資源を活用した観光振興に取り組んでいる。本章では，地域文化的資源が持つ観光誘因効果について，計量的な分析を通じた考察を行った。分析の結果，歴史的な建造物や温泉施設が観光客数に強く影響を与えていることがわかった。また，主に食文化においては，地域文化的資源を取り扱う産業の活動を活発にすることを通じて，観光客を誘因していることが判明した。以上の結果から，地域文化的資源を活用した観光振興を図る上では，資源が持つ間接的な影響を考慮した取組を展開する必要がある，との結論を得た。

Keywords：地域文化的資源，食文化，重回帰分析，山形県，農村ツーリズム

6.1　はじめに

　我が国の消費者の余暇活動はバブル経済崩壊後，高消費型から低消費型へとシフトしている。また，昨今の経済情勢の悪化に伴い，消費者の余暇活動にかける支出額は低く推移している。表6.1は2003年以降の消費者1人当たりの国内旅行における支出額の推移を示したものである。日帰りおよび宿泊旅行における支出額ともに低下傾向にあることが読み取れる。昨今の経済情勢を踏ま

表6.1 国内旅行支出傾向

年度	宿泊旅行		日帰り旅行	
	旅行支出計	旅行中支出	旅行支出計	旅行中支出
2003	58,516	48,976	18,819	14,989
2004	60,420	50,497	17,872	14,680
2005	57,962	49,251	18,009	14,724
2006	57,460	47,667	17,574	14,276
2007	54,361	45,459	17,456	13,938

出所:観光庁「旅行・観光産業の経済効果に関する調査研究報告」各年度

えると,こうした低消費型の余暇活動へのシフトの流れはより加速することが予想される。

また,2001年のBSE問題をはじめとした食料・食品の問題は消費者の食の問題への関心を高め,ひいては食文化を通じて地域文化に対する注目を高める結果となった。一方で,経済が疲弊している地方都市の多くは,観光客を誘致することにより地域経済の振興を図っており,各地域の地域資源などの独自性を押し出して観光振興に力を入れている。歴史的名所や郷土料理などを機軸とした観光キャンペーン等がそれにあたり,各地域では,観光振興の"目玉"となる文化的資源の発掘にやっきになっている。

他方,消費者の観光活動は,小沢[1]が指摘するように,きわめて複雑な現象であり経済活動のみならず人間の活動のすべての側面を含んでいることから,多様な観点から研究が多数行われている。

供給サイドの研究は,観光プログラムなどのソフト面,および施設などのハード面の機能評価に加えて,価格要因に関する研究も行われている。青田・田中[2]は,ホテル客室価格の要因について,オンライン取引に着目して分析を行い,ホテルの高級感,利便性,および立地条件が価格差の大きな要因となっていることを明らかにしている。

需要サイドの研究としては,アンケート調査などから効果的な政策や取組を提言するものが多い。服部[3]は,舞鶴市の観光客顧客満足度調査から,観光客と現地住民との交流を促す施設の必要性を提言している。小林ら[4]は,千

葉県民を対象として熱海温泉についてのアンケート調査を実施し，熱海温泉の振興にとって，温泉の保養機能を重視した滞在型観光地化を図ることが重要であるとしている。

　一方で，先に述べた地域文化に対する注目の高まりを受け，グリーンツーリズムに代表される地域資源を有効活用した観光形態に係る研究も行われている。田平[5]は，大分県安心院町を対象にグリーンツーリズムの地域内普及要素について，今後来訪者のニーズにあったサービスを提供するためにもマーケティングの必要性を指摘している。また，大江・Ciani[6]はアグリツーリズムが先行して展開しているイタリア中部のウンブリア州を対象に，アグリツーリズムの展開過程の分析を行っている。以上の研究の多くは，観光における地域資源の利活用に係る重要性を説いており，井上[7]もグリーンツーリズム関連ビジネスは，地域の文化的資源・農業的資源などの地域資源を利活用した地域内発型ビジネスであると指摘している。

　以上の研究により，各地域の文化的資源の有用性は指摘されているが，そもそも文化的資源とはどのように規定されているのであろうか。Throsby[8]によると，文化について広義な解釈をすれば，文化とは「特定の地域で醸造されている精神性」を意味しており，伝統芸能や食文化などの文化的資源とは，その精神性が具現化したものと解釈することができる，としている。

　グリーンツーリズムを始めとした地域資源を活用する地域内発型ビジネスが，その地域の精神性に強い影響を受けることは容易に想像することができる。観光客においても，文化的資源を通じてその背景に流れている地域固有の文化的文脈や精神性に惹かれ来訪することは，既存の事例分析において指摘されている。すなわち，需要・供給両面に対して地域固有の精神性を包含する文化的資源は大きな影響を与えているものと考えられる。

　しかし，文化的資源が観光客に与える影響に着目した研究は少ない。とくに，抽象概念であり多岐にわたる解釈が存在する文化を用いた分析については，計量的な分析はほとんど行われておらず，事例分析などの定性的な分析が多い。

　そこで本研究では，第1に，地域に存在する文化的資源が観光客に与える影響を計量的な解析により明らかにする。第2に，第1の結果から文化的資源を

育んでいる地域文化が観光客に与える影響を検討することにより，観光振興における地域文化の役割を明確にし，より効果的な観光振興施策の策定に資するものとする。

6.2 分析対象

(1) 山形県概要

分析対象として，多様な地域文化を内包している山形県を選定した。同県は東北地方の日本海側に位置し，全国生産量の7割を占める「さくらんぼ」をはじめ，ブランド化された農産物を機軸として農業を主な産業と位置付けている農業県である。

同県は，現在「村山地域」「最上地域」「置賜地域」および「庄内地域」の4つの行政区域に区分されている。行政区域の区分の起源は，古くは和銅5年（712年）に遡る。当時の越後国の一部である「出羽郡」，陸奥国に属していた「置賜」「最上」両郡を合わせた3郡から発足した出羽国が山形県の起源である。その後，仁和2年（886年）に最上郡から「村山郡」を分郡したことが，県内4地域の始まりとされている。その後，幕藩体制や廃藩置県を経て現在の行政区域が確立されていく。

こうして確立された行政区域ではあるが，各地域は山地や河川に囲まれており気候や風土がそれぞれ異なる。そのため，各々独自の文化が形成されていった。そして，最上川舟運を通じた文化的・経済的交流を経て，山形県としての一体性が育まれてきた[9]。

このように，山形県の文化とは，行政区域を中心としてその地理・気象条件を背景に各地域で独自に文化が形成され，地域間の長年の交流を通じて活性化されたものであることから，各地域には文化的資源が豊富に存在する。このことから，山形県は文化的資源を対象とした計量的な分析を行うのに適した地域と判断できる。

(2) 分析データ

分析に使用した文化的資源や景観に係るデータおよび観光客数のデータは，農林水産省統計情報部「地域資源の維持管理・活性化に関する実態調査結果報告書」(2001)，山形県庁統計情報データベースならびにやまがた観光情報センターのHP「やまがたへの旅」および山形商工労働観光部の「観光需要調査」(2008) より引用した[10][11][12]。また，各データは，市町村単位に集計されたものである。

(3) 山形県の観光状況

山形県内観光客数に関しては漸増を続け，2006年度は4053万人となっている。地域別には村山地域が最も多く，次いで庄内地域が多い。なお，観光客に占める県外客の割合は，2006年度が46.0％で，半数近くは県外から来県している。

図6.1は，観光客の来県理由についての調査結果を表している。日帰り客の旅行は，1位「自然を満喫したいから (42.2％)」，2位「名所・旧跡を訪れたいから (34.9％)」となっており，山形県の豊かな自然に触れ名所・旧跡を訪問することが目的の大部分を占めていることがわかる。他方で，宿泊客については，1位「温泉に入りたい (65.2％)」，3位「旬の味覚を味わいたい (22.0

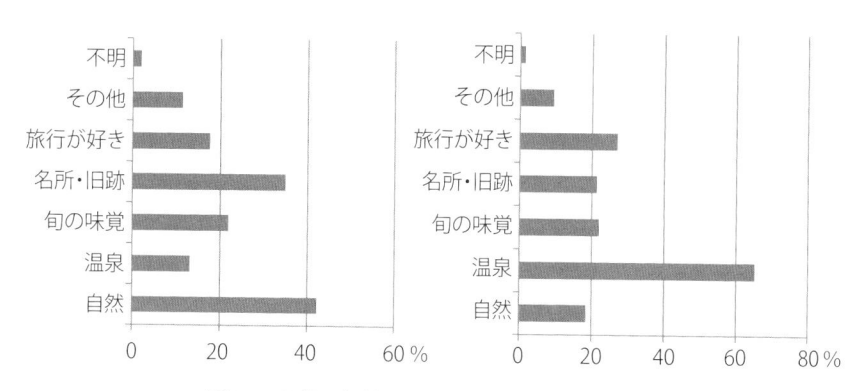

図6.1 日帰り客(左図)と宿泊客(右図)の来県目的

注：数字は，来県目的として各項目を選択した人の割合を示している。
出所：平成19年度山形県観光需要調査[10]

%)」と，主に湯治目的で来県する客が大半である。また，日帰りおよび宿泊ともに旬の味覚を味わうことを目的としている客が多い。

このことより，日帰り客に対して，名所・旧跡といった地域資源が少なからず影響を与えていることが読み取れる。また，食に関する事柄が観光振興に寄与していることから，山形県の食文化は観光客に対して何らかの影響を与えていることが考えられる。

6.3 文化的資源と観光客数

計量的な分析を行う前に，文化的資源と観光客数の関係を確認し，両者の関係性の全体像をつかむこととする。

表6.2は，地域別の文化的資源および2006年度観光客数の数値を示している。なお，各々のデータの出所については，各表の注釈を参照されたい。

とくに，食における文化的資源に関連するデータの抽出については，農林水産省統計情報部が2001年に作成した『地域資源の維持管理・活性化に関する実態調査結果報告書』[10]のデータを活用している。食文化に係る文化的資源に関するデータについては，公表されているデータが少なく，同書に代わるデ

表6.2 文化的資源と観光客数の地域別集計表

データ	変数	概要	村山	最上	置賜	庄内
A	文化財	文化財の数（屏風や壺など）	221	17	137	99
	歴史的建造物	歴史的建造物・史跡の数	225	70	95	152
	伝統工芸品	伝統工芸品の数	34	8	19	22
	土産・特産品	土産品や特産品の数	160	26	171	123
	観光・物産会館	観光館や物産会館の数	11	3	7	11
B	食文化継承取組主体数	食文化の継承に取り組んでいる事業主体数	14	7	6	13
	地域産物取引主体数	地域産物を取引している主体数	17	6	6	24
	郷土料理	郷土料理の数	107	41	55	81
C	2006年度観光客数	2006年度観光入込客数（百人）	180,306	25,542	76,760	122,741

出所　A：やまがた観光情報センターHP「やまがたへの旅」観光データベースより抽出
　　　B：農林水産省統計情報部「地域資源の維持管理・活性化に関する実態調査結果報告書」[10]
　　　C：山形県HP統計情報データ（観光者数）

ータがなかったため引用することとした。そのため，観光客数データとその他文化的資源に関する指標とは調査時点において，5年程度の差が生じることとなった。しかし本章では，食の文化的資源が与える傾向を分析するに当たって大きな支障はないと判断してデータを用いることとした。本来，本章で実施するようなクロスセクション分析においては，同時点でのデータを活用すること

表6.3　平均値および標本標準偏差

データ	説明変数	庄内地域 (5市町村)	最上地域 (8市町村)	村山地域 (14市町村)	置賜地域 (8市町)
A	2006年度観光者数(百人)	24,548 (19,390)	3,193 (2,555)	12,879 (11,577)	9,595 (6,926)
B	文化財	19.80 (25.41)	2.13 (2.89)	15.79 (21.36)	17.13 (16.84)
	歴史的建造物	30.40 (37.23)	8.75 (12.84)	16.07 (8.00)	11.88 (8.89)
	伝統工芸品	4.40 (5.95)	1.00 (1.00)	2.43 (3.11)	2.38 (2.60)
C	田面積シェア ＝水田耕作面積(a)／市の面積(km^2)	2,446 (2,103)	900 (591)	977 (673)	1,018 (785)
	樹園地面積シェア ＝樹園地面積(a)／市の面積(km^2)	35.28 (17.70)	3.52 (2.84)	339.05 (343.37)	98.42 (112.22)
B	観光果樹園	2.40 (4.80)	0.13 (0.33)	7.00 (10.11)	8.63 (16.98)
B	観光・物産会館	2.20 (1.94)	0.38 (0.70)	0.79 (1.15)	0.88 (0.78)
	土産・特産品	24.60 (14.81)	3.25 (3.11)	11.43 (11.25)	21.38 (23.18)
	温泉施設	6.80 (7.70)	2.13 (1.27)	4.00 (3.14)	4.50 (3.12)
D	郷土料理	16.20 (14.51)	5.13 (3.79)	7.64 (2.72)	6.88 (3.92)
	食文化継承主体	2.60 (2.06)	0.88 (0.60)	1.00 (0.93)	0.75 (0.97)
	地域産物取引主体	4.80 (3.37)	0.75 (0.66)	1.21 (0.86)	0.75 (0.97)

注：数字は平均値，( )内数字は標準偏差を表す。
出所　A：山形県HP統計情報(観光者数)
　　　B：やまがた観光情報センターHP「やまがたへの旅」観光データベースより抽出
　　　C：山形県HP統計情報(農林業センサスデータ)
　　　D：農林水産省統計情報部「地域資源の維持管理・活性化に関する実態調査結果報告書」[10]

が望ましい。文化的資源の影響を正確に把握するためにも，公的機関などによる文化的資源に係る指標の継続的整理が求められる。

さて，以降は各データの傾向を見ていくこととする。まず，文化的資源において，村山地域および庄内地域が充実していることが読み取れる。一方で，観光客数の約75%がこの2地域を訪れていることから，文化的資源は観光誘因効果を少なからず保有していることが推察される。

加えて，村山地域および庄内地域において，文化財，歴史的建造物および郷土料理の数が，他の地域と比べて高い。この結果は，① 旬の食べものを食べたい，② 名所・旧跡を満喫したい，という理由が観光客の来県目的の上位となっていることと整合している[10]。

また，表6.3は，分析に用いた項目の地域別の各平均値および標準偏差を示している。サンプル数が少なく，ばらつきが大きいため，参考程度の解釈になるが，食に関する事柄や温泉および歴史的建造物が多い地域ほど観光客数が多い傾向にあることがわかる。

以上の結果から，文化的資源が観光客数に影響を与えていると考えられる。以下では各文化的資源の観光客数へ与える効果について，計量的分析によって明らかにする。

6.4　重回帰分析の計測結果

ここでは，前節で用いた山形県の35市町村における文化的資源と観光客数のデータを用いて重回帰分析を行う。分析モデルは式(6.1)とする。

$$y = \alpha + \beta_1 \chi_1 + \beta_2 \chi_2 + \cdots + \beta_n \chi_n + \varepsilon \tag{6.1}$$

y：観光客数，α：定数項，β_i：偏回帰係数，χ_i：説明変数，ε：誤差項とする。分析に使用した説明変数は，文化財等の地域の文化資源に関連する変数に加え，観光客に非常に強い影響を与えていると思われる温泉施設数および観光果樹園，ならびに農村風景などの景観を表す指標として，田畑の耕作面積を各市町村面積で除した変数を用いた。山形県に来県する観光客の来県目的のなかで，自然を満喫することが重要な位置を占めていることから，田園風景などの

文化的景観は観光客に何らかの影響を与えていると考えられたため，農村風景などの景観に関する指標として上記の変数を使用した。なお，分析に際し，統計ソフト「Eviews」を用いた。

表6.4は重回帰分析の結果である。モデル1，モデル2，およびモデル3ともに適合度は良く，また多重共線性についてもVIF値の最大が10未満であったことから問題ないと判断した。

モデル1は，従来観光客の誘因効果があるとされている変数を用いた分析である。統計的に有意であったのは，歴史的建造物の保有数，樹園地面積シェア，および温泉施設数であった。この結果は，山形県が名所・旧跡および湯治場所として依然として高い人気を得ていることを示している。一方で，文化財や郷土料理といった地域文化的資源に関連する変数は有意とならず，その効果

表6.4　重回帰分析結果

データ	説明変数	モデル1	モデル2	モデル3
A	文化財	65.80	73.75	68.27
	歴史的建造物	276.67*	296.90*	295.14*
	伝統工芸品	533.83	389.09	494.36
B	田面積シェア	0.87	0.48	0.55
	樹園地面積シェア	7.12**	7.95**	7.45*
A	観光果樹園	91.38	115.59	115.34
A	温泉施設	1775.63*	1798.85*	1791.66*
C	食文化継承組主体	—	553.38	—
	地域産物取引主体	—	1066.50***	1168.91*
	郷土料理	220.49	-38.23	—
	土産・特産品	-68.30	-55.57	-60.26
A	観光・物産会館	-180.69	-612.10	-642.34
	修正済決定係数	0.900	0.916	0.922
	最大VIF	6.14	7.19	6.12
	赤池情報量	19.67	19.57	19.47

注：数値は偏回帰係数。*，**，***はそれぞれ1％有意，5％有意，10％有意を表す。
　　サンプル数は35。

出所　A：やまがた観光情報センターHP「やまがたへの旅」観光データベースより抽出
　　　B：山形県HP統計情報（農林業センサス）
　　　C：農林水産省統計情報部「地域資源の維持管理・活性化に関する実態調査結果報告書」[10]

を把握することができなかった。

　また，樹園地面積シェアが有意でありながらも，観光果樹園は有意な結果とならなかった。ただし，果樹王国のイメージを活用した観光客誘致については，生産者および関係団体が積極的に取り組んでおり，とくに代名詞とされる「さくらんぼ」のシーズンになると，多くの県外観光客が観光果樹園を訪れている。こうした取組と本結果の関連性については，今後十分に検証していく必要があるものと思われる。

　モデル2は，モデル1に食文化継承主体および地域産物取引主体を加えて分析を行ったものである。モデル1と同様に歴史的建造物，樹園地面積シェア，温泉施設が有意であることが確認できるが，併せて地域産物取引主体も10％ながら有意であった。この結果は，地域資源が観光客の誘因効果を保有していることを示唆している。しかし，食文化継承取組主体は有意とならず，また，地域で保有する郷土料理の数がモデル1，モデル2ともに有意でなかったことから，食文化を表す変数は観光客の直接的な誘因効果を保有していない結果となった。

　このため，モデル3では，食文化継承取組主体および郷土料理変数を除いて分析を行った。その結果，修正済決定係数および赤池情報量基準が最も良い結果となったので，本研究ではモデル3を採択する。

　モデル3の分析結果は，モデル2と同様に，歴史的建造物，樹園地面積シェア，温泉施設，および地域産物取組主体が有意であり，これらの観光客への誘因効果が認められた結果となった。

　以上の結果をまとめると，以下の4点の結論を得た。

① 歴史的建造物の数が強く影響を与えている。
② 温泉施設数が強い影響を与えている。
③ 果樹という地域資源は観光客に影響を与えている。
④ 地域産物取引主体数は強く影響を与えているものの，食文化継承取組主体数および郷土料理の影響はみられない。

　①および②については，名所・旧跡が観光客を呼びこむ要因の1つであること，山形県は湯治場としての人気が依然として存在することを支持している

といえよう。また，果樹資源の観光誘因効果は高いと推察されるので，"果樹王国"のイメージを十分に活用して観光果樹園の機能の強化を通じてさらに強い誘因効果を発揮する可能性が考えられる。

他方で，一般に観光振興を目的として力を入れている郷土料理に関して，観光客数との直接的な関係は認められなかった。ただ，6.2節で述べたとおり，来県する観光者にとって，郷土料理を食べることは大きな目的となっている。これらの結果を整理すると，郷土料理の品数ではなく，「米沢牛」および「いも煮」など，知名度が高く消費者への訴求力がある郷土料理や食材のブランド力が，大きな観光誘因効果を保有していることがうかがえる。

では，郷土料理などの食文化が保有する間接的な効果はどうだろうか。その地域が郷土料理を多数保有するということは，その土地の食文化が豊かであることの証左である。豊かな食文化を保有する地域では，概して地域産物などを取り扱う店舗など企業体の活動が活発であり，そうした店を目的に来訪する観光者は少なくない。

そこで，次節ではこうした食文化が観光客へ与える間接的な影響について計量的分析を用いて検討を試みる。

6.5 食文化についての計量分析

ここでは，郷土料理などの食文化が観光客数に与える間接的な影響について分析を行う。

前節の仮説に基づき，郷土料理などの文化的資源が地域産物取引主体の活動に影響を与えることを考慮して，以下のモデル式により地域産物を取り扱う経営体数の合成変数を抽出，指標化して分析に用いることとする。

$$\zeta = \gamma + \mu_1 \delta_1 + \mu_2 \delta_2 + \cdots + \mu_n \delta_n + \varepsilon \quad (6.2)$$

$$y = \alpha + \beta_1 \chi_1 + \cdots + \beta_{n-1} \chi_{n-1} + \beta_n \zeta + \varepsilon \quad (6.3)$$

各変数は，ζ：地域産物取引主体数理論値，δ_i：食文化に関係する説明変数，y：観光客数，χ_i：観光客に関する説明変数，γ および α：定数項，μ_i および β_i：偏回帰係数，ε：誤差項を表している。

分析の方法としては，最初に地域産物取引主体数の理論値を重回帰分析によって算出し（式(6.2)），その理論値を前節で扱った観光客に関する回帰式に導入する（式(6.3)）。なお，説明変数については前節の分析に使用した変数と同じ変数を用いることとする。

表6.5は地域産物取引主体数の理論値を求めるための回帰分析（式(6.2)）の結果である。モデル1は土産・特産品を除外した分析であり，モデル2は土産・特産品を取り入れて分析を行った。

モデル1とモデル2の結果については，ほとんど変わらない結果となったが，修正済み決定係数および赤池情報量が若干優れているモデル1を採択した。食文化継承取組主体数および郷土料理の影響が確認されたが，その他の指標は有意な結果にならなかった。とくに伝統工芸品および土産・特産品については，データの多くが木工品や織物製品だったのに対して，地域産物取引主体が主に食品を取り扱っている事業体がほとんどであることが，有意とならなかった大きな要因と推察される。

表6.6は地域産物取引主体数の理論値を用いた観光客数に関する回帰式（式(6.3)）の結果である。修正済み決定係数の値も高く，多重共線性の問題も確認されず良好な結果となった。

表6.5 式(6.2)回帰結果

変　数	モデル1	モデル2
田面積シェア	0.00019	0.00019
樹園地面積シェア	0.00014	0.00015
食文化継承取組主体数	0.73*	0.74**
郷土料理	0.16*	0.15*
伝統工芸品	-0.081	-0.094
土産・特産品	—	0.0038
修正済み決定係数	0.65	0.63
最大VIF	2.63	3.43
赤池情報量	3.39	3.45

注：数値は偏回帰係数を示し，**，*はそれぞれ1%有意，5%有意を示す。

表6.6 式(6.3)回帰結果

変　数	モデル
文化財	79.62
歴史的建造物	272.46*
観光果樹園	187.90**
温泉施設	1826.93*
地域産物活用主体数理論値	1445.37**
土産・特産品	-33.62
観光・物産会館	-185.50
修正済み決定係数	0.89
最大VIF	2.31
赤池情報量	19.75

注：数値は偏回帰係数を示し，**，*はそれぞれ1%有意，5%有意を示す。

有意な結果となった変数は，歴史的建造物の数，温泉施設数，観光果樹園の数，および地域産物取引主体数理論値である。観光果樹園については，表6.4の結果と矛盾している。これは，表6.4の分析において，観光果樹園は p 値 0.12でありさほど悪い数値でなかったことと，表6.4において使用した変数の一部を除いたことが作用して有意な結果となったと推察されるが，明確な判断ができないので今後の課題としたい。

以上の結果を踏まえると，① 歴史的建造物および温泉施設などの従来からの観光施設は強い誘因効果を示している，② 郷土料理などの食の文化的資源より算出した地域産物取引主体数が強い影響を与えている，という2点の結論を得た。とくに ② については，地域文化的資源は観光客に間接的な影響を与えている，という仮説を，主に食の文化的資源の面において支持する結果となった。

つまり，図6.2のように，食の文化的資源は直接観光客に影響を与えている訳ではなく，地域産物を扱う産業を活発化し，活発化した産業が観光客を惹きつける，という間接的な観光客誘因効果を有しているといえよう。

本分析では，特産品や文化財および伝統工芸品については効果が認められなかった。これは，地域産物取引主体が食に関するものが多かったため，食文化に関する影響のみ認められたものと推察される。ゆえに，伝統工芸品などが決して誘因効果を保有していない訳ではなく，その他の文化的資源においても同

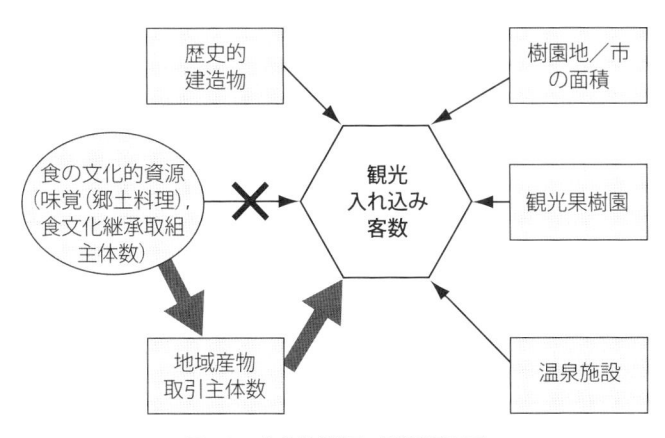

図6.2 文化的資源の影響概念図

様に間接的な影響を有していることが予想されるため，さらに検討する必要があると考える。

6.6　むすび

　本研究では，文化的資源が観光客に与える影響について，山形県を対象に統計データを用いた計量的解析による分析を行った。その結果，① 歴史的建造物および温泉施設数が観光客数に強く影響しており，名所・旧跡および湯治場として人気のある山形県という従来の調査結果を支持している，② 食文化継承取組主体数および各地域の郷土料理に関しては，地域産物を取引する企業体の活動を活発にすることを通じて観光客誘致に間接的な影響を与えている，という2つの結論を得た。

　本研究では，文化財および伝統工芸品などの有形文化について，有意な結果を得ることができなかった。しかし，先に述べたように観光客に対する影響がないわけではなく，分析に使用したデータが食に関連する項目が多かったことが一因であると考えられる。ゆえに，食の文化的資源と同様に，こうした地域文化的資源も，観光振興に対して直接的な影響は与えないまでも間接的な影響を与えている可能性がある。今後，観光振興を図る上では，文化的資源の持つ間接的な影響を考慮する必要があると思われる。

　また，文化および文化的資源はそれぞれ相補完的な役割を果たしている。たとえば，山形県朝日町の椚平(くぬぎだいら)の棚田は，放射状に展開している棚田と朝日連峰を始めとした周囲の山々が魅力的な文化的景観として，県内外より多数の観光客を呼び込んでいる。しかし，当該地域の稲作文化が衰退すれば，棚田の保全は難しく，文化的景観としての価値も損なわれることとなり，ひいては文化的景観を目的に訪れていた観光客の減少につながることとなる。

　ゆえに，こうした地域文化的資源が持つ，間接的影響および相補完的な役割を包括的に検討することが，観光資源としての地域文化的資源の有用な活用に結びつくとともに，地域文化的資源の本当の価値を定めるものと考える。これらの点の解明については，今後の課題としたい。

〔付記〕本章の研究の実施に当たり，科学研究費補助金 No.20248024, 24658191 を受けた。

【参考文献】

[1] 小沢健一（2003）「観光はインパクト ―観光研究の一側面―」『観光の新たな潮流』総合観光学会（編），同文舘出版，127–145.
[2] 青田良紀・田中康秀（2006）「オンライン取引による価格決定要因及び価格差の分析 ―ヘドニック・アプローチによるホテル客室料金を対象として―」『生活経済学研究』，22・23，71–79.
[3] 服部伊人（2007）「舞鶴市の観光まちづくりの課題と方向性 ―観光客の満足度調査を中心にして―」『総合観光研究』，6，1–14.
[4] 小林浩・君島俊克・山村順次（2003）「千葉県民の熱海温泉観光の実態と志向」『総合観光研究』，2，31–38.
[5] 田平厚子（2005）「観光まちづくりの地域内普及要素と持続性 ―安心院町のグリーンツーリズムによる地域振興―」『総合観光研究』，4，53–64.
[6] 大江靖雄・Adriano Ciani（2003）「イタリア中部・ウンブリア州におけるアグリツーリズムの展開とその特徴」『総合観光研究』，2，11–18.
[7] 井上和衛（2002）『ライフスタイルの変化とグリーンツーリズム』筑波書房.
[8] Throsby, D.（2002）中谷武雄・後藤和子監訳『文化経済学入門 ―創造性の探求から都市再生まで―』日本経済新聞社.
[9] 横山明男・伊藤清朗・誉田慶信・渡辺信（1998）『山形県の歴史』山川出版.
[10] 農林水産省統計情報部（2001）『地域資源の維持管理・活性化に関する実態調査結果報告書』，126–129，178–181.
[11] 山形県商工労働観光部観光振興課・荘銀総合研究所（2008）『平成19年度顧客満足度調査』，70–73.
[12] やまがた観光情報センター『山形観光総合情報サイトやまがたへの旅』http://www.yamagatakanko.com

# 第7章

交流型漁業経営の効率性評価
― 木更津市簀立て体験活動を事例として

大嵜 亮之（株式会社アイレップ）
大江 靖雄（千葉大学）

　近年，漁業者の交流型経営活動は，地域振興策として積極的に取り組まれつつある。しかし，交流型経営活動の経営効率性についての分析は行われていない。本章では，木更津市で行われている簀立て体験活動を事例に，DEA（包絡分析法）を用いて都市近郊漁業体験活動の経営効率性分析を行い，漁業における交流型経営体の育成に向けた課題を展望した。分析の結果，各経営体の経営効率を判定し，経営改善案として料金の引き上げと客数の増加を提示した。また，実質利益を推計し，簀立て体験活動が個人事業として自立可能なビジネスであることを明らかにした。今後は，地域振興策の観点からのみならず，個人事業としての交流型漁業経営の自立を促進，援助するような公的支援が望まれる。

Keywords：DEA，効率性評価，CCRモデル，漁業経営，ブルー・ツーリズム

7.1　はじめに

　漁業者による体験・交流型漁業ツーリズム（以下，ブルー・ツーリズム）は，グリーン・ツーリズムに比べて取り組みが遅れてきた。その背景には，①海上における生産活動を一般の人々に見せる困難さ，②労働条件や労働環境の特殊性，③過去に漁業者と遊漁客・レジャー客間で数多くのトラブルがあったこと

などが指摘されてきた[13]。

しかし, 漁村経済の弱体化が進み, 近年, 漁村の地域振興策として注目され, 漁協や行政などを主体として積極的に取り組まれつつある[13]。研究蓄積は多いとは言えないが, ブルー・ツーリズムの活動背景, 実態や効果などを検討した事例研究は少なくない[9][10][16][17][23][24]など。日高は, 都市と漁村が混在する都市近郊の漁業地域におけるブルー・ツーリズムの現代的意義を検討した上で事例分析を行い, その経済的な効果と, 漁業者と消費者双方への精神的な効果を指摘している[29][30][31][32]。

既往の多くの研究が漁村地域の衰退に歯止めをかけることに重きを置いているため, 地域視点からの研究が多く, いかにブルー・ツーリズムを地域的な取り組みに発展させ, 持続していくのかが課題とされていることが多い[10][23][24][32][34]など。

しかし, 磯部[10]が, 地域的な取り組みを持続させるために, 漁業後継者の確保の重要性を挙げていることからもわかるように, 地域振興策としてのブルー・ツーリズムは, 必ずしも漁村衰退に歯止めをかける万能薬ではない。原田[28]は, 漁業収入の低さが漁業後継者育成を阻んでいる可能性に触れ, 日高[32]は個人漁業者への効果が持続することの大切さを指摘している。いずれも, ブルー・ツーリズムが個人漁業者にとって魅力的なものでなければ, 活動の持続が困難であることを示唆している。その意味では, 個人漁業者の視点からブルー・ツーリズムを研究することは極めて重要であると言えよう。

こうした視点からは, これまで肯定的に取り上げられる機会の少なかった個人事業としてのブルー・ツーリズムはたいへん興味深い。これらの個人事業者が漁村地域に広がることによって, 漁村が活性化する可能性は十分に考えられる。また, 個人事業としての自立は, 魅力的な漁業経営の達成や, 後継者確保につながる可能性も大いにある。したがって, 個人事業としてのブルー・ツーリズムの可能性に関しての研究の必要性は大きいと言える。

しかし, 既存研究では, 収支バランスを検討するに留まっている経営分析が多く, 定量的な経営分析, とくに交流型経営活動の経営効率性についての分析

は行われていない[*1]。実際の交流型経営活動が持続的な経営を達成できているかどうかは，今後，交流型経営活動に取り組もうと考えている経営者にとっては，参入の決断を左右しうる重要な判断材料である。これを定量的に検証することには大きな意義があると言える。そこで，本章では，経営効率性分析で幅広く用いられているDEA（包絡分析法）を用いて，交流型漁業経営の効率性を評価する。

DEAは，比率尺度と呼ばれる指標を用いて各事業体の投入に対する産出の効率性を測定し，相対比較することを目的とする経営分析手法である。比率尺度により生産の効率性を相対評価するというFarrell[5]のアイディアに，数理計画法を導入し，飛躍的に発展させたCharnes, Cooper and Rhodes[3]が，DEA研究の最も基本的な論文とされ，ここで用いられたモデルは，3人の頭文字を取ってCCRモデルと呼ばれることが多い。その後，規模の収穫が一定であるというCCRモデルの前提条件を変更した，BCC, IRS, DRS, GRSモデルが開発されている[20][21][1]。また，入出力項目のウェイトに対して制約を付加した領域限定法[4][21]や，効率性の時系列変化を測定するウィンドー分析[2]，環境条件を考慮したモデル[21]など，階層的カテゴリ変数を含むモデル[21]，異なるシステム間の効率性比較[21][22]，コストの効率性[21][22]，利益の効率性[21][22]などの基本的な分析手法が開発されている。近年では，Inverted DEA[37]，仮想DMU分析法[38]，確率的DEA[36]など，新たな分析手法の開発は枚挙に暇がない。事例研究も少なくなく，野球の打者評価，生命保険会社の効率比較，縫製企業の効率比較，公共ホールの効率比較など，多様な業種で応用されている[27][39][35][8]など。漁業への応用例としては，漁協経営の効率性分析を行った阿部・佐藤[7]があるが，DEAが個人漁業者の経営分析として用いられた例はない。

そこで，本章では，千葉県木更津市金田海岸で古くから個人事業として行われている簀立て体験活動を事例として，DEA（包絡分析法）を用いて都市近郊漁業体験活動の経営効率性分析を行い，漁業における交流型経営体の育成に向けた課題を展望する。

[*1] 漁業協同組合の経営効率分析には阿部・佐藤[7]がある。分析手法にはDEAを用いている。

7.2 簀立て体験の現状

(1) 簀立てとは

簀立ては，内房の干潟に伝わる定置網漁法の1つである。遠浅の海岸に簀で囲いをつくり，満潮時に簀に迷い込んだ魚を干潮時に捕獲する[*2]。簀までは船か徒歩で移動し，手づかみや網で魚介類を獲る。獲った魚はその場で調理され，船上で食べることができる。

表7.1 東京湾における簀立てに関する年表

西暦	簀立て状況
	明治期に印旛沼より簀立てが八幡に伝わる。
	大正期に印旛の「グレ」が木更津方面に移出。後の簀立てとなる。
1913	印旛沼より簀立てが姉ヶ崎に伝わる。
1916	この年まで八幡に簀立て漁あり，以後遊覧用となる。
1917頃	東京湾岸にしだいに広がる。
1920頃	霞ヶ浦方面より人見村(現・君津市)に伝わる。
戦前	葛西浦で漁業として簀立てが行われている。
1940	今津で簀立て始まる。
1948頃	この頃から，大森，糀谷，城東，葛西で施設される。
1950頃	羽田，大森，三枚洲(江戸川河口)に簀立て区域(共同漁業権第2種)がある。
1958頃	葛西浦での簀立て最盛期。都内湾における最終使用期。
1959	木更津に約20，姉ヶ崎に15，奈良輪に10，長浦に5か統の簀立てがある。
1960	浦安で簀立て始まる。
1961頃	城東地区には1か所あり，組合員のグループで交替して使用。これ以降，なくなる。
1962	漁業補償協定が妥結され，漁業権が放棄される。東京都の簀立てが消滅する。浦安で，観光用として釣り船組合によって始まる。この頃，浦安には簀立てが2か所(漁業権一部放棄年)ある。
1981	木更津，富津のみで行われている。
2010	富津に2か統，木更津金田には10か統ある(2011年より12か統)。

出所：千葉県教育委員会等編[18]，房総の漁撈民族調査団編[33]，千葉日報社編[19]，瀧本[15]，東京都内湾漁業興亡史編集委員会[20]，高槻[14]，長島[25]，浦安・聞き書き隊編[11]，簀立て業者への聞き取り調査により作成

[*2] 漁具や漁法については，金田[12]に詳しい。

その起源は，利根川，霞ヶ浦，印旛沼，手賀沼などの内水面で行われていた「グレ」と呼ばれる漁法が，東京湾に移入されたものであるとされている。その移入時期には諸説あり，八幡では明治年間に印旛沼から，姉ヶ崎では 1913 年（大正 2 年）に印旛沼から，また人見村（現・君津市）では 1920 年（大正 9 年）頃に霞ヶ浦から移入されたといわれている[*3]。子供や女性でも容易に捕獲できるため，大正から昭和時代にかけて東京湾岸にしだいに広がり，主に観光漁業として発展した（表 7.1）。

千葉県の観光入込調査によると，内房においては，1960 年には木更津市，富津市，袖ヶ浦町（現・袖ヶ浦市），天羽町（現・富津市），千葉市，姉崎町（現・市原市）の 6 地域で，1966 年には木更津市，富津市，袖ヶ浦町（現・袖ヶ浦市），君津町，浦安市の 5 地域で簀立てが行われていた。

しかし，臨海部の開発に伴って衰退し，現在では木更津と富津のみで行われている。

(2) 簀立て体験の現状

千葉県内で簀立て漁のための共同漁業権第 2 種を免許している漁業協同組合（以下，漁協）は，牛込，金田，久津間・江川，木更津・木更津第二，富津，新富津の 8 漁協である[*4]。このうち，実際に簀立てを行っている漁業経営体は，金田漁協に 4 業者，富津漁協に 2 業者の計 6 業者で，すべての経営体が漁業者による個人経営である[*5]。

千葉県観光入込調査各年度によると，千葉県における簀立て体験の利用者数は，1967 年の 9 万 3,000 人をピークに 1973 年には 2 万 2,000 人にまで激減した。その後増加に転じたが，1982 年の 6 万 6,000 人を第 2 のピークに減少を続け，2003 年の利用者数は 1 万人である（図 7.1）。市町村別では，最大の簀立て地域であった富津での利用者数の減少が大きい（図 7.2）。富津での増減が，

[*3] 瀧本[15]，千葉県教育委員会等編[18]，千葉日報社編[19]，房総の漁撈民族調査団編[33] による。
[*4] 『平成 15 年 09 月　千葉県における漁業権の概要』による。
[*5] 各漁協への電話による聞き取り調査に基づく。金田では 2011 年度から，1 業者が新規参入する。

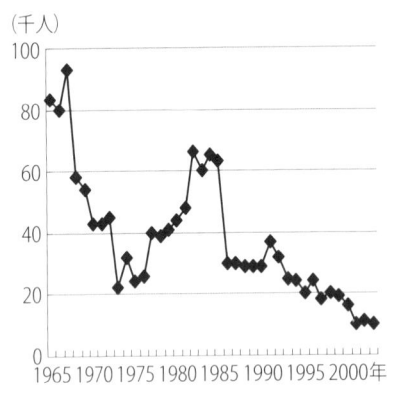

図7.1 簀立て利用者数の推移（千葉県）
出所：観光入込調査（千葉県）各年度より作成

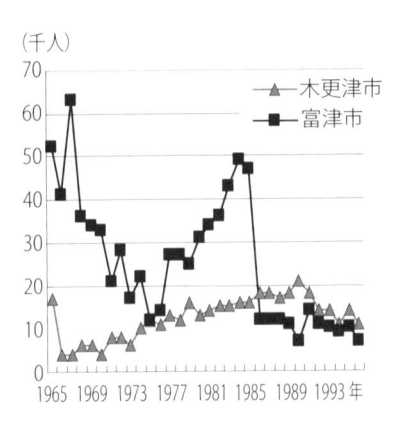

図7.2 簀立て利用者数の推移（木更津市，富津市）
出所：観光入込調査（千葉県）各年度より作成

全体の利用者数の増減に大きな影響を及ぼしている。木更津では，1960年代を底に，2万1,000人の利用があった1991年まで微増傾向にあったが，その後減少している。調査方法が変更されたために単純な比較はできないが，2005年以降は8,000人前後で推移している[*6]。

7.3 聞き取り調査の概要と結果

7.3.1 聞き取り調査の概要

簀立ての経営構造に関する文献やデータはないため，内房のすべての簀立て経営者（木更津の4経営者，富津の1経営者）を対象に，訪問または電話による聞き取り調査を行った[*7]。調査項目は，就業状況，活動経緯，実績，来訪者属性，料金設定，費用構造，活動の課題などで，経営実態と経営に対する意識の把握を目的とした。調査期間は2010年5月下旬～10月下旬にかけて行った。

[*6] 千葉県労働商工部観光課提供資料による。
[*7] 富津では2010年度からもう1業者が試験的経営を開始したが，調査対象からは除外した。

7.3.2 結果

富津については経営者が特定される可能性が極めて高いために，費用構造を公開していただけず，残りの4経営者への調査結果を整理した（表7.2）。調査対象者が少なく，経営者が特定される恐れがあるため，一部の属性については公表を控えている。

表7.2 簀立て経営者別の属性と費用詳細（1統当たり）

属性＼事業者	単位	A	B	C	D
経営年数	年	3	16	28	40
入込数	人	489	2,000	3,000	2,000
操業規模	統	1	3	3	3
出船回数	回	24	22	33	22
利用料金	円	5,000	8,000	6,333	6,333
船の規模	人乗り	20	30	30	30
聞き取りアンケート*					
文化としての保存意志		—	5	4	5
経営継続の意志		—	5	5	4
漁協支援の必要性		—	4	2	5
行政支援の必要性		—	3	2	5
交流の喜び		—	5	4	5
費用項目**					
簀設置費用					
権利金	万円	36	36	36	36
簀設置のための雇用労働力	人	13	10	30	15, 16
簀設置のための総労賃	万円	20	10	45	24
竹	万円	21	16	12	18
金網	万円	16	15	16	16
体験費用					
スタッフ（本人含まない）	人	5	4	5	5
スタッフの総労賃	万円	6	6	6	9
その他	万円	1	3	1	0

* 5段階評価で行った。
　5：強く思う　4：そう思う　3：どちらとも言えない　2：そう思わない　1：まったく思わない
** すべて1統当たりの費用

(1) 経営条件

簀立てを経営するにはいくつかの条件がある。まず，千葉県の認可が必要である。県から金田漁協に対して簀立てをする権利である第2種共同漁業権が与えられ，漁協で設置可能な統数（簀立ての単位）の上限として12統が認められている。簀立て経営者は金田漁協に申請し，それが認可されると実質的に経営権を与えられたことになる。ただし，認可されるためには金田漁協組合員であることが絶対条件となる。

経営者が経営可能な統数は，全経営者の希望統数が漁協の上限統数と同じ，またはそれよりも少なければ，全経営者の希望統数が受理される。しかし，希望統数が上限を超える場合，全経営者間でオークションが行われ，最低価格をつけた経営者が希望統数を経営できなくなる。長島[25]によると，葛西浦の簀立てでも同様の方法で簀の割り当てが行われていたとされており，昔からの調整方法が現存していることを確認できた。

次に，経営者は簀立ての熟練者を確保する必要がある。なぜなら，簀作りや接客には簀立て特有の技術が伴うからである。熟練者を雇用しているのは既存の経営者であり，新規参入者は既存経営者に多かれ少なかれ援助してもらわざるをえない。

さらに，漁船免許，漁船，遊漁船講習の受講，経営者が調理をする場合には調理師免許が必要である。加えて，徹底した衛生管理も求められる。

(2) 経営者属性

経営統数は1経営体が1統，残りの3経営体が3統である。2011年度から，新規参入者が2統を経営する予定である。保有している船は3経営者が30人乗り船を3隻，1経営者が20人乗り船を1隻，各経営者が料理船を1隻ずつ保有している。4業者の経営年数は3～40年と幅広い。また，料金も1人当たり5,000～8,000円と開きがある。利用者数は約500～1,000人／統で，4業者の合計は8,000人前後となり，統計データと一致する。

（3）費用構造

費用は，簀を設置するための費用（以下，設置費用）と体験サービスを提供する際の費用（以下，体験費用）に大別される。

経営者は簀立て体験の受入が始まる4月に間に合うように簀を作る。1統を設置するのに1日を要する。その際に，地元から簀づくりの熟練者を10〜30人程度臨時に雇用している[*8]。賃金は1万円〜1万5,000円／日である。資材の竹簀や金網は東京の業者から購入している。簀の形状や大きさなどは経営者ごとにこだわりがあるため，竹と金網の数や材質は経営者で異なる。そのために竹簀と金網の費用は一様ではない。また，経営者は漁協に対し年間36万円／統の権利金を支払っている。以上が設置費用である。

体験費用は，船頭，料理人，接客のスタッフの人件費が最も大きい比重を占める。1艘当たりの最大人数（20人または30人）を受け入れた場合，5人程度の雇用が発生する。簀立て経営者は，悪天候の場合には出船できず，その日の体験と雇用をキャンセルせざるをえない。このキャンセル分を相殺するために，賃金を1万2,000円〜1万8,000円／日と高めに設定し，不安定な雇用機会でも安定した雇用を確保している。その他の費用には，船の燃料費や減価償却費，箸や皿やコップなどの体験者が利用する資材の費用がある。しかし，経営者によって数値の把握にばらつきがあり，比較が困難なため，人件費以外は「その他」として表中で扱っている。

（4）利用料金

30人当たりで，土日祝日は19万円，平日は17万円というのが伝統的な料金プランである。30人未満の場合には料金は変わらないが，30人を超える場合には1人5,000円の追加料金がかかる。結果的に1人当たりの料金は，人数が大きな団体であればあるほど割安になる。

しかし，近年は団体規模が縮小し，小規模な会社グループや家族での利用が増えたため，一部業者では料金改定が行われている。また，簀立て業者間で乗合料金を5,000円に統一し，より多くの個人客も利用可能な料金プランを用意

[*8] 熟練者には年配者が多いが，30代，40代もおり，世代交代は行われているようである。

している[*9]。

(5) 経営に対する意識

簀立てを継続しようとする意志や，簀立てを将来にわたって保存しようという意志，交流の喜びには大きな差はないが，漁協や行政支援の必要性については経営者で回答が大きく異なっている。経営者 C は漁協や行政の支援を必要ではないと考えている一方で，経営者 D は必要性を強く感じている。また，経営者 B は，漁協の支援は必要であると考えているが，行政支援の必要性は感じていない。自由回答である経営継続の原動力を尋ねる質問では，経営者 B は古くからのリピーターの存在とさまざまな技術が身につくこと，経営者 C はお客さんの笑顔，生活の糧，数少ない漁業の食育の場であること，経営者 D は生活の糧と回答した。

7.4 DEA 分析の概要と結果

7.4.1 DEA の概要

DEA は，Charnes と Cooper らによって開発された分析手法で，比率尺度と呼ばれる指標を用いて各事業体の投入に対する産出の効率性を測定し，相対比較することを目的とする[21]。

本分析では，「規模の収穫が一定である」という仮定の下で成立する，DEA の基本モデルである CCR モデルを応用した，収入効率性，費用効率性，利益効率性について評価した。各効率性は次式で与えられる。分析データには，聞き取り調査で得たデータを用いるが，経営者が特定されないように全変数を 1 統当たりに換算した。分析ソフトには Zhu[6] の DEA Frontier Software を用いる。

[*9] 乗合は定員未満の場合に別の利用者同士が同時に簀立てを行うこと。双方の利用料金が割安になる。

収入最大化	費用最小化	利益最大化
$\max R = p_0 y$	$\min C = c_0 x$	$\max P = p_0 y - c_0 x$
制約式	制約式	制約式
$x_0 \geq X\lambda$	$x \geq X\lambda$	$x \geq X\lambda$
$y \leq Y\lambda$	$y_0 \leq Y\lambda$	$y \leq Y\lambda$
$\lambda \geq 0$	$\lambda \geq 0$	$\lambda \geq 0$
収入効率性（Er）	費用効率性（Ec）	利益効率性（Ep）
$Er = \dfrac{p_0 y_0}{p_0 y}$	$Ec = \dfrac{c_0 x}{c_0 x_0}$	$Ep = \dfrac{p_0 y_0 - c_0 x_0}{p_0 y - c_0 x}$
$(0 \leq Er \leq 1)$	$(0 \leq Ec \leq 1)$	$(0 \leq Ep \leq 1)$

$\max R$ ：最大収入　　$\min C$：最小費用　　$\max P$：最大利益

x ：望まれる技術要素ベクトル（すなわち，$x =$（竹数，金網数，雇用労働数）^{T}）

y ：望まれる産出量（利用客数）

p_0 ：対象とする経営体の産出価格（利用料金）

c_0 ：対象とする経営体の技術費用（竹価格，金網価格，賃金）

x_0 ：対象とする経営体の技術要素列ベクトル

　　　　（$x_0 = (x_0$竹数, x_0金網数, x_0雇用労働数)^T）

y_0 ：対象とする経営体の産出量（利用客数）

X ：技術要素が m 種類で経営体数 n のとき，$m \times n$ の技術要素行列

　　　　（本分析では技術要素は竹，金網，雇用労働の3種類で，経営体数は4なので，3×4 の行列）

Y ：産出量が s 種類で経営体数 n のとき，$s \times n$ の産出量行列

　　　　（本分析では産出量は利用客数の一種類で，4経営体なので，1×4 の行列）

λ ：変数で，n 経営体の場合，$\lambda = (\lambda_1, \cdots, \lambda_n)^T$

〔参考〕刀根[21]

7.4.2　分析結果

（1）収入効率性

　収入効率性は，労賃，利用料金，資材価格（以下，価格）と，竹数，雇用労働数，金網数（以下，入力）を現状値に固定し，最大収入を達成するような利用者数（以下，出力）を改善案として提示している（表7.3）。また，表中の最大収入は，改善案を採用した場合の収入を示している。

　経営者Bと経営者Cの収入効率値は1であり，簀立て産業において収入の効率経営を達成していることを意味している。そのために出力の改善案は現状

表7.3 交流型漁業経営体の収入効率性(CCRモデル)

経営主体	収入効率	最大収入	入力・出力	現状値	改善案	差
A	0.65	375	竹数(入力)	300	—	—
			金網(入力)	19	—	—
			雇用(入力)	135	—	—
			利用(出力)	489	749	-260
B	1.00	533	竹数(入力)	400	—	—
			金網(入力)	17	—	—
			雇用(入力)	99	—	—
			利用(出力)	667	667	0
C	1.00	633	竹数(入力)	300	—	—
			金網(入力)	19	—	—
			雇用(入力)	197	—	—
			利用(出力)	1,000	1,000	0
D	0.86	491	竹数(入力)	390	—	—
			金網(入力)	32	—	—
			雇用(入力)	127	—	—
			利用(出力)	667	775	-109

注:単位は最大収入(万円),雇用(人),利用(人)

値を提示し,その差は 0 になっている。つまり,改善の必要性がないことを意味している。

その一方で,経営者 A (0.65) と経営者 D (0.86) は非効率的であり,出力の増加が改善案で提示されている。具体的には,経営者 A では 260 人,経営者 D では 109 人の利用増加が収入の効率経営を達成するための改善案である。

(2) 費用効率性

費用効率性は,価格と出力を現状値に固定し,最小費用を達成するような入力を改善案として提示している(表7.4)。また,表中の最小費用は,改善案を採用した場合の費用を示している。

経営者 B は費用効率性が 1 であり,費用の効率経営を達成している。収入効率性と同様に改善案は現状値であり,経営改善の必要性はない。

一方,収入効率性が 1 であった経営者 C (0.84),非効率的であった経営者

表7.4 交流型漁業経営体の費用効率性(CCRモデル)

経営主体	費用効率	最小費用	入力・出力	現状値	改善案	差
A	0.59	125	竹数(入力)	300	293	7
			金網(入力)	19	12	7
			雇用(入力)	135	73	63
			利用(出力)	489	—	—
B	1.00	174	竹数(入力)	400	400	0
			金網(入力)	17	17	0
			雇用(入力)	99	99	0
			利用(出力)	667	—	—
C	0.84	230	竹数(入力)	300	600	-300
			金網(入力)	19	26	-7
			雇用(入力)	197	148	48
			利用(出力)	1,000	—	—
D	0.78	201	竹数(入力)	390	400	-10
			金網(入力)	32	17	15
			雇用(入力)	127	99	28
			利用(出力)	667	—	—

注:単位は最小費用(万円),雇用(人),利用(人)

A (0.59) と経営者 D (0.78) は,費用非効率である。それぞれの改善案は,竹数と金網数の増減に関しては異なるものの,雇用の削減で共通している。経営者 C の改善案では,竹数の倍増,金網数の増加,50 人程度の雇用削減,経営者 A では,竹数と金網数の削減,雇用の半分近い削減,経営者 D では,竹数の増加,金網数と雇用の削減が提示されている。

(3) 利益効率性

利益効率性は,価格を現状値に固定し,最大利益を達成するような入力と出力を改善案として提示している(表 7.5)。また,表中の最大利益は,改善案を採用した場合の利益を示している。

経営者 B と経営者 C は効率値が 1 であり,利益効率的であるが,経営者 A と経営者 D は非効率的である。改善案として利用者数の増加と金網の削減が提示されている。とくに経営者 A は効率値が極端に小さく,抜本的な経営改善

表7.5 交流型漁業経営体の利益効率性(CCRモデル)

経営主体	利益効率	最大利益	入力・出力	現状値	改善案	差
A	0.19	164	竹数(入力)	300	300	0
			金網(入力)	19	16	3
			雇用(入力)	135	135	0
			利用(出力)	489	749	-260
B	1.00	359	竹数(入力)	400	400	0
			金網(入力)	17	17	0
			雇用(入力)	99	99	0
			利用(出力)	667	667	0
C	1.00	360	竹数(入力)	300	300	0
			金網(入力)	19	19	0
			雇用(入力)	197	197	0
			利用(出力)	1,000	1,000	0
D	0.68	240	竹数(入力)	390	390	0
			金網(入力)	32	18	14
			雇用(入力)	127	127	0
			利用(出力)	667	775	-109

注:単位は最大利益(万円),雇用(人),利用(人)

が必要である。経営者 A の最大利益は 164 万円,経営者 D では 240 万円である。

以上から,すべての効率性で効率的であった経営者 B,2 つの指標で効率的だった経営者C,その次に効率値の高い経営者D,最後に経営者 A の順に効率性は高い(B > C > D > A)。

(4) CCR モデル(入力型)

既述のように,収入効率性,費用効率性,利益効率性は,CCR モデルの応用であるため,CCR モデルの「規模の収穫が一定である」という仮定が満たされていることが前提となっている。そこで,入力型 CCR モデルと出力型 CCR モデルを用いて,「規模の収穫が一定である」のかどうか,簀立て体験活動の規模の経済性を評価する。

入力型 CCR モデルは最も基本的な CCR モデルの 1 つである。このモデル

は，出力変数を固定値とし，入力変数の増減が可能であることを前提に効率値を算出するものである。注意を要するのは，このモデルを使用する際には，入力変数と出力変数を選択するのは分析者自身であることである。どのような変数を選択するかは，どのような効率を考えたいのかということと密接にかかわっている。

一般的な出力変数の1つとして利益が挙げられるが，ある経営者が赤字経営であることが技術的な問題となり，CCRモデルを適用しても，全経営者の効率値を算出することができない。そこで本章では，出力として利用者数を選択し，入力を竹数，金網数，雇用数として効率値を求めている。

BとCが効率的，AとCが非効率的と判定されている（表7.6）。改善案として，入力の減少が示されている。また，規模の効率性は，BとCは一定だが，AとDは増加型と判定されている。これは，簀立て経営は規模の効率が一定ではなく，技術的にはCCRモデルが適当ではない可能性を示唆している。

表7.6 交流型漁業経営体の効率性（入力型CCRモデル）

経営主体	効率	規模の効率性	入力・出力	現状値	改善案	差
A	0.65	増加型	竹数（入力）	300	196	104
			金網（入力）	19	10	9
			雇用（入力）	135	88	47
			利用（出力）	489	489	0
B	1.00	一定	竹数（入力）	400	400	0
			金網（入力）	17	17	0
			雇用（入力）	99	99	0
			利用（出力）	667	667	0
C	1.00	一定	竹数（入力）	300	300	0
			金網（入力）	19	19	0
			雇用（入力）	197	197	0
			利用（出力）	1,000	1,000	0
D	0.86	増加型	竹数（入力）	390	335	55
			金網（入力）	32	16	16
			雇用（入力）	127	109	18
			利用（出力）	667	667	0

注：単位は雇用（人），利用（人）

(5) CCR モデル（出力型）

出力型 CCR モデルは，入力を固定値として，出力を増減が可能であることを前提に，各経営者の比率を算出する。

B と C の効率値は 1 であり，効率的である（表 7.7）。一方，A と D は非効率である。利用者数の増加が改善案として示されている。また，規模の効率性については，B と C は一定だが，A は増加型，D は減少型と判定されている。入力型 CCR モデル同様，このモデルでも，簀立て経営は規模の効率が一定ではなく，CCR モデルが適当ではない可能性を示唆している。

表7.7　交流型漁業経営体の効率性（出力型CCRモデル）

経営主体	効率	規模の効率性	入力・出力	現状値	改善案	差
A	1.53	増加型	竹数(入力)	300	300	0
			金網(入力)	19	16	3
			雇用(入力)	135	135	0
			利用(出力)	489	748	-259
B	1.00	一定	竹数(入力)	400	400	0
			金網(入力)	17	17	0
			雇用(入力)	99	99	0
			利用(出力)	667	667	0
C	1.00	一定	竹数(入力)	300	300	0
			金網(入力)	19	19	0
			雇用(入力)	197	197	0
			利用(出力)	1,000	1,000	0
D	1.16	減少型	竹数(入力)	390	390	0
			金網(入力)	32	32	0
			雇用(入力)	127	127	0
			利用(出力)	667	775	-108

注：単位は雇用(人)，利用(人)

7.5　考察

(1) 経営改善

　分析の結果から，利益効率性と収入効率性における利用者数の改善案は同じだが，竹数，金網数，雇用数の改善案は，利益効率性と費用効率性とで大きく異なることが判明した。これは，利益効率性を改善するには，費用面の改善よりも，利用者数の増加という収入面の改善の方が重要であることを示している。そこで，利益効率性が極端に小さい経営者 A を例に，収入面を改善することによる経営改善案を検討する。

　既述のように A の収入効率性は 4 経営者中最低で，利用者数増加が改善案として提示されている。しかし，この改善案を実現できたとしても最大収入は 375 万円である（表 7.3）。これは効率経営者である B の最大収入 533 万円や，C の最大収入 633 万円の 2/3 に満たない（表 7.5）。その一方で，A の改善案である 749 人の利用者数は，B の 667 人よりも大きい。利用者数が B より大きいにもかかわらず，最大収入に大きな差があるということは，分析上固定値とされている利用料金の差が収入差を生んでいることになる。

　つまり，分析上，経営者 A は料金を引き上げた上で利用者数を増やしていくことによって，収入効率性と利益効率性を高め，大幅な経営改善が期待できるのである。経営者 D についても程度の差はあるが，同様の改善方法が言える。

　しかし実際には，料金の引き上げは利用客の減少を招く可能性が高い。したがって，料金変更だけでなく，より安価な資材への変更や，人材利用の効率化，HP の充実やメディアの有効活用によって認知度を高めるなど，総合的な経営の見直しをすることで改善案を達成することが求められるだろう。

(2) シミュレーション

　実際に A の料金を引き上げ，モデルで提示された改善案（利用者数 749 人）を実現できた場合の利益をシミュレートする。A の利益は，現在の料金を伝統的プラン（6,333 円とした）に引き上げた場合には 262 万円，最も高い料金（8,000 円）に引き上げた場合には 387 万円となる。これは，1 統経営としても十分に自立可能な利益と言ってよいだろう。料金を引き上げ，利用者数を増や

すという改善案は，シミュレーション上はAの経営を抜本的に改善するものであると言える。

次に，全経営者が利益効率的な場合の総利用者数を推計する。これは，表7.5に示されている利用者数の改善案から容易に算出できる。各経営者の経営統数をそれぞれの改善案の利用者数に乗じて，それらの総和を求めればよい。その結果，総利用者数は8074人となる。これは現状の総利用者数7489人よりも500人程度多い。各経営者の操業規模を維持したままで，利益効率的な経営を達成することは，500人程度の利用者をより多く受け入れることを意味している。

また，2011年度から2統を経営する予定の新規参入者も利益効率的に経営した場合，総利用者数はおよそ1万人となる。これは，1990年代半ばの水準である。新規参入により，近年の利用者数の減少傾向に歯止めがかかることを切望する。この推計では，新規参入者の利用者数を少なくとも667人／統，多くとも1,000人／統と仮定している。

また，4経営者中3経営者が3統を経営しているので，効率経営者のうち少なくとも1経営者は，表7.5の最大利益の3倍である1,000万円程度の実質利益を上げていることになる。これは，簀立て体験活動が十分に自立可能なビジネスであることを示している。

(3) 経営に対する意識と効率性

経営に対する意識と効率性分析の結果を比較すると，興味深い点をいくつか指摘できる。

簀立てを継続しようとする意志や，簀立てを将来にわたって保存しようという意志には大きな差はなく，経営の効率，非効率にかかわらず，多くの経営者が簀立てを残したいと考えていることがわかる。

他方で，漁協や行政支援の必要性については経営者で回答が大きく異なっている。効率経営者であるBとCは，漁協や行政の支援の必要性を強く感じていないが，非効率である経営者Dは双方の支援の必要性を強く感じている。この相違は，自立経営に対する意識の差と考えることができる。漁協に使用権を支払っているものの，簀立てはあくまで個人事業として成立しているため，

経営改善は経営者自身の努力によって行われてきた。しだいに高価になった竹材から割安な金網への素材変更などは，そうした経営努力の1つである。支援の必要性について効率経営者と非効率経営者とで意識の差が見られたことは，自立経営に対する意識の高さが効率的な経営をもたらすという因果関係が存在する可能性を示していると考えられる。

また，効率経営者Bが簀立ての稀少性を十分に自覚し，そのことが経営継続の原動力になっていると回答したことはたいへん興味深い。産業の稀少性を理由に支援を求めるケースが多いなかで，その稀少性を自立経営の起爆剤にし，自立経営を実現できている点は，今後の稀少産業の保全を考える上でも示唆に富んでおり，高く評価されるべきだろう。

木更津で簀立てが継続されてきた理由は，経営者が継続への強い意志を持っていたこと，漁協や行政は手を貸さない完全な個人事業であるために経営改善に余念がなかったこと，それが副業的であったためにそれ以外の生きる術を各経営者が持っていたことが挙げられるだろう。

(4) モデルの妥当性

本分析では，CCRモデルの収入効率性，費用効率性，利益効率性を用いたが，このモデルの妥当性については検討の余地がある。すでに述べたように，CCRモデルは「規模の収穫が一定である」という仮定の下で成立する。つまり，本来ならば簀立て経営がこの仮定を満たしていなければならない。

しかし，入力型CCRモデルと出力型CCRモデルの結果で示されたように，少なくとも今回のサンプルサイズでは，簀立て経営はこの仮定を満たしていない。とくに，経営改善が求められるAについては，収穫逓増型と判定されている。

そこで，規模拡大によって収穫が大きく増加していく収穫逓増モデルを適用すると，収入効率性，費用効率性，利益効率性，入力型効率性，出力型効率性は，表7.8～7.12のようになる。収穫逓増モデルでは，経営規模が効率に大きく影響するので，1統当たりに換算していない。

このモデルの場合，Aは収入，費用，利益効率的と判定され，経営改善の必要はない。つまり，現在の経営を持続すればよいことになる。しかし，最大利

表7.8 交流型漁業経営体の収入効率性(収穫逓増モデル)

経営主体	収入効率	最大収入	入力・出力	現状値	改善案	差
A	1.00	245	竹数(入力)	300	—	—
			金網(入力)	19	—	—
			雇用(入力)	135	—	—
			利用(出力)	489	489	0
B	1.00	1,600	竹数(入力)	1,200	—	—
			金網(入力)	51	—	—
			雇用(入力)	297	—	—
			利用(出力)	2,000	667	0
C	1.00	1,900	竹数(入力)	900	—	—
			金網(入力)	57	—	—
			雇用(入力)	590	—	—
			利用(出力)	3,000	1,000	0
D	0.87	1,449	竹数(入力)	1,170	—	—
			金網(入力)	97	—	—
			雇用(入力)	381	—	—
			利用(出力)	2,000	2,288	-288

注:単位は最大収入(万円),雇用(人),利用(人)

表7.9 交流型漁業経営体の費用効率性(収穫逓増モデル)

経営主体	費用効率	最小費用	入力・出力	現状値	改善案	差
A	1.00	213	竹数(入力)	300	300	0
			金網(入力)	19	19	0
			雇用(入力)	135	135	0
			利用(出力)	489	—	—
B	1.00	522	竹数(入力)	1,200	1,200	0
			金網(入力)	51	51	0
			雇用(入力)	297	297	0
			利用(出力)	2,000	—	—
C	1.00	819	竹数(入力)	900	900	0
			金網(入力)	57	57	0
			雇用(入力)	590	590	0
			利用(出力)	3,000	—	—
D	0.78	602	竹数(入力)	1,170	1,200	-30
			金網(入力)	97	51	46
			雇用(入力)	381	297	84
			利用(出力)	2,000	—	—

注:単位は最小費用(万円),雇用(人),利用(人)

[第7章] 交流型漁業経営の効率性評価　*139*

表7.10　交流型漁業経営体の利益効率性(収穫逓増モデル)

経営主体	利益効率	最大利益	入力・出力	現状値	改善案	差
A	1.00	32	竹数(入力)	300	300	0
			金網(入力)	19	19	0
			雇用(入力)	135	135	0
			利用(出力)	489	489	0
B	1.00	1,078	竹数(入力)	1,200	1,200	0
			金網(入力)	51	51	0
			雇用(入力)	297	297	0
			利用(出力)	2,000	2,000	0
C	1.00	1,081	竹数(入力)	900	900	0
			金網(入力)	57	57	0
			雇用(入力)	590	590	0
			利用(出力)	3,000	3,000	0
D	0.70	701	竹数(入力)	1,170	1,113	57
			金網(入力)	97	53	44
			雇用(入力)	381	381	0
			利用(出力)	2,000	2,288	-288

注：単位は最大利益(万円), 雇用(人), 利用(人)

表7.11　交流型漁業経営体の効率性(入力型収穫逓増モデル)

経営主体	効率	規模の効率性	入力・出力	現状値	改善案	差
A	1.00	増加型	竹数(入力)	300	300	0
			金網(入力)	19	19	0
			雇用(入力)	135	135	0
			利用(出力)	489	—	—
B	1.00	一定	竹数(入力)	1,200	1,200	0
			金網(入力)	51	51	0
			雇用(入力)	297	297	0
			利用(出力)	2,000	—	—
C	1.00	一定	竹数(入力)	900	900	0
			金網(入力)	57	57	0
			雇用(入力)	590	590	0
			利用(出力)	3,000	—	—
D	0.87	増加型	竹数(入力)	1,170	1,023	147
			金網(入力)	97	48	49
			雇用(入力)	381	333	48
			利用(出力)	2,000	—	—

注：単位は雇用(人), 利用(人)

表7.12 交流型漁業経営体の効率性(出力型収穫逓増モデル)

経営主体	効率	規模の効率性	入力・出力	現状値	改善案	差
A	1.00	増加型	竹数(入力)	300	300	0
			金網(入力)	19	19	0
			雇用(入力)	135	135	0
			利用(出力)	489	489	0
B	1.00	一定	竹数(入力)	1,200	1,200	0
			金網(入力)	51	51	0
			雇用(入力)	297	297	0
			利用(出力)	2,000	2,000	0
C	1.00	一定	竹数(入力)	900	900	0
			金網(入力)	57	57	0
			雇用(入力)	590	590	0
			利用(出力)	3,000	3,000	0
D	1.14	減少型	竹数(入力)	1,170	1,113	57
			金網(入力)	97	53	44
			雇用(入力)	381	381	0
			利用(出力)	2,000	2,288	-288

注:単位は雇用(人),利用(人)

益として示されているのは32万円であり,この利益では経営を持続できないことは明らかである。こうした効率判定になるのは,この逓増型モデルでは1統経営の利益は小さいが,規模拡大をすることで利益が増大することが想定されているためである。しかし,金田地区の簀立て統数はすでに上限12統に達しており,規模拡大はできない。Aは,経営規模を維持したままでは自立可能とは言い難い利益水準であるから,1統経営を維持したままで何らかの改善案を提示することが望ましい。そこに,規模を維持したままで,料金設定の変更や,利用者数の増加などの改善案を具体的に提示できるCCRモデルを適用する意義がある。

しかし,注意を要するのは,このことは簀立てが収穫逓増型の産業ではないことを意味するものではない,という点である。つまり,CCRモデルを採用したが,実際には収穫逓増産業であることはありうる。しかしながら,このことは,CCRモデルの改善案により改善された1統経営者Aの利益が等倍では

なく，実際には逓増倍する可能性があるということに等しい。

したがって，簀立ての規模の経済性については検討の余地があるものの，収穫一定型，逓増型のいずれにせよ，A にとっては経営改善が明らかに必要であるとの観点から，改善案を提示できる CCR モデルが妥当と言える。

7.6 むすび

本分析結果から，収入，費用，利益効率性を比較検討することで経営改善案を提示し，個人事業としての交流型漁業が自立可能なビジネスであることを明らかにしてきた。

これまで交流型漁業は，地域振興策と位置づけられる傾向が強く，漁村地域への経済的，精神的効果をより高めるために，漁協や行政を主体として取り組むことが望ましいとされてきた。また，伝統漁法保存のための交流型漁業は，安定的な採算を確保するために公的支援によって存続しているケースが多い[26]。そのために個人事業としての交流型漁業の研究は極めて少ない。

しかし，簀立ては公的な資金を使わずに安定的な雇用を生み出し，資材調達を通じて関連産業を活性化し，簀立て関係者に精神的な波及効果を生み出している交流型伝統漁業である。その経営の持続は，波及効果を安定的に生み出すことでもある。持続性が課題に上がるなかで，このことは大いに評価すべきである。

また，効率経営者が自立経営に対する高い意識を持ち，産業の稀少性を自覚し，それを経営の原動力にしていた点はたいへん興味深い。

一方で，漁業としての簀立てよりも漁獲量が少ない簀立て体験活動であるが，漁業資源の持続的な利用と管理方法の構築は活動の課題として挙げられよう。

したがって，ブルー・ツーリズムに対する今後の公的支援のあり方として，地域振興策の観点からのみならず，個人事業としての交流型漁業経営の自立を促進，援助するような支援策が望まれる。

〔付記〕本章の研究の実施に当たり，科学研究費補助金 No.20248024, 24658191 を受けた。

【参考文献】

[1] Banker, R. D., A. Charnes and W. W. Cooper (1984) "Some Models for Estimating Technical and Scale Inefficiencies in Data Envelopment Analysis", Management Science, 30, 1078–1092.
[2] Charnes, A., C. T. Clark, W. W. Cooper and B. Golany (1985) "A Developmental Study of Data Envelopment Analysis in Measuring the Efficiency of Maintenance Units in the U. S. Air Forces", Annals of Operations Research, 2, 95–112.
[3] Charnes, A., W. W. Cooper and E. Rhodes (1978) "Measuring the Efficiency of Decision Making Units", European Journal of Operational Research, 2, 429–444.
[4] Thompson, R. G., F. D. Singleton, Jr., R. M. Thrall, and B. A. Smith (1986) "Comparative Site Evaluations for Locating a High-Energy Physics lab in Texas", interfaces, 16, 35–49.
[5] Farrell, M. J. (1957) "The Measurement of Productive Efficiency", Journal of the Royal Statistical Society, (Series A), 120, 253–281.
[6] Zhu, J. (2009) *Quantitative Models for Performance Evaluation and Benchmarking: Data Envelopment Analysis with Spreadsheets*, Springer.
[7] 阿部秀明・佐藤博樹 (1988)「漁業協同組合経営の効率性測定に関する一試論 —DEA (Data Envelopment Analysis) の適用—」『北見大学論集』, 20, 315–326.
[8] 井汲真佐子・垣内恵美子・刀根薫 (2011)「DEA による公共ホールの効率的運営に関する研究」『計画行政』, 34 (3), 51–58.
[9] 磯部作 (2000)「「海のツーリズム」と漁協 —「海のツーリズム」に対する漁協と漁業者の対応と取り組み—」『地域漁業研究』, 40 (3), 1–12.
[10] 磯部作 (1995)「観光・レクリエーションに対する漁業者の対応と漁業の動向 —岡山県東南部を事例として—」『漁業経済論集』, 36 (2), 119–132.
[11] 浦安・聞き書き隊編 (2010)『ハマん記憶を明日へ —聞き書き報告書 1 (漁業者・水産関係者編) —』浦安市郷土博物館.
[12] 金田禎之 (2005)『日本漁具・漁法図説 増版』成山堂書店.
[13] 漁業経済学会編 (2005)『漁業経済研究の成果と展望』成山堂書店.
[14] 高槻博 (1972)「すだて 汚染に泣く "観光漁業"」『エコノミスト』, 50 (32), 64–71.
[15] 瀧本平八 (2006)『市原の失われた漁労』市原を知る会事務局.
[16] 竹ノ内徳人 (2005)「日本の沿岸漁村振興における海のツーリズムの効果と課題」『地域漁業研究』, 46 (1), 233–243.
[17] 玉置泰司 (2002)「観光底びき網の実施状況について」『漁協経営』, 40 (2), 13–15.
[18] 千葉県教育委員会・東京都品川区教育委員会・東京都漁撈習俗調査団編 (2003)『関東地方の漁村・漁撈習俗 1』東洋書林.
[19] 千葉日報社編 (1981)『千葉大百科事典』千葉日報社.
[20] 東京都内湾漁業興亡史編集委員会 (1971)『東京都内湾漁業興亡史』東京都内湾漁業興亡史刊行会.
[21] 刀根薫 (1993)『経営効率性の測定と改善 —包絡分析法 DEA による—』日科技連出版社.
[22] 刀根薫 (1993)「DEA のモデルをめぐって」『オペレーションズ・リサーチ』, 38, 34–40.
[23] 鳥居享司 (2002)「愛知県篠島の体験学習と釣り堀「篠島つり天国」の現状と課題」『漁協』, 19 (2), 12–16.

[24] 鳥居享司・山尾政博（2001）「漁村社会における体験学習と地域資源の利用へのインパクト —愛知県篠島における取り組みを事例として—」『地域漁業研究』，41（2），133–147.
[25] 長島光二（2006）『葛西浦漁業史』自主制作.
[26] 中原尚知・北野慎一（2008）「伝統漁法が創出する外部経済効果とその評価 —岐阜長良川の鵜飼事業を事例として—」『地域漁業研究』，49（1），63–79.
[27] 橋本昭洋（1993）「DEAによる野球打者の評価」『オペレーションズ・リサーチ：経営の科学』，38（3），146–153.
[28] 原田房行（2003）「漁業を通じて郷土を学ぶ 〜「郷土学習」で中学生が漁業を体験〜」『漁村』，69（2），22–30.
[29] 日高健（2002）「沿岸域利用の特徴と管理の課題 —漁業と沿岸域利用管理とのかかわり—」『地域漁業研究』，43（1），1–18.
[30] 日高健（1999）「都市地域における観光漁業の意義と課題」『漁業経済研究』，44（1），1–23.
[31] 日高健（1997）「博多湾における沿岸域利用の諸問題」『漁業経済研究』，42（1），1–27.
[32] 日高健（2001）「漁業者と都市住民による交流・連携の現代的意義」『地域漁業研究』，41（3），19–36.
[33] 房総の漁撈民族調査団編（1983）『房総の漁撈民族調査報告書 内房における漁具・漁法とその習俗』千葉県教育委員会.
[34] 松崎町漁業協同組合・雲見支所青壮年部（2005）「ブルーツーリズムに取り組んで」『漁村』，71（8），24–32.
[35] 松永宣明・Souksavanh, V.（2011）「ベトナム縫製業の企業効率：DEAとSFAによる比較」『國民經濟雜誌』，204（3），21–39.
[36] 森田浩（2001）「確率的DEA法（＜特集＞DEAモデルとその応用）」『オペレーションズ・リサーチ：経営の科学』，46（6），296–301.
[37] 山田義晴・杉山学（1993）「DEAとInverted DEAを用いたマネジメント能力に基づくシステム選択」『日本経営工学会誌』，43（6），467–468.
[38] 山田義晴・杉山学（1994）「DEA／仮想DMU法の提案（意思決定（1））」『日本オペレーションズ・リサーチ学会春季研究発表会アブストラクト集』，135–136.
[39] 劉璐・久保英也（2011）「DEAを用いた日本市場における国内生保，外資系生保の効率性比較」『彦根論叢』，390，162–175.

第8章

観光行動と着地型情報提供

細野 昌和(北海商科大学)

8.1 はじめに

　観光は従来より我が国の政策のなかで重要な位置づけをされており，1963年に制定された旧観光基本法から全面的に改正された2007年の観光立国推進基本法の施行により，重要性の再認識と観光振興のための具体的な目標が設定された。そのなかで国民の国内旅行の拡大もうたわれている。

　一方，観光を受け入れる地域の側では観光行動をICTの活用で支援する試みも行われ，実証実験なども多数行われているが，実用的なものとして定着したものは少ない。とくに携帯電話を利用した情報提供の試みは多いが，日本観光協会[1]が例年行っている調査によれば，実際には携帯電話は観光情報入手の手段として最も利用されていないものの1つである。

　そうしたなか，我が国においてもスマートフォンが急速に普及してきた。スマートフォンは従来型の携帯電話とは異なり，携帯電話回線のデータ通信ないしはWi-Fi（無線LAN）を介してパソコンのようにインターネットを利用することができ，いわばモバイル・インターネット端末とみなすことのできる情報通信端末である。こうしたスマートフォンの特長を生かし，観光現場で活用が考えられる。

8.2 「観光行動」と「観光事業」

　観光という用語には広義から狭義にわたりさまざまな定義が存在しているが，そうした概念的な問題以前に，そもそも何を指しているのかという大枠の合意がないまま議論される場面が多い。そのため，観光議論の場でしばしば混乱が起きているのだが，多くの場合それに気付かないまま議論が進められている。

　たとえば，観光振興を目指すという議論のなかで，振興する観光とは実際には何を指しているのかが参加者で認識が異なっているとしたら，議論は不毛なものになってしまうだろう。何をもって観光と呼んでいるかは，通常，立場によって大きく3つに分かれている。観光研究者らの考えている観光は，観光行動という人の行動，またはそれらの集合体からなる観光現象という社会現象のことである場合が多い。この場合の観光の主体は観光客である。客体すなわち対象は観光地や観光施設となる。一方，観光事業者が観光という用語を使う場合，多くは観光事業という事業や業態を指している。そこでは，主体は観光事業者となり，客体は観光客となる。両者はまったく異なる認識の構図であるため，互いの議論が成立しないはずだが，議論がかみ合わないまま話が進められていくことが珍しくない。そして，残りの3つ目のグループは，観光を具体的に行動とも事業とも捉えられず，漠然と用語を使っている人々である。

　漠然と観光という用語を使っているだけの3者目の場合は論外として，観光行動と観光現象，そして観光事業の関係を整理し，どの立場で観光を論ずるかが，ここでの議論を進める第一歩となる。つまり，本章での観光とは，観光行動のことを指す立場とする。

　観光事業は，観光客がいなければ成り立たないことからもわかるように，観光行動の支援に特化した諸事業を指すとみなすことができる。より厳密に捉えるなら，観光行動の支援だけを行う諸事業と言えよう。しかし，人々が観光行動で接する事業は観光事業だけでなく，ほぼ日常生活で接するすべての事業にわたる。それらの事業のなかで，とくに観光行動においてでしか接することのない事業に絞られるのが観光事業である。観光事業を振興するには，観光行動を活発にしなければならず，観光行動の発生がその存立の基となっている。

また，観光行動に近い概念である観光現象は，単に人の観光行動の集合体ではなく，行動が集まることによって起こるさまざまな事象をも含む社会現象であるが，個々の観光行動が存在しなければ社会現象も発生しない。したがって，その基本単位は観光行動である。

　以上のように，観光事業の振興でも，観光現象の把握であっても，観光の捉え方の基本には観光行動という人の行動の理解が必要である。そのため本章での観光という用語は観光行動という人に特異な行動を指すものとする。

8.3　観光は情報のグルメ

　観光を行動と捉えるとしても，なぜ人はそうした行動をとるのかという議論の論点は，それを語る立場によってまた異なる。そして，観光行動は，人がとる他の行動と異なり，必然性がないように思われる。生存のための食物の獲得や休養のために必要なわけではない。また，心身の成長には役立ちそうだが，観光をしなくても決定的な問題が起きるわけではない。人はなぜ観光行動を起こすのかの説明がつかないために，観光行動の説明はしばしば抽象的で空論的な「神学論争」に陥りやすい。

　そこで，具体的に観光行動はどういう場面で起きるようになってきたのかということと，人が正常に発達し，生活を続けるために何を必要としているかということを振り返ると見えてくるものがあることに気付くだろう。

　観光事業の立場や経済的な視点から，現在ではビジネスでの旅行も観光の範疇に含めるのが常識になっているが，観光行動の中心となる個人が楽しみのために行う旅行が大衆化したのは第2次世界大戦後の先進国からである。とりわけ我が国では，経済の高度成長が始まった1960年代以降のことである。観光とは，人々の行動の自由が認められ，経済的な余裕ができた現代になって広まったものなのである。近年，東アジア諸国でも観光が盛んになってきたが，そこには同様の背景がある。

　なお，我が国の近世には，他国にはないと言われる大規模な大衆観光現象が発生している。お伊勢参りを代表とする巡礼観光である。これも，江戸時代の安定した社会と経済を背景にしている。封建制度のもと，原則的に人々には移

動の自由は認められていなかったが，宗教的な理由の場合は比較的容易に通行手形が発行されたため，事実上，自由な移動が認められており観光の障害にはならなかった。日本の近世の巡礼観光も，こうした生活の余裕と移動の自由が背景にあったということができる。

一方，「人はパンのみにて生くる者に非ず」と言われるが，これは宗教的な意味を離れて人の特性を考えても正しい表現である。人は，体を維持するための成分や，運動のためのカロリーを栄養として摂取するだけでは，正常な成長も生活もおくれない生物である。心理学の発達理論では，外部からの刺激つまり情報を絶えず取り込むことによって，身体的にも心理的にも成長していくと考える。また，同様に心理学における感覚遮断実験などから，安定した精神状態で生活を営むには適当な刺激や情報が必要なことが明らかになっている。人は，パンのみでなく，情報も摂らないと生きられないのである。

発達や生活に必要な食料の摂取に関して，人は生活に時間的そして経済的に余裕ができると，必要不可欠な栄養の範囲を超えた贅沢な飲食を楽しむようになる。グルメである。これと同様の条件が整うと，成長や発達，日常生活に必要な情報の摂取にも同様のことが起きると考えることができる。それが観光行動である。日常を離れて旅に出ると，環境のすべての情報が新たな刺激である。まさにグルメ体験も温泉体験も，日常にない風土に触れることも新たな情報である。観光とは，情報のグルメのことなのである。

8.4 最も重要な観光事業「情報提供」

観光とは移動して新たな情報を享受する行動と認識するなら，その行動にとって最も重要な支援は情報の提供であることは自明のことである。観光事業とは，観光行動を支援する諸事業であると先に指摘した。それは移動のための航空会社や鉄道であったり，宿泊のためのホテルや，それらを手配する旅行会社などである。

しかし，観光行動を支える最も重要な着地における情報提供は事業として確立していない。各地に観光案内所やボランティア観光ガイドなどが設けられるようになってきたが，まだ広く浸透してはおらず，多くの観光地ではパンフ

レットや標識に頼っているのが現状である。また，観光客は典型的観光ポイントであると地元が認識している所だけを旅するのではなく，個人の興味にそった情報も必要である。

観光行動の支援には，着地において観光客のさまざまな求めに対応できる情報提供が必要であり，それが観光行動そのものを支援する最も重要な観光事業であると認識されるべきだろう。

8.5 モバイル ICT 活用による情報提供

観光情報をモバイル ICT で提供しようとする場合，細野[2] が指摘したように，信頼性の高い安定したインフラの整備と端末の普及との両方が必要である。とくに，インターネットを介して情報を提供するなら，インフラは人口カバー率がほぼ 100％の携帯電話回線のデータ通信か，広く普及している安定した技術である Wi-Fi（無線 LAN）の活用以外に選択肢はない。端末も，このどちらかまたは両者を使える機器に限られ，それは従来型の携帯電話かスマートフォン，タブレット PC に絞られる。専用端末や PDA の活用がかつて試みられたが，携帯電話やスマートフォンが普及している現在では，情報提供だけのための端末を用意することは現実的ではない。

実証実験やすでに情報提供が行われている例もある従来型携帯電話もインターネットの利用が可能とされているが，実際には，多くが携帯電話会社が認めた特殊な携帯サイトを利用するという極めて利用制限の大きなものに過ぎない。従来型携帯電話でのコンテンツ利用も，多くの場合，データ通信料のほかに専用のアプリケーションおよびコンテンツも有料であり，携帯電話会社はそれらによって収益を上げてきた。これは，利用者のコスト負担の面からも，定額の通信料を支払えばインターネットの利用には制限がないというパソコンでの一般的な利用方法とは大きく異なる。

スマートフォンでのインターネット利用は，パソコンでの利用に極めて近く，かつその端末の大きさからどこへでも持ち運ぶことができ，移動先で自由にインターネットを利用できるという利点を持つ。また，一般にスマートフォン利用者は，パソコンでの利用と同様に定額のデータ通信プランを契約してお

り，いかに大量のデータ通信を行っても一定額以上の料金負担は発生しない。このことは，観光情報を画像など多彩なメディアで発信するのに最適である。さらに，スマートフォンはWi-Fi機能を持つため，無料の公衆Wi-Fiサービスがあれば，利用者の料金負担なしで，携帯電話回線よりさらに高速なデータ通信を実現することができる。これは，観光情報端末として大きな利点である。

　Wi-Fiの活用は，携帯電話での情報提供とは異なり，携帯電話会社とは独立して行えるため，観光情報提供側が利用者へ優先的に提供したい情報を自由に発信することも可能である。モバイル通信の技術でこれに代わる手段はないのである。

　以上のような背景から，ここでは現在急速に利用者を拡大しているスマートフォンを汎用の観光情報端末と位置づけ，一方で情報提供側のインフラとして公衆Wi-Fiを想定した場合の活用の展望を探る。

　本章は，札幌市内の宿泊施設利用者を対象にし，実際にスマートフォンなどのWi-Fi通信機器を持参しているか，公衆Wi-Fi利用上の障害は何か，また観光情報が無料で公衆Wi-Fiから提供されるなら対象者は利用の意向を示すかなどを調査データから明らかにする。

8.6　スマートフォンとWi-Fiの活用と展望

（1）調査対象者

　本調査における観光の位置づけは，遊びを意味する狭義の楽しみのための観光だけではなく，楽しみのための観光とビジネス旅行，そして両者を兼ねたいわゆる兼観光も含むツーリズムに相当する広義の観光としている。広く観光行動を支援する手段としてのスマートフォンと公衆Wi-Fiの活用を展望するためである。具体的には，札幌市内のホテルに宿泊している日本人旅行者を調査対象者とした。

（2）調査手続き

　調査は，札幌市中央区内の9軒のホテルの協力を得て実施された。調査協力の承諾をいただいた各ホテルへは，それぞれ質問紙を100部配布した。

各ホテルでは，対象者がフロントでチェックインを行う際に調査依頼を行い，質問紙を手渡した．回答はチェックアウトまでの間に行われ，対象者のフロントへの提出で回収するという留め置き法で調査は実施された．

　この種の観光調査ではホテル業務への支障を最小限にすることや，ホテル利用者の利用形態の違いなどに配慮しなければならず，調査全体を統一的に管理することは不可能である．したがって，調査手続きの詳細は協力していただくホテル現場での判断にゆだねた．なお，対象者への調査依頼の際に，謝礼として粗品が手渡された．

（3）調査期間

　調査期間は，平成23（2011）年12月26日から平成24年2月7日までの冬期間であった．なお，この調査期間は，一般的な社会調査における質問紙配布から回収までを意味するのではなく，各ホテルへ質問紙を渡し，全ホテルから回答済み質問紙が最終的に調査者へ返却された時点までを示すものである．実質的な配布は，ほぼ平成24年1月中に行われた．

　当初の計画では，フィールド調査は北海道観光が最も盛んな夏期に実施の予定であった．しかし，東日本大震災の影響により，7月の時点でホテルの宿泊客が著しく減少した状態が続いており，夏期の実施は不可能と判断された．そのため，調査は大震災から時間を経て，影響が少なくなると予想される冬期に実施することに計画を変更し，実施された．

8.7　結果

　今回の調査では，質問紙の全有効回収数は414票であった．ホテル別内訳は表8.1の通りである．着地現地での旅行者を対象にした観光調査では，多くの場合，あらかじめ対象者を計画的に無作為抽出するということは不可能である．したがって，可能な限り質問紙を配布し，回答票を回収するという方法を採用せざるをえない．本調査では，各ホテルに配布を依頼した全質問紙数は900票であるが，この数が対象者に配布された実数を意味するものではない．各ホテルへは可能な限り質問紙を宿泊客へ配布し，回収するように依頼した．

したがって，他の着地の現地での観光調査と同様に，回収率という概念は存在しない。

表8.1 ホテル別有効回収数

ホテル	PH	EH	NO	KP	GS	OK	HS	DH	RT	合計
有効回収数	19	25	53	37	49	87	47	51	46	414

8.7.1 対象者の概要

(1) 居住地

質問紙においては居住地を都道府県で訊ねている。この回答をさらに全国9地区に再分類し集計した[*1]。なお，関東のなかで東京都を居住地とする対象者が多いことが予想されたため，東京を1地区とし，東京以外の関東と別に集計した。

[*1] 本調査における居住地の地方区分

地方	都道府県	地方	都道府県	地方	都道府県
北海道	北海道	中部	新潟 富山 石川 福井 山梨 長野 岐阜 静岡 愛知	中国	鳥取 島根 岡山 広島 山口
東北	青森 秋田 岩手 山形 宮城 福島			四国	徳島 香川 愛媛 高知
関東	栃木 群馬 茨城 埼玉 千葉 神奈川	近畿	三重 滋賀 京都 大阪 兵庫 奈良 和歌山	九州	福岡 佐賀 長崎 熊本 大分 宮崎 鹿児島 沖縄
東京	東京				

対象者の居住地域で最も多いのは地元の北海道で42.5％であった。次いで多いのが東京を除く関東の18.8％で，さらに東京の12.3％と続く。東京を含めた全関東では31.2％となる（小数点以下端数は四捨五入のためグラフ上の数値の合計とは合わない）。予想通り，東京だけで中部の10.6％を超える大きな分布となっている。

北海道と，この東京を含む全関東の合計で，全体の73.7％に上る。すなわち，冬期の札幌市内のホテルの宿泊者の7割強は，地元北海道か関東の居住者であった。

そして，東北が3.9％と少ないのを除けば，中部10.6％，近畿6.0％と，遠方になるほど少なくなる傾向であった。

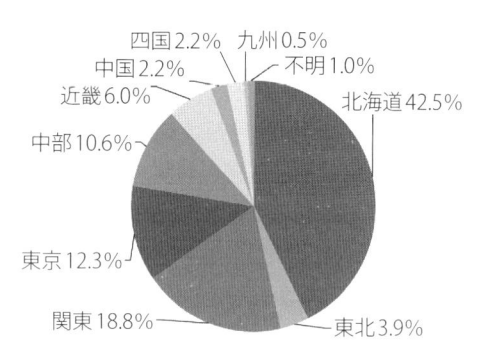

図8.1　居住地（$n=414$）

（2）性別と年齢層

性別では，図8.2のように男性が52.4％に対して，女性が44.0％であった。男性，女性のどちらか一方への極端な分布の偏りは見られなかった。

年齢層では，図8.3に示すように30代が最も多く27.5％，次いで40代の23.7％，そして50代の17.6％と続く。20代は15.2％であった。

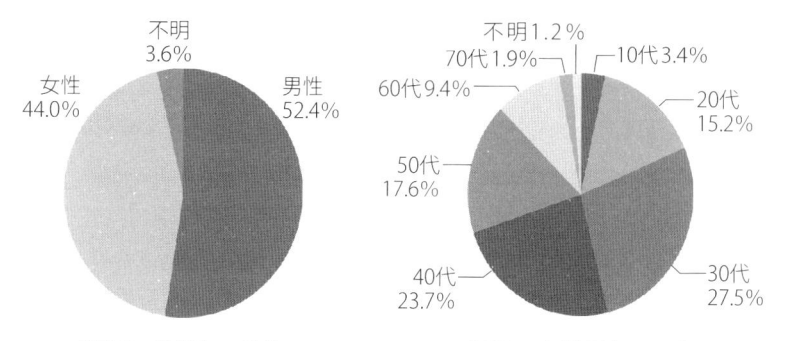

図8.2　性別（$n=414$）　　図8.3　年齢層（$n=414$）

30代と40代を合わせると51.2％であり，過半数となる。30代と40代を中心とし，それより年配の層と若い層が続く分布となっている。

8.7.2 旅行形態

旅行形態によって観光情報の必要性や必要な情報の内容が異なることが想定される。つまり，旅行者である対象者自身が着地で自発的に行動を起こす場合と，あらかじめ決められた内容をガイドなどの案内に従って行動する場合とでは，おのずと情報収集行動が異なると考えられる。したがって，ここでは主に個人・グループ旅行か団体旅行かに焦点を当て，表8.2のような選択肢を提示して回答を求めた。

表8.2 旅行形態（選択肢群）

1. ご自分で企画したひとり旅行
2. ご自分たちで企画した家族や友人のグループ旅行
3. 旅行会社が企画した家族や友人のグループ旅行
4. 旅行会社が企画した団体旅行に参加
5. 職場や学校の団体旅行に参加

その結果，図8.4に示すように最も多かったのは「2. 個人グループ」（以下，グラフ中の略記で示す）で，41.3％であった。次いで多いのが「1. 個人1人」で，32.4％であった。個人・グループ旅行である両者の合計は73.7％となる。自ら，あるいはグループのメンバーが企画し行動する旅を行っている対象者が7割強ということになる。

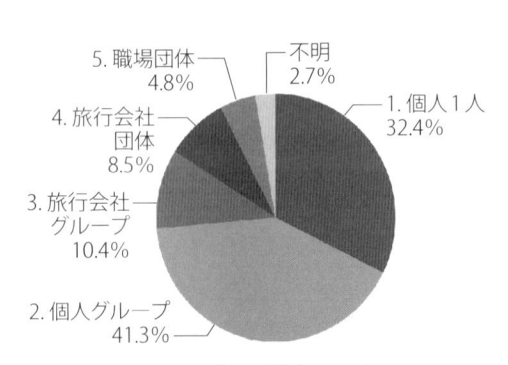

図8.4 旅行形態（n=414）

3番目に多いのは「3. 旅行会社グループ」で，10.4％である。これは出発前に旅行会社の企画した旅行であるが，着地での行動はさまざまな形態が考えられる。団体旅行のようにガイドに案内されて行動する場合や，目的地とそこへの交通手段は旅行会社の企画だが着地では自由行動の場合，あるいは両者を組み合わせた形態も考えられる。そのため，本調査では旅行会社が企画した旅行に参加したという点のみに着目し，他者が企画した旅行である団体旅行と同等に扱うこととした。

したがって，「4. 旅行会社団体」8.5％と「5. 職場団体」4.8％に，「3. 旅行会社グループ」の10.4％を加えた23.7％の対象者を団体旅行者とみなすこととした。すなわち，個人・グループ旅行が73.7％に対し団体旅行が23.7％となり，圧倒的に個人旅行が多い結果になった。個人旅行と団体旅行の定義はさまざまに存在するが，個人旅行が圧倒的に多いという結果は，日本観光協会[1]が継続して行っている調査結果と同じである。

なお，同行人数の平均は全体では2.9人であった。旅行形態別にみると，個人・グループ旅行では2.3人，団体旅行では6.8人であった。また，旅行滞在期間の平均は対象者全体では2.0泊3.0日で，形態別では個人・グループ旅行が2.0泊3.0日，団体旅行が1.9泊2.9日となり，事実上，形態による滞在期間の違いはないと判断される。

8.7.3　旅行の目的・期待

質問紙では今回の旅行の目的や期待を訊ねている。表8.3のように11項目の目的・期待をあげ，それぞれに対して目的・期待度から5点のスケールで回

表8.3　旅行の目的・期待（設問群）

① 街並み，自然や農村風景を楽しむ	⑦ 観光イベントに参加する
② 気候を体験する	⑧ 買い物をする
③ 温泉を楽しむ	⑨ ドライブを楽しむ
④ 食事を楽しむ	⑩ 商談，打合せなどの仕事をする
⑤ 文化施設や動物園などを訪れる	⑪ 仕事で品評会，会議などに参加する
⑥ スノボなどアウトドア体験をする	

答を求めた。すなわち，目的・期待度が最も高い場合は「1」が選択され，目的でなかったり期待していない場合は「5」が選ばれた。目的・期待度が高いほど値の小さいスケールが選ばれることになる。また，あげた11の項目に該当しない目的や期待がある場合は自由記入欄に記述を求めた。

その結果，図8.5のように最も目的・期待度が高いのは「④ 食事」であった。スケールで積極的な肯定を表す「1」と回答した対象者が37.9 %，「2」の回答が24.6 %であり，合計で62.6 %となる。これは，2番目に目的・期待度が高い「⑧ 買物」の「1」の27.1 %と「2」の16.2 %の合計43.2 %を20ポイント近く引き離す大きな値となっている。

次いで目的・期待度が高いのは「① 街並み自然」である。「1」と回答した対象者は15.0 %だが，「2」が19.1 %，そして「3」が27.5 %と多い。そのため，「1」から「3」までの回答の合計は61.6 %にのぼり，上記の「⑧ 買物」への回答を同様に合計した数値の62.6 %とほぼ同数になる。すなわち，第1の目的や期待としては上げられないが，広く多くの対象者に意識されていると判断することができる。

以下，積極的な肯定の「1」の回答が多い順に，「⑤ 文化施設・動物園」13.0 %，「⑩ 商談・打合せ」12.3 %，「③ 温泉」11.6 %，「⑪ 品評会・会議」9.4 %と続く。このうち，「⑩ 商談・打合せ」と「⑪ 品評会・会議」は，「2」，「3」の回答は相対的に少なく，ビジネスを明確な目的とした旅行の特徴が表れている。

次いで「② 気候体験」は，「1」への回答は9.2 %であるが，「1」から「3」までの合計が46.6 %にのぼり，3位の「① 街並み自然」に次ぐ値になる。すなわち，「① 街並み自然」と同様に第1の目的ではないが，多くの対象者に広く期待されていることがわかる。

強く目的や期待として意識される率が高いのは食事や買い物であるが，街並みや自然そして気候などは1番目の目的や期待としては意識されないものの，広く多くの観光客の期待を集めており，札幌や北海道観光の重要な魅力になっていることを強く示唆する結果になっている。

その他の目的には，個人的な友人や親せきとの交流，病院への通院，帰省，ホテルや飛行機を楽しむという旅行そのものが目的の場合などがあった。また，コンサートや番組収録見学を目的とするものが16件あり，これらは本来，コ

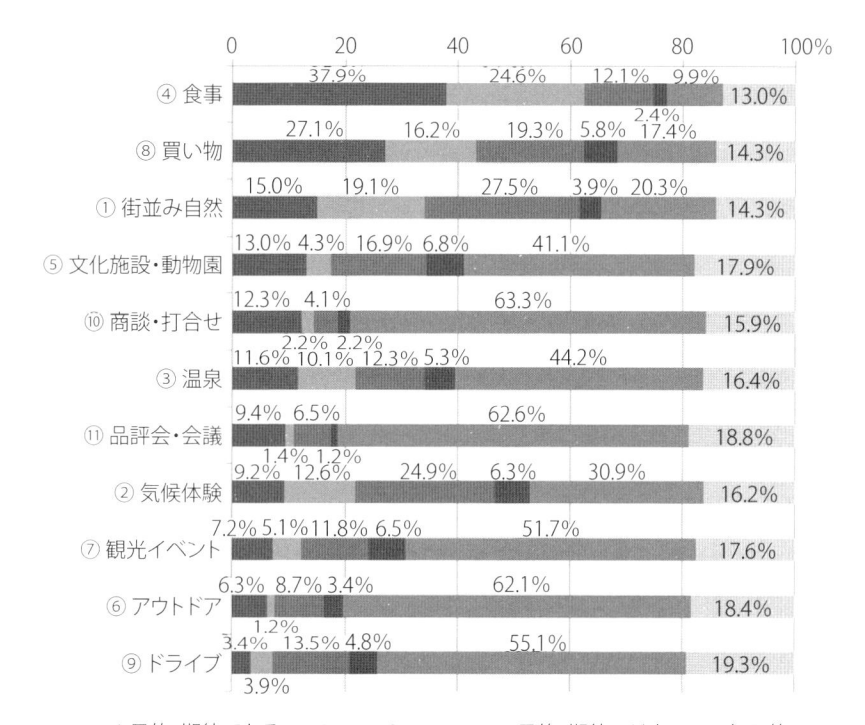

図8.5　旅行の目的・期待（$n=414$）

ンベンションの1つとして集約する項目を設けるか，「⑦観光イベントへ参加する」と類似する項目へ回答されるべき内容と考えられる．ただし，「1」～「5」のどのスケールが選択されるか不明のため，今回は新たな目的・期待の項目や「⑦観光イベントへ参加する」のスケールへのコード化は行わなかった．

8.7.4　観光行動で求められる情報

対象者が実際に今回の滞在中にどのような情報を求めたかを訊ねている．つまり，表8.4にあげた11の選択肢を提示し，それぞれについて実際に調べたか，知りたかったかを選択してもらった．この問いへの回答は，該当するものすべてに○を付ける複数回答である．

表8.4 調べた情報・知りたい情報（選択肢群）

1. 公共交通機関の乗り方や時刻表，料金について	7. 道に迷ってしまったときの自分のいる場所の確認
2. 訪れたい目的地や施設への道や交通機関について	8. ATMの場所
3. 訪れたい施設の営業時間や入場料について	9. 欲しいものや食べたいもののあるお店
4. こちらに来てから選んで訪れる場所について	10. Wi-Fiが使えるポイントや店舗
5. 気候に適した服装や足回り	11. ご自分の健康や条件（年齢，障害など）に合った設備の場所や内容
6. 天候や道路状況	

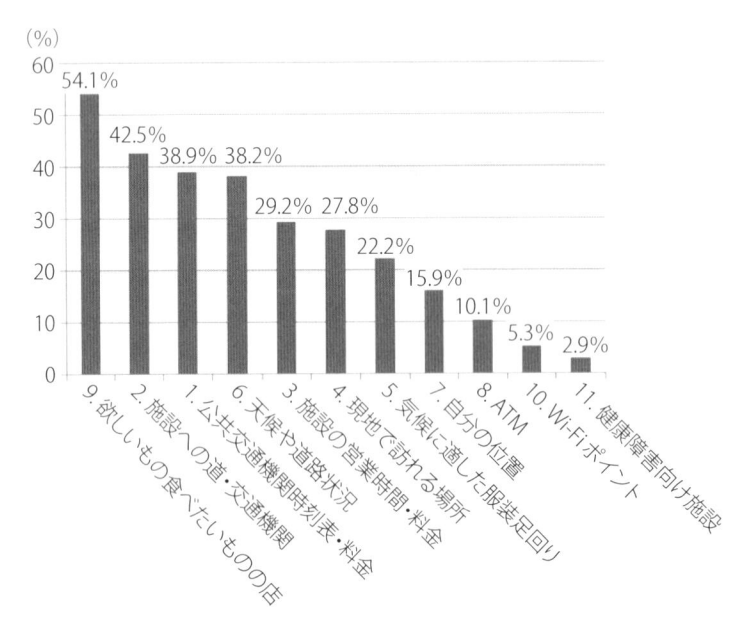

図8.6 調べた情報・知りたい情報（複数回答, $n=414$）

9. 欲しいもの食べたいものの店 54.1%
2. 施設への道・交通機関 42.5%
1. 公共交通機関時刻表・料金 38.9%
6. 天候や道路状況 38.2%
3. 施設の営業時間・料金 29.2%
4. 現地で訪れる場所 27.8%
5. 気候に適した服装足回り 22.2%
7. 自分の位置 15.9%
8. ATM 10.1%
10. Wi-Fiポイント 5.3%
11. 健康障害向け施設 2.9%

　最も多くの対象者が情報を求めたのは，図8.6のように「9. 欲しいもの食べたいものの店」で，過半数の54.1 %が選択している。この結果は，前問の旅行の目的・期待の大きさと合致すると言える。

　2番目に多く選択されたのは，前者より10ポイント以上少ないが「2. 施設への道・交通機関」の42.5 %である。さらに，「1. 公共交通機関時刻表・料金」の38.9 %，「6. 天候や道路状況」の38.2 %と続く。これら2番目から4

番目に多く求められた情報は，対象者のほぼ4割が必要としていることがわかる。さらに，これらの情報の内容は，買い物や食事といった観光行動の目的や期待そのものに関するものではなく，観光行動を支える基本的な地域情報と言える。それらに続き，対象者の29.2％が選択した「3. 施設の営業時間・料金」も同様な種類の地域情報である。観光客が着地で求める観光情報とは何かという問いへの答を示唆する結果である。

さらに，2.9％と全体の対象者のなかでの比率は小さいが，「11. 健康障害向け施設」の場所や内容に関しても情報が求められている。旅行者の健康や障害に対応したアクセシビリティの確保のための情報は，他とは比較できない重要性がある。健康や障害に対応した情報を求めている対象者の年齢構成を図 8.7 に示す。50 代以上の中高齢層の割合が 66.6 ％になる。また，40 代，30 代にもこうした情報を必要としている対象者が存在している。

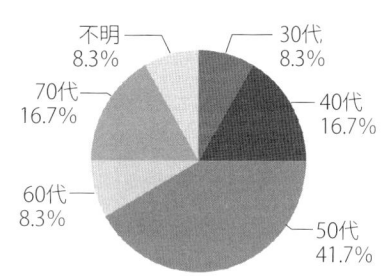

図8.7 健康障害情報需要者の年齢構成（n＝12）

次に，求める情報を旅行形態別に示したのが図 8.8 である。旅行形態別の回答分布の違いに着目すると，個人・グループ旅行と団体旅行で大きな違いが見られたのは，「1. 公共交通機関時刻表・料金」である。これを実際に調べたか，知ろうとした対象者は，個人・グループ旅行の場合は 40.8 ％と約 4 割も存在するのに対し，団体旅行では 25.5 ％であり，15 ポイント以上の差がある。つまり，団体旅行の対象者に対し，個人・グループ旅行の対象者は，1.6 倍もの人々が公共交通機関に関連した情報を求めている。他に，個人・グループ旅行の対象者の方に要求の多い情報としては，「9. 欲しいもの食べたいものの店」の情報があり，55.7 ％対 47.3 ％で 8.3 ポイントの差がある。また，「10. Wi-Fi ポイント」については，個人・グループの対象者の 6.0 ％が情報を求めているのに対し，団体旅行の場合は求めている対象者はいなかった。

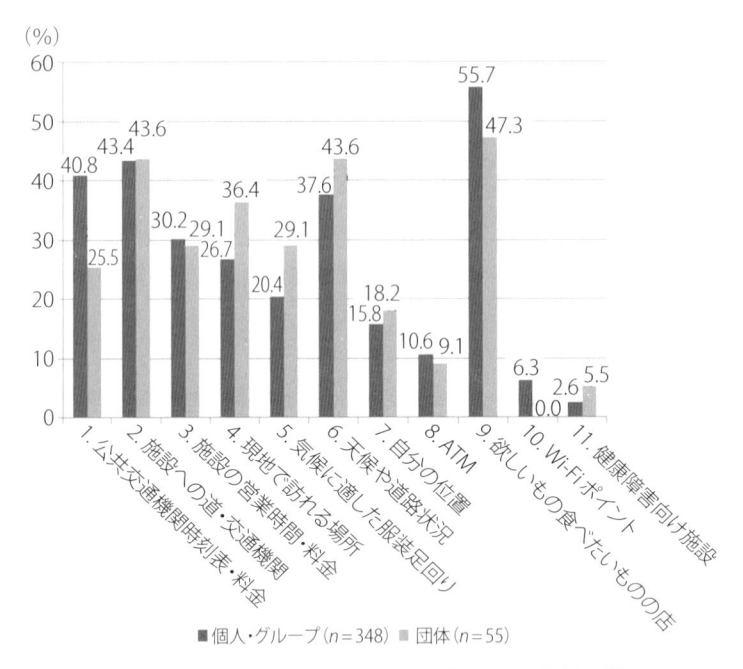

図8.8 調べた情報・知りたい情報(旅行形態別，複数回答)

　それとは反対に，団体旅行の対象者の方が多く求めている情報は，ポイント差の大きい方から，「4. 現地で訪れる場所」の個人・グループ旅行 26.7 % 対団体 36.4 % の 9.7 ポイント，「5. 気候に適した服装足回り」の 20.4 % 対 29.1 % の 8.7 ポイント，「6. 天候や道路状況」の 37.6 % 対 43.6 % の 6.0 ポイントなどとなっている。グラフで略記している「4. 現地で訪れる場所」は，質問紙上の文は「4. こちらに来てから選んで訪れる場所について」であり，着地で空いた時間に予定外の目的地・施設を探したり，その内容の情報について調べる必要性があることを示唆している。

　今回あげた 11 の選択肢のうち 1 ポイント以上の差で相対的に個人・グループ旅行の対象者の方が求めているものは 4 件，それとは逆に団体旅行の対象者の方が相対的に求めている情報は 5 件となった。

　自らが着地で情報を探索して行動する機会が多いと思われる個人・グループ旅行の対象者に比べて，団体旅行の対象者の方が求める情報が多いという興味

深い結果になった．情報の種類として選択肢にあげる内容で，旅行形態によって対象者の求める情報の分布傾向は変わる可能性があるが，このことから個人・グループ旅行の方が団体旅行よりも着地での情報を必要としているとは一概には言えないことが明らである．これは，どのような旅行形態かにかかわらず，旅行者は着地での情報を広く求めていることを表している．また，全体で見ると，提示された 11 の選択肢のうち 20 % 以上が求める情報として選択した数が 7 件もあり，5 人に 1 人以上がこれらの複数の情報を必要としているということは，観光情報提供の観点からは見過ごせない事実と言える．

8.7.5　持参 Wi-Fi 機器

ここでは，スマートフォンだけでなく Wi-Fi 関連の通信情報機器の持参について訊ねている．すなわち，情報を得るための Wi-Fi 端末として利用可能か，あるいは情報端末を利用するために Wi-Fi を中継する機器を対象者が持参しているか，そしてそれはどのような機器であるかを訊ねている．具体的には表 8.5 のように「8. いずれも持参していない」を含めて選択肢を 8 つ用意した．対象者は持参しているものすべてを選択することを求められた．

表8.5　持参Wi-Fi機器（選択肢群）

1. スマートフォン
2. タブレットPC
3. ノートPC，MacBook，ネットブックPC
4. Wi-Fi機能付きのゲーム機
5. Wi-Fiルータ／アクセスポイント（有線LANをWi-Fiに変換する機器）
6. ポケットWi-Fi，モバイルWi-Fiルータ（携帯通信をWi-Fiに変換する機器）
7. その他
8. いずれも持参していない

図 8.9 に示すように，「8. 持参なし」の 48.6 % と無回答の 4.3 % を除くと，対象者全体の 47.1 % が何らかの Wi-Fi 通信機器を持参している．すなわち，およそ半数の対象者が Wi-Fi で情報を得ることができる機器を持参していることになる．

機器の内訳をみると，最も多いのが「1. スマートフォン」で 35.5 % であった。これは 2 番目に多い「3. ノート PC」の 13.3 % を 22.2 ポイントと大きく引き離している。

多くの宿泊施設の客室では有線 LAN でインターネットに接続でき，使用料も無料の場合がほとんどだと思われる。この有線 LAN によるインターネット接続サービスは，本来ノート PC でインターネットを利用することを可能にするのが目的である。こうした 13 % 強の宿泊客の使用をサポートするのは当然のサービスであるが，35 % もの宿泊客へのサービスはより重要で欠かせないものといえよう。すなわち，ノート PC にも Wi-Fi 機能が搭載されていることもあり，現在では客室でのインターネット接続サービスは有線 LAN によってではなく，Wi-Fi で提供されるべきだろう。

以下，持参機器は，さらに 10 ポイントほど少ない「2. タブレット PC」の 3.4 % と，同じく 3.4 % の「4. ゲーム機」と続く。

なお，「6. ポケット Wi-Fi」[*2]と「5. Wi-Fi ルータ」は，どちらも単独で Wi-Fi を介してインターネットを利用できるものではない。Wi-Fi が提供されていない環境で，ノート PC やタブレット PC，ゲーム機などの Wi-Fi 機器に Wi-Fi を提供し，インターネットへの接続を可能にするものである。具体的には，「6. ポケット Wi-Fi」は携帯電話回線のデータ通信を Wi-Fi に変換してインター

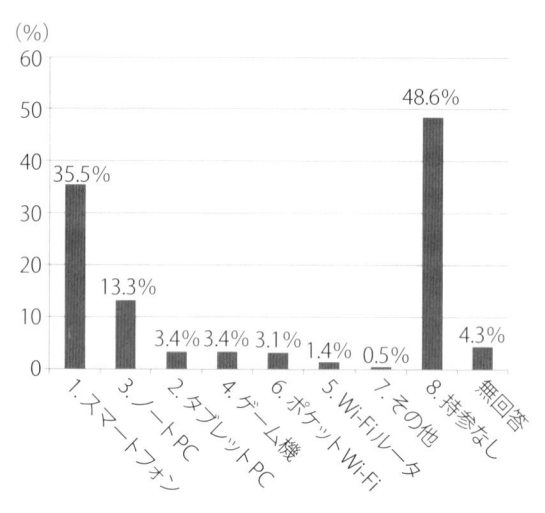

図8.9　持参Wi-Fi機器（複数回答, $n=414$）

[*2] Pocket WiFi およびポケット・ワイファイはイー・アクセス株式会社の登録商標であるが，一般に携帯電話回線のデータ通信を Wi-Fi に変換する他社の同種のモバイル機器も同様に呼ぶことが定着しているため，ここではポケット Wi-Fi と表記した。

[第8章] 観光行動と着地型情報提供　*163*

ネットへ接続可能にする機器であり，「5. Wi-Fi ルータ」はインターネットにつながっている有線 LAN を Wi-Fi に変換する機器である。

携帯電話回線のデータ通信対応ではないタブレット PC の場合，インターネットを利用する際に，ごく一部の例外を除けば有線 LAN に直接接続することはできない。したがって，「6. ポケット Wi-Fi」で携帯電話回線のデータ通信を Wi-Fi に変換するか，客室の有線 LAN を「5. Wi-Fi ルータ」で Wi-Fi に変換するかのいずれかの方法でインターネットに接続することになる。「4. ゲーム機」も同様の接続方法をとることになる。

さらに，持参 Wi-Fi 機器を旅行形態別にみると，図 8.10 のように全体で最も持参率の高かった「1. スマートフォン」は，個人・グループ旅行の対象者で 35.6 %，団体旅行では 36.4 % と事実上差がなく，どちらの旅行形態の対象者においても群を抜いて持参率が高い Wi-Fi 通信機器である。

旅行形態で持参率に大きな違いが見られるのは「3. ノート PC」である。個人・グループ旅行の対象者の持参率が 14.9 % なのに対して，団体旅行の対象者では 5.5 % に過ぎない。その差は 9.4 ポイントで，団体旅行の対象者に対して個人・グループ旅行では 2.7 倍もの持参率となる。

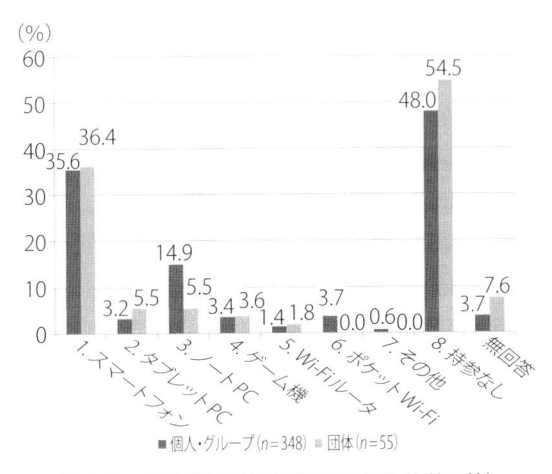

図8.10　持参Wi-Fi機器（旅行形態別, 複数回答）

スマートフォン: 個人・グループ 35.6, 団体 36.4
タブレットPC: 3.2, 5.5
ノートPC: 14.9, 5.5
ゲーム機: 3.4, 3.6
Wi-Fiルータ: 1.4, 1.8
ポケットWi-Fi: 3.7, 0.0
その他: 0.6, 0.0
持参なし: 48.0, 54.5
無回答: 3.7, 7.6

（■個人・グループ ($n=348$)　■団体 ($n=55$)）

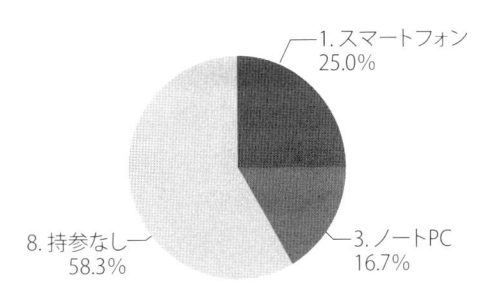

図8.11　健康障害情報需要者と持参Wi-Fi機器　($n=12$)

1. スマートフォン　25.0 %
3. ノートPC　16.7 %
8. 持参なし　58.3 %

前項と同様に，年齢や障害に対応した情報を求めていた対象者がどのようなWi-Fi対応の情報通信機器を持参しているかを示したのが図8.11である。このなかに複数の機器を持参していた対象者は存在しておらず，無回答もなかった。持参している機器はスマートフォンかノートPCのどちらかであった。持参率は41.7％と，対象者全体で見た場合の47.1％より数ポイント低いが，持参率が高いのは「1. スマートフォン」の25.0％で，そして「3. ノートPC」の16.7％という順位は変わらない。

8.7.6　公衆Wi-Fi利用の障害

公衆Wi-Fiで情報案内を利用する場合，どのようなことで使いたくない，使いにくいと思うかなど，何が利用の障害となるのかを表8.6に示した想定される9つの選択肢を設け，4つまでを選択する複数回答で訊ねている。ここでは，Wi-Fi通信機器を持参しているか否かに限らず，全対象者に訊ねている。また，これらの選択肢に含まれない障害に関しては自由回答で記入を求めた。

表8.6　公衆Wi-Fi利用の障害（選択肢群）

1. 利用のための専用アプリをインストールしなければならない場合
2. 接続のたびにパスワードなど入力をしなければならない場合
3. 適確な情報提供のために，買い物など行動内容が収集記録されるしくみ
4. アクセスポイントがどこにあるのかわからないこと
5. 加入しているサービスによって使える場所が違うこと
6. 利用前に，表示される内容を丹念に読まなければならない場合
7. 自分の端末にウィルスなどが感染するかもしれないと思うこと
8. 自分の端末に外部から侵入されたり，データを覗かれるかもしれないと思うこと
9. 誰が運営しているか不明なサービスの場合

このなかで最も多くの対象者に選択されたのは，図8.12に示すように「1. 専用アプリ・インストール」の33.8％であった。次いで「7. ウィルス感染の可能性」の32.9％，「2. つどパスワード入力」の30.7％，「8. 端末への侵入の可能性」の29.2％となっている。

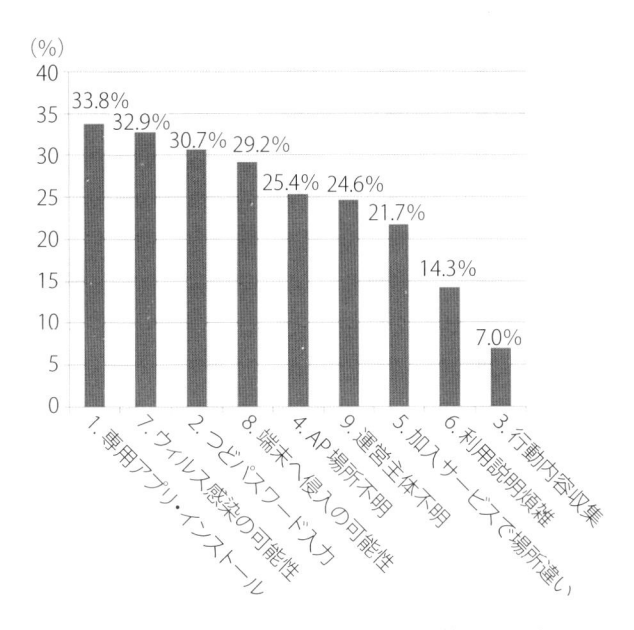

図8.12 公衆Wi-Fi利用の障害（複数回答, n=414）

　これらおよそ30％の対象者が障害となると指摘したなかで，運用方式に関するものは「1. 専用アプリ・インストール」と「2. つどパスワード入力」である。大手の会員制公衆Wi-Fiのなかには，スマートフォンやタブレットPCでアクセスする場合，専用のアプリケーションのインストールと利用が前提となっているものがある。こうした，接続のためだけにアプリケーションをインストールしなければならない方式は，利用者にとってかなりの心理的な負担となっていることがわかる。

　また，利用のつどパスワードの入力を求められる方式も敬遠されている。ほとんどのスマートフォンやタブレットPCには物理的キーボードは付いておらず，打ち間違いが許されないパスワード入力は利用者の心理に負担をかけるものであろう。

　「7. ウィルス感染の可能性」と「8. 端末への侵入の可能性」は，主に公衆Wi-Fiサービス提供の側の問題ではなく，端末利用者側のセキュリティ対策に

かかわる部分が大きなものである。

以下,「4. AP 場所不明」25.4 %,「9. 運営主体不明」24.6 %と続く。およそ 4 分の 1 の対象者がこうした障害を指摘していることになる。これらは,どこに AP（Wi-Fi のアクセスポイント）があるのか不明であれば,アクセスしようとするたびに Wi-Fi の電波の飛んでいる所を探さなければいけなかったり,電波を発見してもセキュリティ上,安心できる Wi-Fi なのかわからないという不安を表していると思われる。

次に,これを実際に Wi-Fi 通信機器を持参している対象者に限って分布を見たのが図 8.13 である。全対象者での分布と比較し,各選択肢全体に障害と思われる率が相対的に高くなっているだけでなく,障害と思われる要因の順位も異なっている。

「2. つどパスワード入力」は全体では 30.7 %が障害として上げており,最も多い指摘から 3 番目だった。しかし,実際に Wi-Fi 通信機器を持参している対象者のみで集計すると,42.1 %と 11 ポイント以上増加し,最も指摘の多い障

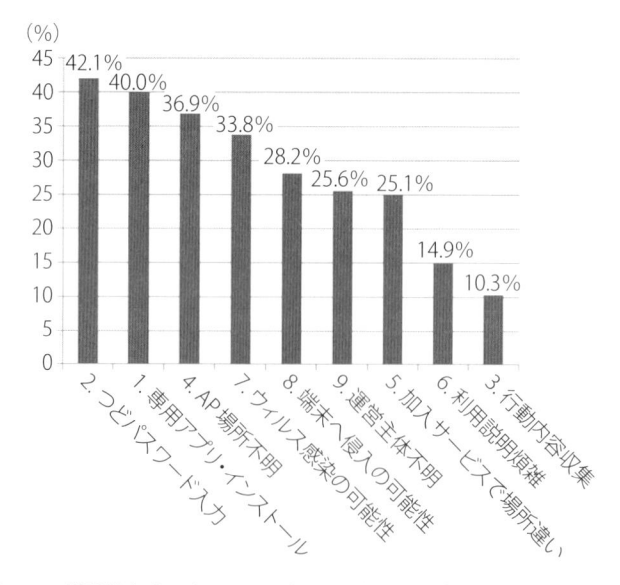

図8.13　機器持参者にとっての公衆 Wi-Fi 利用の障害（複数回答, $n=195$）

害になっている。実際に日常パスワードを入力する経験からの実感であろう。

それに次ぐのは，全体の対象者では最も指摘の多かった「1. 専用アプリ・インストール」の 40.0 ％である。これも 6 ポイント強，指摘が増加している。

持参者のみの集計から，実際の利用場面で大きく影響する障害として特徴的に指摘できるのが「4. AP 場所不明」である。公衆 Wi-Fi を利用する者にとって，どこに AP があるのか，つまりどこで使えるのかがわからないことが切実な問題であることがわかる。対象者全体での集計では 25.4 ％で，障害となる選択肢のなかで 5 番目であったが，現実の利用者では 36.9 ％が障害として選択しており，3 番目に多い指摘となっている。

セキュリティに関する不安は，「7. ウィルス感染の可能性」33.8 ％，および「8. 端末へ侵入の可能性」28.2 ％とも，実際の利用者に特徴的な分布ではなかった。

表 8.7 に示したように自由回答は 4 件あり，すべて Wi-Fi 機器持参の対象者からのものだった。

表8.7　公衆Wi-Fi利用の障害（自由回答）

- 料金
- 使い方がよくわからない
- 通信が混雑し過ぎて，速度が落ちたり，不安定になるのではないかと心配
- 加入せずに使える無料orプリペイドのサービスが少ない

8.7.7　公衆 Wi-Fi 観光情報の利用意向と機器

最後に質問紙では，観光案内が Wi-Fi で情報提供されたなら利用するかを訊ねている。つまり，旅行関連施設や公共施設，駅，道の駅などで，公衆 Wi-Fi が無料で使えインターネットで観光情報案内が行われるなら，どのような Wi-Fi 通信機器を持参し，それを利用するかを具体的にあげて回答を求めた。対象者に Wi-Fi による情報提供の利用の意向がなければ，結果としてどの機器も選択されないことになる。

機器としては，先にあげた Wi-Fi 変換器である Wi-Fi ルータとポケット

Wi-Fiを除き，直接Wi-Fiを介してインターネットを利用できるスマートフォンとタブレットPC，ノートPC，ゲーム機を取り上げた。これら4種類の機器それぞれに対し，「1. 持参すると思う」の積極的肯定から，「5. 持参しないと思う」の積極的否定までの5段階スケールで回答を求めた。その結果を図8.14に示す。機器それぞれへの回答に無回答が多くみられるが，これは持参する意思がないためにどのスケールも選択しなかったものと判断され，持参意向傾向をみるのに影響はないだろう。

その結果，他の機器を大きく引き離して積極的な利用の意向が示されたのは，「① スマートフォン」の58.9％であった。およそ6割が積極的な利用意向を示したことになる。これに，相対的な肯定のスケール「2」の5.8％，さらに「3」の7.0％の回答を加えると71.7％にもなり，7割を超える。

次いで「1」の選択が多い「③ ノートPC」が14.0％，「② タブレットPC」11.8％の順になる。この両者の分布は互いに似ており，積極的肯定のスケール「1」から「3」までの合計が，それぞれ「③ ノートPC」が29.2％，「② タブレットPC」が28.2％となっている。今回，実際の持参率は「③ ノートPC」が13.3％に対し，「② タブレットPC」が3.4％と差が大きいが，公衆Wi-Fi環境が改善され観光情報の提供が行われれば，タブレットPCの利用が増加することを示唆している。

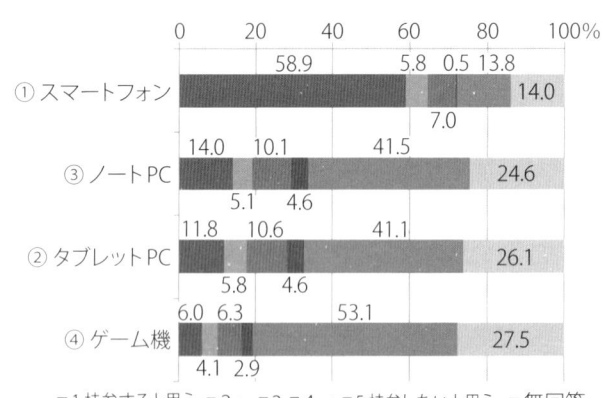

図8.14　公衆Wi-Fi使えるなら持参する機器 (n=414)

[第8章] 観光行動と着地型情報提供　*169*

　これを旅行形態別に分布を見たのが図 8.15, 図 8.16 である。「① スマートフォン」に関して積極的な肯定のスケール「1」を選択し, 持参の意向を示したのは, 個人・グループ旅行の対象者では 59.8 %, 団体旅行では 60.0 %であり, 事実上, 旅行形態による傾向の違いはない。どちらの形態の旅行者でも非常に高い率で積極的利用の意向を持っていることがわかる。

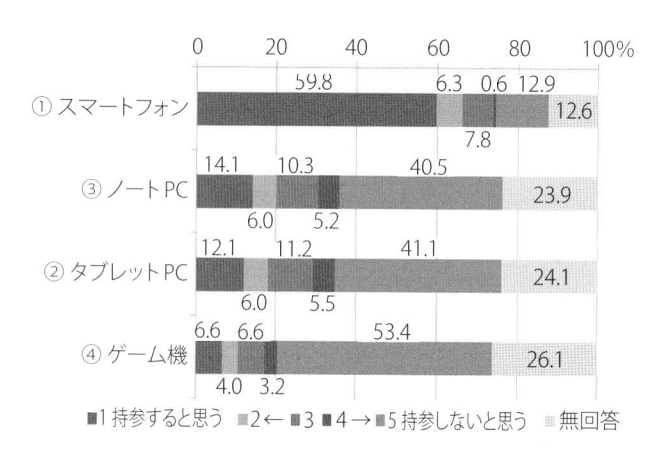

図8.15　公衆 Wi-Fi 使えるなら持参する機器（個人・グループ, $n=348$）

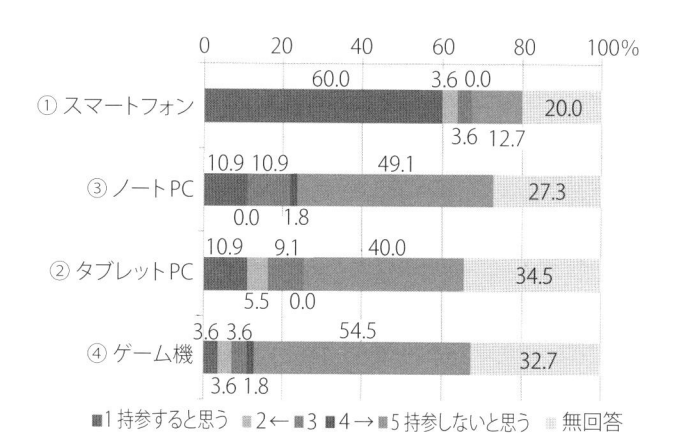

図8.16　公衆 Wi-Fi 使えるなら持参する機器（団体, $n=66$）

また,「③ ノート PC」に関しては,スケール「1」を選択した個人・グループ旅行の対象者は 14.1 %,団体旅行者では 10.9 % と,個人・グループ旅行者の方が持参意向を示している対象者が若干多い。「② タブレット PC」に関しても,個人・グループ旅行の対象者が 12.1 %。団体旅行者が 10.9 % と同様の傾向を示している。いずれも,「① スマートフォン」の利用意向を示す率には遠く及ばない結果となっている。

さらに,今回 Wi-Fi 通信機器を持参していない対象者のみを抜き出して,持参する意向があるかを図 8.17 に示している。すると,「1. スマートフォン」の「1」を選択した率が 45.3 % であった。今回の旅行では Wi-Fi 通信機器を持参していない対象者でも,サービスが提供されるなら,半数近くがスマートフォンで利用したいと積極的に肯定している。これに相対的な肯定とみなせるスケール「2」の選択を加えると,53.8 % にものぼる。

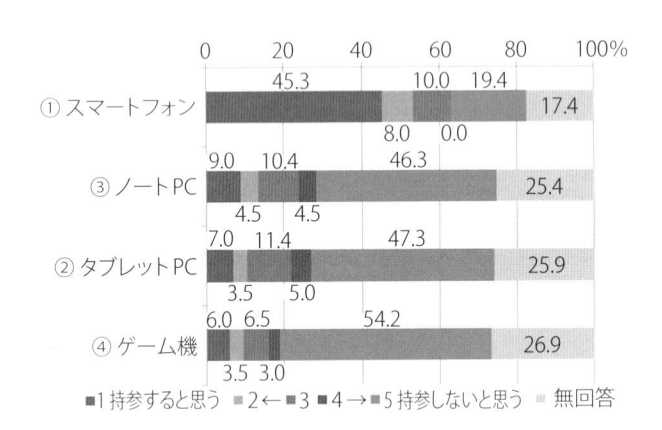

図8.17　非持参者が公衆 Wi-Fi 使えるなら持参する機器（n=201）

また,年齢や障害に対応した情報を求めている対象者の利用および持参意向の分布を図 8.18 に示す。このなかで,「① スマートフォン」のスケール「1」を選択しているのは,実際に今回スマートフォンを持参している対象者である。スケール「2」に対する回答の 25.0 % との合計がちょうど 50.0 % となる。今回は持参していないがサービスが提供されるなら持参の意向傾向を示した率である。

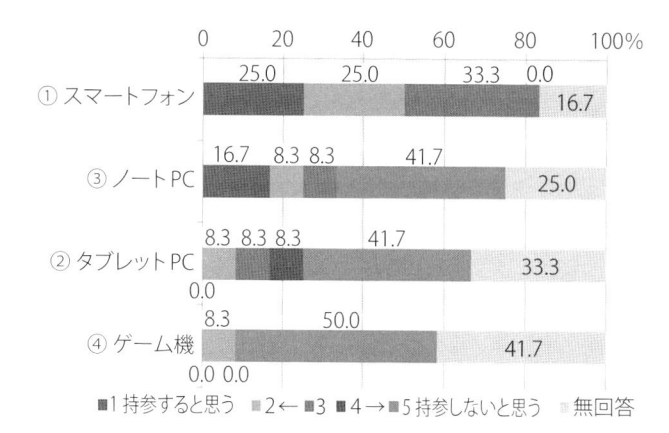

図8.18　健康障害情報需要者が公衆Wi-Fi使えるなら持参する機器（n=12）

8.8　考察

（1）旅行形態にかかわらず求められている観光行動支援情報

　今回の研究では，着地でどのような情報を観光客が求めているかを確認した。提示した選択肢の多くが観光的なトピックではなく，観光行動を支える地域情報とも言えるものであった。すなわち，公共交通機関の時刻表や運賃，利用方法，あるいは施設へのアクセス方法や営業時間などであったが，いずれも4割から3割もの観光客が実際に調べたり，知ろうとしていた。つまり，着地においては，これら行動を支援する情報が求められていることが明らかになった。観光情報提供というと，いわゆる観光的な華やかなトピックに視点が向きがちであるが，着地において提供する観光情報の内容を再考すべきことを示唆している。観光パンフレットなどでも，そうした行動支援の情報が欠かせないことになるが，およそ4割の観光客が求めている天候や道路状況といった情報は，臨機応変に更新しなければ意味がないものである。しかし，そうした対応には，印刷されたパンフレットなど更新が容易でないメディアで扱うことは困難である。

　また，観光情報は，ガイドに案内されることなく，自ら情報を探索しながら

行動しなければならない個人・グループ旅行の形態をとる観光客こそ必要としていると考えがちである。この傾向は、公共交通機関の時刻表や料金についての情報を求める団体旅行の観光客は 25.5 %なのに対して、個人・グループ旅行の観光客の 40.8 %が求めていることで確認できる。

しかし、この問題に関する今回の調査結果全体からは、個人・グループ旅行者に増して、団体旅行の観光客も着地での情報を求めていることが明らかになった。とくに、着地に来てから新たに訪れる場所を知りたいとする団体の観光客が 36.4 %おり、個人・グループ客の 26.7 %より 10 ポイント近く多い。この要因については本調査で詳細に把握することはできないが、団体旅行であらかじめ組まれた目的地や施設以外に、空いた時間にあらためて訪問先を探すということを意味していると考えられる。団体旅行は予定に沿って行動する場面が多いと思われるが、その予定外の行動に必要な情報が、着地で求められていることがみてとれる。

以上より、着地での観光情報は個人・グループ旅行の観光客だけが特徴的に求めているのではなく、それぞれの旅行形態の観光客の観光行動を支援するための情報が確実に求められており、それに対応した情報提供が必要であることが明らかである。また、調査の対象者に占める割合は小さかったが、観光客の年齢や障害に対応した情報が求められていることも忘れてはいけない要件と言える。

(2) Wi-Fi 通信端末としてのスマートフォン

さて、今回は普及が進むスマートフォンを汎用の観光情報端末と位置づけ、一方、公衆 Wi-Fi をインターネットに接続し情報提供するためのインフラとし、端末持参の現状と今後の活用、および動向を把握することを目的としている。

観光客が持参している Wi-Fi 通信情報機器で最も多かったのは、スマートフォンで 35.5 %もの対象者が持参していた。モバイル・コンテンツ・フォーラム [3] の調査結果によれば、本研究の約 1 年前の 2010 年における我が国におけるスマートフォン所有率は 9.0 %だった。調査方法が異なるので直接の比較はできないが、急速な普及が進んでいる様子が窺われる。一方、スマートフォ

ンと並んで話題性のあるタブレット PC を持参している観光客は 3.4 %のみであり，ノート PC 持参の 13.3 %にも遠く及ばない結果となっている。

スマートフォンの持参率は，個人・グループ旅行と団体旅行といった観光客の旅行形態の違いによる相違は見られない。つまり，2012 年 1 月を中心とした調査時点で，旅行形態にかかわらず観光客の 3 割 5 分以上が持参して旅行しており，すでに Wi-Fi が使える汎用の観光情報端末としては比較するもののない普及を果たしていることになる。

(3) 障害となる煩雑な利用手順

公衆 Wi-Fi の利用を想定した場合，専用のアプリケーションをインストールしたり，利用のたびにパスワードを入力するなどの煩雑な手続きは障害となり，望まれないものの上位にあげられた。それらに対しては，実際に旅行者が Wi-Fi 通信機器の持参の有無にかかわらず，使いにくい，使いたくないという意見が 3 割を超える。

さらに，今回実際に Wi-Fi 通信機器を持参している旅行者の回答を取り出してみると，その傾向はより鮮明になる。つまり，毎回のパスワード入力と専用アプリケーションのインストールの両者とも，4 割以上が利用の障害と答えているのである。さらには，アクセスポイントの場所の不明を障害とするのは，全体での回答では 25.4 %が選択し，選択肢の上位から 5 番目だったが，持参者では 36.9 %が障害であると答えており，上位から 3 番目となった。実際に利用している旅行客にとっては，アクセスポイントの場所がわからないことが現実的な障害になっている様子がわかる。

一方，セキュリティに関する不安は，全体ではウィルス感染の可能性が上位から 2 位，端末への侵入が 4 位であったが，実際の持参者ではそれぞれ 4 位，5 位となり，障害としては相対的に順位が下がっている。ただし，選択された率は持参の有無でほとんど変わらず，不安があることには変わりはない。

本調査の質問に対する自由回答に，「加入せずに使える無料 or プリペイドのサービスが少ない」という指摘があった。まさに，これが旅行客の利用する公衆 Wi-Fi サービスにおける大きな問題であろう。実際に，サービスそのものが不足しているとの指摘である。

これらから、公衆 Wi-Fi で観光情報を提供し旅行者の活用を期待するなら、アクセスの手続きには専用のアプリケーションのインストールや、利用のたびにパスワードの入力を求めるなどの煩雑な手続きを必要としないことが肝心であると言える。そして、利用可能なアクセスポイントの所在を明確にすることが求められる。

なお、利用者の立場からセキュリティの問題に対する不安も軽視することはできず、可能な限りの対応を公衆 Wi-Fi サービス提供側が行うべきことは言うまでもない。そして、セキュリティ確保の多くのポイントは、端末利用者側の備えにあることも明示するべきだろう。

(4) スマートフォン利用への大きな期待

公衆 Wi-Fi が無料で使え、観光情報の提供が行われることを想定した場合、どのような Wi-Fi 通信機器を持参する意向があるかを訊ねると、圧倒的にスマートフォンが支持を集めた。他方、選択肢にあげたタブレット PC やノート PC、ゲーム機に関しては、スマートフォンに対するような明確な利用意向の増加は見られなかった。

そのスマートフォンの持参に対する積極的な肯定の回答は、旅行者全体の約6割が示した。さらに、今回、実際は持参していない旅行者においても45％以上が同様の回答をしており、相対的な肯定の回答も含めると5割を超える。

調査の時点ですでに3割5分強がスマートフォンを持参しており、その利用のメリットを提示すると6割が利用意向を示し、現時点では持参していない旅行客の半数もが使いたいという意向を示していることになる。この大きな数値の背景には、爆発的ともいえるスマートフォンブームがあることは想像に難くないが、それも後押しになり、スマートフォンが Wi-Fi を利用した観光情報端末としての潜在的な有効性を強く示していると言ってよいだろう。

8.9 まとめ

日本観光協会が毎年行っている国民の観光に関する動向調査によると、国民が宿泊旅行に出かける前に最も参考にしているのはインターネットである。そ

の反対に，最も参考にしないものの1つが携帯電話である。

　宿泊旅行の参考にするものとしてインターネットをあげる対象者は，平成12年には11.2％であり，約10年後の平成21年に4割を超える43.3％になっている。同じく携帯電話を参考にする旅行者も増加してはいるが，0.8％から4.6％になっているにすぎない。携帯電話は，インターネットの10分の1程度にしか参考にされていない。

　ただし，日本観光協会の調査は，宿泊旅行に出かける前の情報入手に関して訊ねている。本研究が扱っているのは，出かけた後，旅行目的地である着地での情報入手に関してである。毎年大規模に実施されている日本観光協会の調査であるが，着地での旅行者の情報入手に関しては触れられていない。観光行動を，本来，移動しながら新たな情報を享受する行動とみなす立場からは，これは重大な盲点となっていると言わざるをえない。

　本研究で明らかになったことの1つは，旅行形態にかかわらず，着地においてさまざまな観光行動支援のための地域情報を旅行者は求めているということである。そのための情報通信端末として，現在急速に普及が進んでいるスマートフォンが強く支持された。スマートフォンは，インターネットと携帯電話の両方の利点を持つものである。つまり，情報の扱い方では携帯サイト利用とは異なり，パソコンによるインターネットに近い利用が可能であり，機器としての大きさや重さ，つまりモバイル性は携帯電話と変わるところのないものである。

　調査結果から，多くの旅行者は旅行に出る前にインターネットを参考にしているのと同様に着地でもWi-Fiを介してインターネットの利用を望んでいると判断できる。持ち運びに便利な携帯電話サイズのスマートフォンで可能になれば，その活用に多くの意向が示されたのはその裏づけといえる。

　情報を活用する側からの利点だけでなく，着地側からは，ポータルサイトの提示を通して，発信したい情報を自ら発信することがWi-Fiの活用で実現する。このことは，印刷され固定的な情報しか発信できない従来の観光パンフレットに比べ，その時その時の状況に応じて臨機応変な情報発信が可能になることを意味する。また，旅行客の求める情報は千差万別であり，パンフレットでその要求に応えることは容易ではないが，インターネットが活用できるなら

それが可能になる。こうした利用の可能性は，北海道開発局[5]の実証実験でも言及されている。

　ここで取り上げてきた観光情報には，いわゆる観光的なトピックよりも，観光行動を支援する地域情報に重点が置かれてきた。それらが実際に求められており，情報提供（旅行者側からは情報入手）の手段としては，観光客が持参するスマートフォンを情報端末と位置づけ，公衆Wi-Fiをインフラとして活用することが有望であることが示された。またそれらに対する障害の一部も明らかになった。そして，さらに一点重要なことを指摘するなら，日常を離れて移動する人々には観光行動支援の情報だけでなく，情報弱者的側面に対する援護のための情報も提供しなければならないということである。つまりそれは，1つは高齢者や障害者など，一人ひとりで異なる健康状態に対応する情報であり，また1つはすべての旅行者の保護のための安全・防災情報である。どちらも，観光の話題のなかでは軽視されがちであるが，これからの観光行動支援には忘れてはならない情報である。

　その障害や健康に対応した情報提供や，安全・防災情報に着目した場合，それを伝達する情報通信手段として公衆Wi-Fiが極めて有効である。

　身体に障害を持つ旅行者や高齢者には，その旅行者それぞれに対応した情報が必要である。そうした多様な情報をパンフレットなどの印刷物で案内するには多種多様な印刷物の準備が必要になる。そして，それが必要とする旅行者の手元に渡るようにすることは極めて困難である。しかし，Wi-Fiを利用するなら，利用者がアクセスすることで開くポータルページのなかに情報を網羅し，利用者自身がそれぞれ必要な情報を選択すれば容易に入手できる仕組みを作ることができるのである。

　また，災害時に有線電話，携帯電話などによる通信が不可能になった場合でも，インターネットによる通信は確保される可能性が高い。情報通信白書[4]でも取り上げているように，東日本大震災でも，電話などによる通信が途絶した地域では，インターネットによる情報交換が頻繁に行われたことは記憶に新しい。さらに，有線によるインターネット利用が不可能になっても，近隣に複数のWi-Fiアクセスポイントがあり，そのなかの1基でも残っていれば，通信が可能である。また，Wi-Fiのアクセスポイントは小規模なため，早急な復旧

も可能である。

　このように，従来のように観光客が旅行に出る前の観光情報の入手の問題に対する視点からだけでなく，着地における情報の重要性とその提供手段の有望性の認識，そして安全や防災の視点も含めた立場からも，スマートフォンと公衆 Wi-Fi の連携による観光情報提供が広く実施されていくべきだと結論づけたい。

　なお，こうした認識の普及と情報を提供する側の取り組みのありよう，そして今回対象とした北海道のみならず我が国独特の規制など，その実現の妨げになる諸問題についても明らかにし，それを取り除いていくことも，今後の観光振興の重要な課題である。

【参考文献】

[1] 社団法人日本観光協会：″平成 22 年度版　観光の実態と志向　第 29 回　国民の観光に関する動向調査″社団法人日本観光協会（2011 年）
[2] 細野昌和：″北海道における無線 LAN 活用による外国人観光客対応情報提供の有効性〜中国語圏からの観光客を対象とした基礎調査〜″観光情報学会誌「観光と情報」，第 6 巻，第 1 号，p.49–62（2010 年）
[3] 一般社団法人モバイル・コンテンツ・フォーラム：″ケータイ白書 2011″株式会社インプレスジャパン（2010 年）
[4] 総務省：″平成 23 年度版情報通信白書″株式会社ぎょうせい（2011 年）
[5] 北海道開発局開発監理部開発調整課：″平成 23 年度多機能型携帯電話を活用した地域情報・緊急情報等の伝達システムの検討調査業務　報告書″株式会社長大（2012 年）

第9章

外国人旅行者への
着地型観光情報提供の課題

細野 昌和（北海商科大学）

9.1 はじめに

　観光を我が国の基幹産業となすことを目標とし，観光立国戦略会議が外国人観光客を2020年に2000万人に増やすとの数値目標を決めたのは，10月の観光庁の発足を控えた2008年の6月20日の会合においてである。その外国人観光客の多くは東アジアからの旅行者であり，今後ますます重要なお客様として位置づけられる対象である。そして，中国本土の海外旅行自由化の時代を迎え，さまざまな受け入れ態勢の整備が必要となっている。

　国際観光対策に限らず，観光振興においては観光客の誘致やプロモーションといった華やかな面に目が奪われがちである。しかし，すでに大勢訪れているインバウンドの外国人観光客が着地において，どのような状態に置かれているのかには目が向けられることは少ない。観光，旅行とは，日頃の日常情報とは隔絶する場面である。非日常的な環境のなかで，新たな情報を探索し行動しなければならず，それが楽しみなのである。そうした期待に，観光を重要な産業と見なしている我が国の各地域は応えているのであろうか。

　単なる精神論的なホスピタリティや個別の観光業事業者の対応ではなく，連携して具体的な対策をとることこそ観光を生業とする地域の責務であろう。こ

こでは，インバウンドの外国人観光客が着地において情報の入手における困難さ，困惑している姿を明らかにし，すでに確立している既存のモバイル技術を活用することにより，そうした問題を解決する方策を探る．翻って，このような方策は国内旅行者の利便にも貢献するものとなると考えられる．

9.2 観光情報提供の重要性

　目的地に着いたら，その都市や地域の観光案内所を訪れれば宿泊施設や地域の情報を簡単に得ることができる海外の観光地と異なり，我が国では旅行客への情報提供の重要性の認識が欠けている傾向があると思われる．なぜなら，古くは団体旅行が主流であった日本人の観光においては旅行会社がすべてお膳立てしてくれたので，旅行者は自ら着地で情報を集める必要はなかった．また，圧倒的に個人旅行が主流の現在でも，旅行中に必要な予約や情報収集は出発前にすべて済ませ計画的旅行をするのが日本人の観光旅行の特徴と思われ，着地で情報を集めたり確認することは最小限で済むからだ．

　一方，訪日外国人旅行者を対象にした国際観光振興を進めている独立行政法人国際観光振興機構（JNTO，日本政府観光局）は，JNTO外国人向け総合観光案内所ツーリスト・インフォメーション・センター（TIC）を展開し積極的な情報提供の活動を行っている．そのTICの外国人利用者を対象に行った『TIC利用外国人旅客の訪日旅行実態調査』[1][2][3]や『訪日外国人旅行者満足度調査報告書』[4]では，日本における外国語案内，標識，言語障壁の問題，街でのインターネット利用環境の不足，ガイドの不足，ホテルの外国語放送の導入希望など，外国人旅行者へのさまざまな情報提供の不足や問題が指摘されている．具体的には，情報不足のために電車の切符を買えない，行きたい所へ行くことができないなどの困難が多数報告されている．そこで，本章では我が国有数の観光地であり，東アジアの旅行客からの支持が高い北海道において，情報不足による同様の問題が起きていないのかを検証する．すなわち，外国人旅行者はどのような情報入手手段を使っており，それらをどう評価しているか，また，情報不足のために具体的に困っていることがあるのか，そしてそれはどのような事柄なのかをまず明らかにする．

9.3 観光情報提供の手段・媒体

　続いて，情報提供の手段・媒体について検討する。観光案内所を随所に設け，外国語で応対できる説明員を多数常駐させることが可能であれば，外国人旅行者に情報を提供するには理想に近いかもしれない。しかし，調査のフィールドであった札幌がある北海道は広大であり，それを網羅するほどの案内所を，外国人対応の条件を整えて設置することは不可能であろう。そのため，モバイル技術の活用を検討する。

　インバウンドの外国人を対象に北海道内で行われた大規模な調査研究の代表的なものとして，外国人ドライブ観光推進協議会の『北海道における地域協働型外国人ドライブ観光推進調査』[5] がある。そこでは，香港とシンガポールからのドライブ旅行観光客を対象にして，主にカーナビゲーション・システムと携帯電話を使った情報提供により，外国人旅行者が自由に北海道内を旅行できる仕組みの検討を行っている。その調査においても，外国人観光客への情報提供が十分でないことが指摘されており，リアルタイムの地域情報については日本語でも対応できていないことが指摘されている。また，レンタカーに設置するカーナビゲーション・システムの多言語化開発を提案している。

　さらに，GPS機能が搭載された携帯電話の活用も提唱されている。そのなかで，2007年4月よりGPS機能付加が義務づけられるので，外国人が個人でドライブ観光する際に非常に有効なツールになると指摘している（後段で触れるように，この義務化というのは誤りである）。しかし，外国人旅行者が日本の携帯電話を利用することは，法的規制により事実上不可能であり，特殊な日本の携帯電話事情が諸外国なみに自由化されなければ一般的な議論とはならず，規制は強まる傾向こそあれ自由化の方向にはない。

　まず，携帯電話会社が提供する通話可能なプリペイド携帯電話やプリペイドSIMを入手する際には在留カードの提示を求められるため，それを持たない一時滞在の外国人旅行者はプリペイドのサービスを利用することができない。また，携帯電話会社の通話可能なプリペイドのサービスではパケット通信サービスが提供されておらず，日本人の利用者にさえパケット通信サービスは提供されていない。データ通信に特化したプリペイドSIMは存在しているが，携帯

電話会社では扱っておらず，私たちが携帯電話を契約するように街角のショップで簡単に入手するという訳にはいかない。インバウンドの海外旅行者が，日本に降り立って即座に入手することは極めて困難である。

次に，レンタル携帯電話での利用が広がる可能性も，ほとんどないといってよい。日本への往復航空券など他の商品とのセットではない場合，提供会社によりさまざまであるがレンタル携帯電話の1日の賃借料はおよそ500～1000円とあまりに高価なのである。これに通話料が毎分100円前後かかる。パケット通信サービスを行っている提供会社も一部にはあるが，国内で日本人がパケット定額の契約プランで利用するのとは異なり，料金は青天井である。いわゆる「パケ死」，すなわち，「死にたくなるくらいのパケット代」がかさんでしまったことに旅行後に気づくような状況が起きることは必至である。したがって，レンタル携帯電話で，インバウンドの海外観光客がパケット通信を利用した観光情報を得るということの展望は立たない。

なお，2007年4月より携帯電話へのGPS機能の搭載が義務化されるというのは，当時広がった誤解である。総務省は2007年4月より緊急通報位置通知を義務化し，各携帯電話通信会社が対応したが，GPSに対応する機種はGPSで通知を行い，対応しない機種は基地局情報から行うというものであった。一方，現在のスマートフォンには，原則GPSは搭載されている。

また，この調査以外にも日本の携帯電話を利用したり，専用のPDAなどを用いた情報提供実験が数多く行われてきたが，一時滞在の外国人の携帯電話利用の規制などのため実際には利用できない機器や，観光用途に特化したPDAなどの端末を利用して外国人に対して観光案内を行うというのは非現実的である。このように，現状では外国人旅行者が日本の多機能携帯電話を活用して情報提供を受ける仕組みを構築することの実現性は，ほとんどないと言わざるをえない。

9.4 公衆Wi-Fi活用の可能性の検証

モバイル技術を活用した情報提供におけるハードウェア的インフラには，発信側のインフラと，受信側の端末普及の両方が必要であるが，日本の既存の携帯電話を利用した方法では発信側のインフラは完備されているが，先に述べて

きたように受信側の端末を外国人旅行者が活用できる可能性はほとんどないのである。

本章では，問題の多いそれらの手段ではなく，公衆 Wi-Fi（無線 LAN）活用の可能性を探る。Wi-Fi は，一般家庭にまで広く浸透しているように，すでに完成された技術である。我が国においても 2004～2005 年頃にかけて公衆 Wi-Fi の普及が叫ばれたが，現在も普及が進んでいるとは言い難い状況である。また，サービス提供者も基本的に観光客の利用は考慮していないと思われる。海外の主要空港では無料で接続サービスが提供されていることは珍しくないが，国内のほとんどの空港においても，また JR などの主要な駅においても，そのようなサービスが広く提供されているところは稀である。発信側のインフラとして技術は完成されているが，観光客向けとしてはサービスが活用されていないのが現状である。

ちなみに，各携帯電話会社などが契約者向けに設置している公衆 Wi-Fi は飛躍的に増加している。これは，携帯電話電波の帯域不足を回避することが目的であり，原則として自社の契約者に対してのみのサービスである。インバウンドの外国人観光客が自由に使えるものではない。そのため，携帯電話会社の公衆 Wi-Fi が増加しても，彼らにとって公衆 Wi-Fi の改善にはなっておらず，利便性の確保にはつながらないものである。

それに比べ，我が国に多く訪れる海外旅行者の発地である国々では公衆 Wi-Fi が生活に定着している。たとえば，台湾の首都・台北市では，安価に利用できる公営の Wi-Fi サービスが全市を面的にカバーしているうえに，「免費上網」と表示された施設では無料のアクセスポイントが提供されている。すなわち，そこでは発信側のインフラ整備が行われ，受信側の端末も普及していることによって，市民が生活のなかで公衆 Wi-Fi を活用できるのである。これは，日常的に公衆 Wi-Fi を利用している人々が大勢我が国を訪れていることを意味する。こうした人々が我が国を訪れる際に，Wi-Fi 対応の機器を持参しているのであれば，あるいは持参する意向があれば，着地である我が国の地域側は，安価な既存の技術で外国人旅行者に対してモバイルを活用した情報提供の仕組みを即座に構築することが可能である。すなわち，サービス提供側の着地地域と，受信側の外国人旅行者との共通のモバイル・プラットフォームを活用

した情報提供のシステムが容易に実現できるはずである。

　また，外国人ドライブ観光推進協議会など，日本の携帯電話や独自のPDAを利用した観光案内の先行調査で扱われているような，情報提供の組織作りやコンテンツなどのソフトウェア的なアイディアも，通信インフラがあってこそ活用されるものである。昨今話題のAR[*1]の活用も，通信インフラがなければ実現しない。さらには，そのようなソフトウェア的なインフラの整備を待たなくとも，Wi-Fiでインターネットに接続できれば，それだけで旅行者は自ら旅行に必要な情報を検索して利用できるようになるのである。前出のJNTOのTIC調査で明らかにされているように，外国人旅行者が日本ではインターネットが使えないと不便さを訴えているのは，そうした自らの情報探査ができないことへのもどかしさと捉えることができる。

　したがって，本章では，外国人旅行者がWi-Fi対応の機器を持参しているか，あるいは持参の意向の確認により，既存のモバイル技術での情報提供の可能性を調査によって探った事例を紹介し，その有効性に言及する。

9.5　公衆Wi-Fiを活用した外国人観光客への情報提供のあり方

(1) 調査対象者

　北海道経済部観光のくにづくり推進局[6]によれば，平成19年度に北海道を訪れた外国人観光客71万950人のうちで，最も多かったのは台湾からの27万7400人であった。これらから，調査対象者は，北海道を訪れる外国人観光客のなかで最も多い中国語圏から訪れ，札幌市内のホテルに宿泊している旅行者とした。すなわち，地域・国としては台湾および香港，シンガポールからの宿泊旅行客を意味する。中華人民共和国本国やその他の国からの旅行者は本来の対象者とはしていないが，回答に協力してくれる場合はそれらは排除しないものとした。本調査では居住地域・国の違いを変数とはしていないためである

[*1] AR：拡張現実（Argumented Reality）。スマートフォンなどの画面に映し出された現実の画像に，バーチャル情報を重ねて表示する手法。

(調査当時，中国本土からの旅行は自由化されていなかった)。

(2) 調査手続き

調査は，札幌市中央区内7軒のホテルの協力を得て実施された。調査協力の承諾をいただいた各ホテルの規模などを参考に質問紙の配布部数を配分し，宿泊する外国人観光客への配布を依頼した。具体的な配布依頼数は，表9.1の通りである。

表9.1 ホテル別配布数

ホテル名	ホテルKS	SRホテル	KPホテル	SWホテル	SPホテル	SEホテル	合計
配布依頼数	75	75	150	250	75	150	775

原則として質問紙の配布は，外国人宿泊客がフロントでチェックインを行う際に調査協力をお願いし手渡しで行った。回答はチェックアウトまでの間に記入してもらい，回収はフロントへ提出してもらう留め置き調査法とした。

ただし，この種の観光調査ではホテル業務への支障を最小限にすることや，ホテル利用者の利用形態の違いなどに配慮しなければならず，調査全体を統一的に制御することは不可能である。したがって，調査手続きの詳細は協力していただくホテル現場での判断にゆだねた。なお，対象者への調査依頼の際に，本調査オリジナルの北海道絵葉書を謝礼として手渡した。

(3) 質問紙

質問紙の作成は最初に日本語で行い，繁体字中国語への翻訳を台湾ネイティブに依頼し，専門用語や言い回しについて調査者の意図とのすり合わせを行い完成させた。

同じ繁体字中国語でも，地域・国により用語に違いがあるものについては，台湾の用語を優先し採用した。とくに，本調査のトピックの1つとなっている携帯電話の呼び方は地域・国で異なる。台湾では mobile phone の訳である「行動電話」が一般的であるが，香港では portable phone の訳である「手提電話」が一般的であり，大陸中国本国の「手機（机）」も使われると思われる。本調査では，北海道を訪れる外国人観光客のなかで最も多数を占める台湾からの旅行客が使う「行動電話」をもって携帯電話を示す用語として採用した。他の

地域・国からの対象者も，質問紙の文脈から「行動電話」が携帯電話を意味するものと容易に理解できるものと判断した．

(4) 調査期間

調査期間は，平成20（2008）年8月7日から同年10月8日までであった．なお，この調査期間は，一般的な社会調査における質問紙配布から回収終了までを意味するのではなく，各ホテルへ質問紙を渡し，全ホテルから回答済み質問紙が最終的に調査者へ返却された時点までを示すものである．

9.6 結果

今回の調査では，質問紙の有効回収数は139票であった．着地現場での観光客を対象にした観光調査では，多くの場合，対象者を計画的に無作為抽出するということは不可能である．したがって，できるだけ多く質問紙を配布し，回答票を回収するという方法になる．本調査でも，配布依頼した質問紙数が配布された実数を意味するものではない．各ホテルへは質問紙を可能な限り配布し，回収するように依頼した．したがって，他の着地現地での観光調査と同様に，回収率という概念は存在しない．

9.6.1 対象者の概要

(1) 居住地域・国

対象者の居住地域・国で最も多いのは図9.1に示すように台湾で63.3％，次いで香港の27.3％であった．両者で9割以上を占める．質問紙の選択項目にも上げたシンガポールに居住する対象者は，本調査では1.4％であった．4.3％であるその他の対象者は，中華人民共和国本国，マカオ，アメリカからであった．

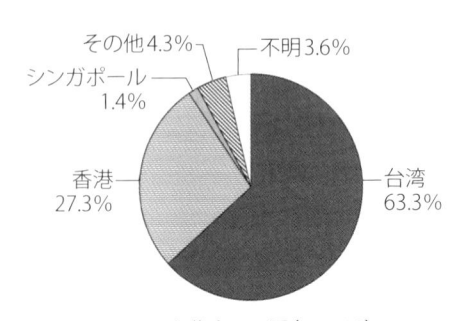

図9.1　お住まいの国（$n=139$）

（2）性別と年齢層

性別では，図9.2のように男性が42.4％に対して，女性が54.0％と女性が過半数を占めた。年齢層では，図9.3のように30代が最も多く35.3％，次いで20代の20.9％，そして40代の17.3％と続く。30代と20代を加えると過半数となり，比較的若い年齢層が多い構成となっている。

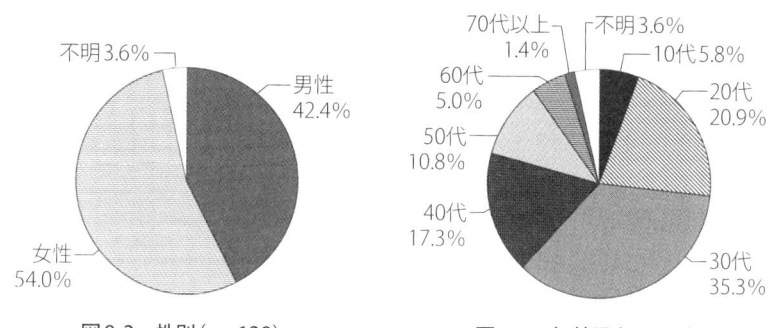

図9.2　性別（n=139）

図9.3　年齢層（n=139）

（3）北海道旅行・日本旅行の経験

図9.4に示すように，北海道旅行は今回が初めての対象者は65.5％であるが，リピーターも32.4％いる。また，日本旅行が初めてだという対象者は図9.5のように25.2％である。この約4分の1の対象者は，初めての日本旅行の目的地として北海道を選んでおり，今回対象とした中国語圏からの旅行者にとって，日本全体の目的地のなかでも北海道の人気の高さを示している。

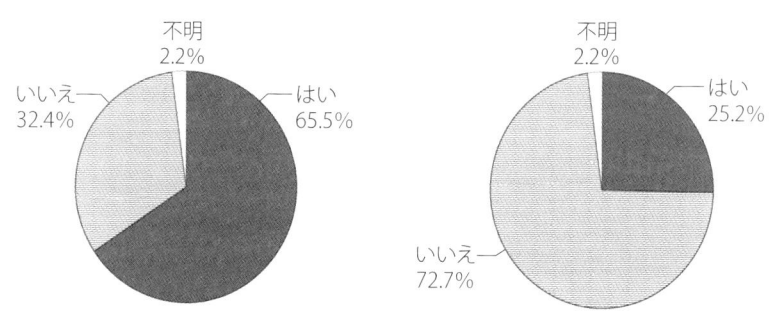

図9.4　北海道旅行初めて（n=139）

図9.5　日本旅行初めて（n=139）

9.6.2 旅行形態

(1) 個人旅行と団体旅行

旅行形態の分類方法は扱い方によりさまざまであり、また旅行業が扱う厳密な分類は、観光客の行動と情報提供のあり方を探る本調査

表9.2　旅行形態（選択肢群）

1. 職場や学校の団体旅行に参加
2. 旅行会社が企画した団体旅行に参加
3. 旅行会社が企画した家族や友人のグループ旅行
4. ご自分たちで企画した家族や友人のグループ旅行
5. ご自分で企画したひとり旅行

においてはあまり意味がない。ここでは、観光客自身が情報を収集して旅行を企画し北海道で自発的に行動を起こす場合、着地北海道においては情報提供にどのような課題があり、対応が必要かを検討するものである。また、回答者が理解しやすい分類である必要もある。したがって、本調査では、表9.2のような分類で選択肢を設けた（実際の質問は繁体字中国語で行ったが、以下、本章では日本語の表記で示す。また、実際に用いた選択肢が長い場合、結果を示すグラフ上では省略して示してある）。

すなわち、職場や旅行会社が企画した旅行か、あるいは観光客自らが主体になって企画した旅行かを重視している。そうした視点より、本調査においては観光客自らが企画した旅行である4と5を個人旅行とし、それに対比し職場や旅行会社が企画した1～3の旅行を便宜的に団体旅行として扱う。

その結果、図9.6に示すように最も多い旅行形態は「4. ご自分たちで企画した家族や友人のグループ旅行（以下、個人グループ）」であり、およそ半数の48.9％であった。次いで多いのは「2. 旅行会社が企画した団体旅行に参加」の30.2％、そして「3. 旅行会社が企画した家族や友人のグループ旅行」の10.8％、「5. ご自分で企画したひとり旅行」の4.3％となる。

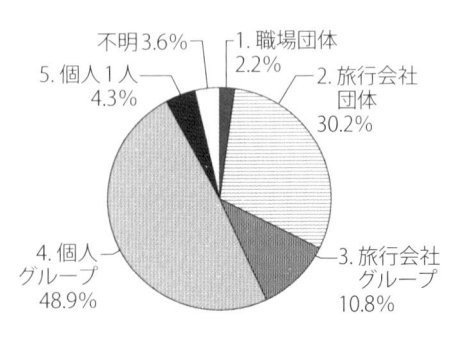

図9.6　旅行形態（n=139）

- 不明 3.6%
- 1. 職場団体 2.2%
- 2. 旅行会社団体 30.2%
- 3. 旅行会社グループ 10.8%
- 4. 個人グループ 48.9%
- 5. 個人1人 4.3%

[第9章] 外国人旅行者への着地型観光情報提供の課題　*189*

　先に述べたように，選択肢1～3を団体旅行とし，選択肢4～5を個人旅行として比較し全体の傾向を見ると，団体旅行が4割強なのに対し，個人旅行が53.2％と過半数を占めているのがわかる。

　本調査の協力依頼の際にうかがった各ホテルの支配人などとの打ち合わせのなかで，香港からの旅行者はほとんどがFIT（foreign independent traveler）であると指摘されていた通り，本調査における香港からの対象者38名のうち，団体旅行の1名と不明の1名を除く，36名が個人旅行であった。

　一方，同じく協力ホテル支配人などの指摘では，台湾からの旅行者の大半が団体旅行であるとのことであったが，本調査では個人グループ旅行を行っている対象者のうち47.1％が台湾からの観光客であった（図9.7）。先に述べたように，着地における観光調査では対象者の無作為抽出が不可能であるから，この結果が外国人来道観光客の全体像を反映しているとは断言できないが，多くの台湾からの観光客がすでにFIT化していることは明らかであろう。

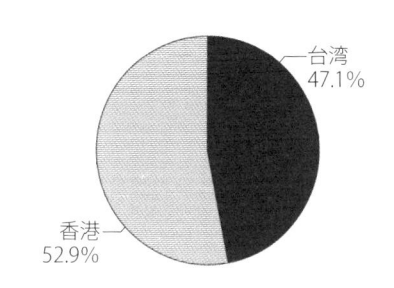

図9.7　旅行形態
（個人グループ内訳, *n* = 139）

　なお，団体旅行と分類される選択肢1～3と回答した対象者の実数は56名であり，このうち55名は台湾からの対象者であった。本調査でも，団体旅行のほとんどは台湾からの対象であったということができる。

　なお，滞在日数は全体平均で5.2泊6.2日であり，個人旅行者の平均は6.4泊7.3日で，団体旅行者の平均は4.0泊5.0日であった。

(2) ドライブ旅行意向

　北海道では調査時点で最も多い外国人旅行者である台湾からの来道者は，従来，台湾で自動車運転免許証を持っていても日本国内での自動車運転は認められなかったが，平成19（2007）年9月より日本国内での運転が認められることになった。このことより，今後，外国人旅行者のドライブ旅行が増加することが予想される。今回の旅行では団体旅行のため自分で運転をしない対象者を

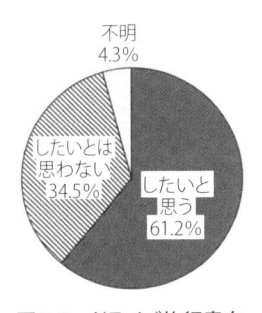

図9.8 ドライブ旅行意向 (n=139)
図9.9 ドライブ旅行意向 (個人旅行, n=74) 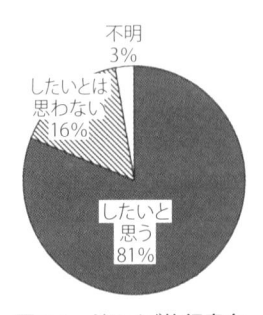
図9.10 ドライブ旅行意向 (団体旅行, n=60) 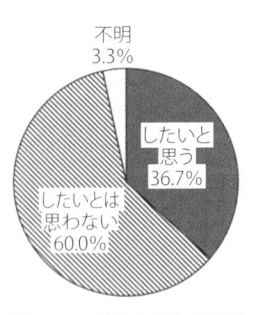

含め，次回北海道を訪れるならどれくらいの割合でドライブ旅行を希望するかを確認した。ドライブ旅行では，運転者や同乗者が自らリアルタイムでさまざまな情報を確認しながら旅行する必要があり，情報提供が重要な役割を果たすことになる。

図9.8のように全体では61.2％がドライブ旅行をしてみたいと答えており，期待の大きさがうかがえる。さらに，団体旅行者と個人旅行者別に意向を確認すると，図9.9および図9.10のように今回は団体旅行である対象者のなかにも36.7％がドライブ旅行をしたいと答えている。個人旅行者では8割がドライブ旅行の意向を示している。

9.6.3　情報の入手

（1）情報入手手段

対象者が今回の北海道旅行に出発する前にどのような情報入手手段が役に立ったかを，表9.3の手段それぞれに対して「1. とても役に立った」～「5. 役に立たなかった」の5点のスケールで訊ねている。

その結果，図9.11のように全体では「③インターネットからの情報」が役に立ったとする対象者が最も多く，積極的な肯定である「1」を選択した対象者が53.2％，肯定の「2」は27.3％で，役に立ったとする肯定的な回答は合計で8割を超える。次いで，「①雑誌，書籍などの印刷物」が上げられ，積極的

表9.3 出発前の情報入手手段（設問群）

① 雑誌，書籍などの印刷物
② テレビ番組
③ インターネットからの情報
④ 旅行会社
⑤ 知人，家族の話

図9.11 出発前に役立った情報入手手段（n＝139）

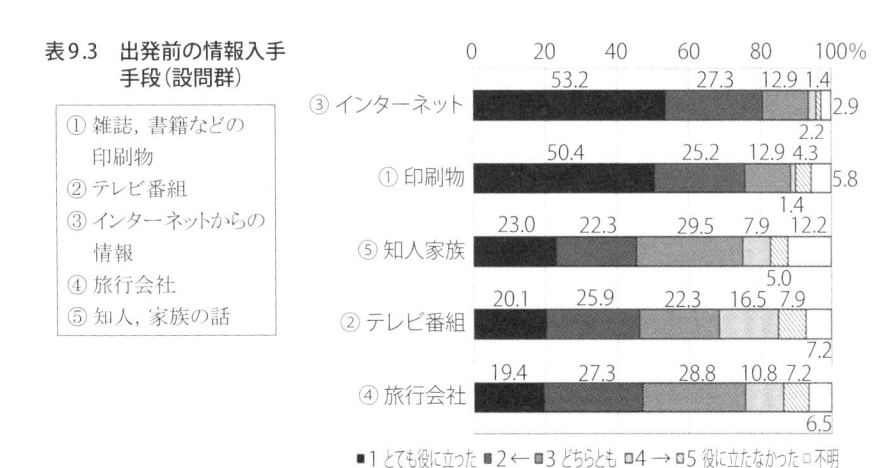

手段	1 とても役に立った	2 ←	3 どちらとも	4 →	5 役に立たなかった	不明
③ インターネット	53.2	27.3	12.9	1.4	2.2	2.9
① 印刷物	50.4	25.2	12.9	4.3	1.4	5.8
⑤ 知人家族	23.0	22.3	29.5	7.9	12.2	5.0
② テレビ番組	20.1	25.9	22.3	16.5	7.9	7.2
④ 旅行会社	19.4	27.3	28.8	10.8	7.2	6.5

肯定が 50.4 %，肯定が 25.2 %となり，合計 75.6 %が肯定的回答を行っている。積極的肯定を見ていくと，以下「⑤ 知人，家族の話」，「② テレビ番組」と続くが，上位 2 媒体が 50 %台なのに比べてこれらは 20 %台となり大きな差が付いている。

次に着地である北海道において対象者が使う情報入手手段とその評価を見てみる。この件に関して本調査では，表 9.4 の項目の手段について，それを使っているかと，それが役に立っているかの 2 段階で訊ねている。

全体として，図 9.12 および図 9.13 のように使っている手段と役に立っている手段に対する回答傾向は類似している。「① 観光案内所の説明」と「② 観光案内所のパンフレット」に対しては，利用し，役に立っていると肯定的な回答をしているのはいずれも 6 割前後で，観光案内所が着地北海道において情報提供の重要な役割を担っていることがわかる。

一方，旅行の出発前には最も役立つ情報入手手段である「⑤ インターネットからの情報」は，北海道での利用に関する肯定的回答は 5 割弱である。これは，使わないのではなく，使えないという事実が後の回答から見えてくる。

また，「③ ホテルのフロント係」は使う手段としては回答「1」の積極的肯定の割合が 12.9 %，「2」の肯定が 17.3 %と合わせても 3 割しかないが，役に立

表9.4 北海道での
情報入手手段
（設問群）

① 観光案内所の説明
② 観光案内所のパンフレット
③ ホテルのフロント係
④ ホテルのパンフレット
⑤ インターネットからの情報

図9.12 北海道で使う情報入手手段（n=139）

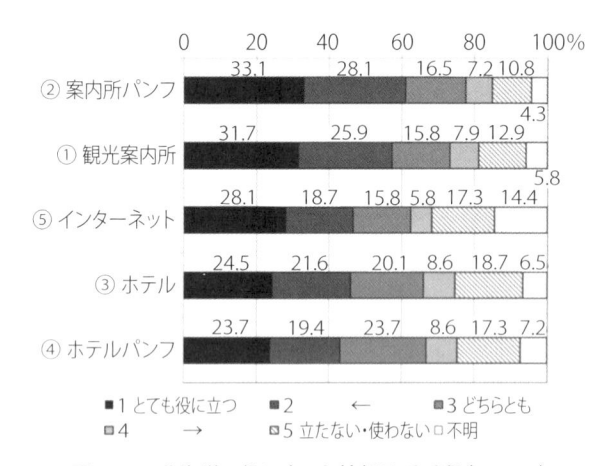

図9.13 北海道で役に立った情報入手手段（n=139）

ったという評価では肯定的回答が 46.1 % とおよそ 5 割に近く，実際に利用してみた旅行者からの評価が高いことがうかがわれる。

(2) 不便な情報入手手段

ここでは前問とは逆に，北海道において情報を得ようとしたときに不便に思ったことを訊ねている。具体的には表 9.5 の項目それぞれについて，5 点のスケールで回答を求めた。

これらの項目のなかで，図 9.14 に示すように，最も多く不便であるという回答が集まったのは「⑧ インターネットカフェの場所がわからない」であり，積極的肯定の「1」と答えた割合は 43.2 %，肯定の「2」は 20.9 % となり，合

[第9章] 外国人旅行者への着地型観光情報提供の課題　*193*

表9.5　不便な情報入手手段（設問群）

① 観光案内所が少ない	⑦ インターネットカフェが少ない
② 観光案内所の場所がわからない	⑧ インターネットカフェの場所がわからない
③ 観光案内所に中国語を使える人が少ない	⑨ ホテルでインターネットが使いにくい
④ 観光案内所に必要な情報がない	⑩ 街頭にWi-Fiのアクセスポイントがない
⑤ 中国語で書かれた案内パンフレットが少ない	⑪ 携帯電話が使えない
⑥ インターネットが使えるところが少ない	⑫ 公衆電話が少ない

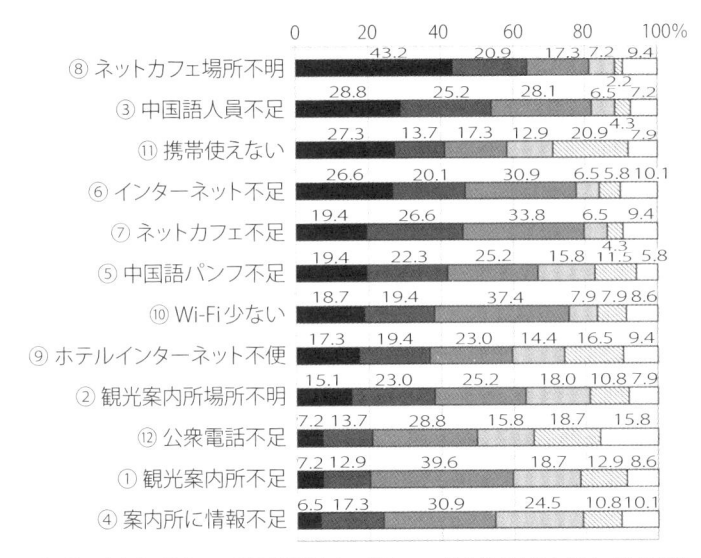

図9.14　北海道で不便な情報入手手段（*n*=139）

わせると実に 64.1 % が不便だと回答している。その他，インターネットの利用に関する項目にはおしなべて，高い割合で不満が示されている。

また，「③観光案内所に中国語を使える人が少ない」に対しても，54.0 % が不便だと答えている。重要な役割を担っている観光案内所だけに，この問題は大きいだろう。

積極的肯定の割合の多い不便な項目の 3 番目は，「⑪携帯電話が使えない」

である。デファクトスタンダードの携帯電話通信方式である GSM が一切使えないのは，世界中で日本と韓国だけである。これは，近年まで海外からの旅行者にとって致命的なことであった。しかし，現在では日本が採用している W-CDMA がアジアの他国でも普及し状況は改善されてきている。技術的には即座に海外諸国の運用並みに完全解決できる事柄であるが，国内の諸規制がそれを許さない状況である。

また，「① 観光案内所が少ない」と施設数への不満を表す対象者は20.1％と多くはないが，「② 観光案内所の場所がわからない」と答えている対象者が38.1％もいる。主に札幌市内の案内所について回答されていると思われるが，施設の数の問題以前に，施設のある場所をわかりやすくすることの方が利用者にとって重要であることが読み取れる。

個人旅行者と団体旅行者を比較しても，図9.15および図9.16に示すように，不便や困った情報入手手段に関しては顕著な違いは見られない。両者においてともに「⑧ インターネットカフェの場所がわからない」が最も高い割合で指摘

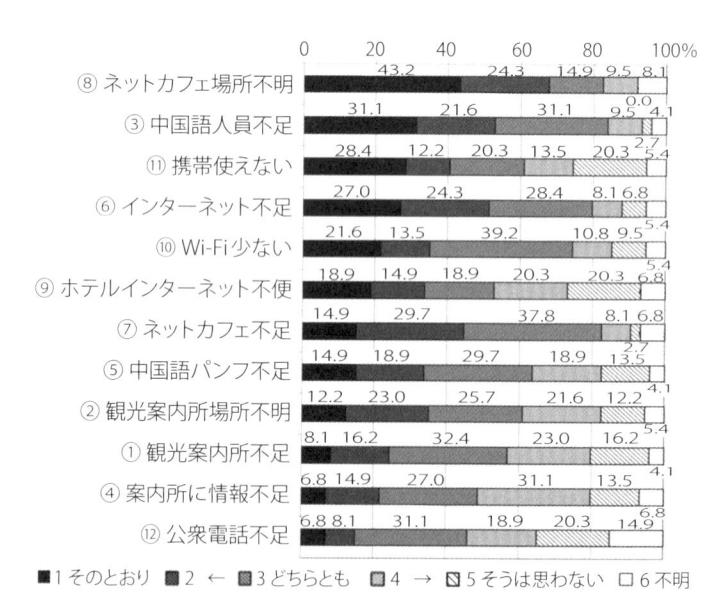

図9.15　北海道で不便な情報入手手段（個人旅行，$n=74$）

[第9章] 外国人旅行者への着地型観光情報提供の課題　195

	1そのとおり	2 ←	3どちらとも	4 →	5そう思わない	6不明
⑧ ネットカフェ場所不明	43.3	16.7	18.3	5.0		11.7
⑥ インターネット不足	25.0	16.7	33.3	5.0	5.0	15.0
⑪ 携帯使えない	25.0	16.7	13.3	13.3	20.0	11.7
③ 中国語人員不足	23.3	30.0	25.0	3.3		11.7
⑤ 中国語パンフ不足	23.3	28.3	21.7	13.3	6.7	8.3
⑦ ネットカフェ不足	21.7	25.0	28.3	5.0	5.0	13.3
② 観光案内所場所不明	20.0	25.0	23.3	13.3	6.7	11.7
⑩ Wi-Fi少ない	16.7	26.7	31.7	5.0	6.7	
⑨ ホテルインターネット不便	16.7	25.0	26.7	8.3	10.0	13.3
⑫ 公衆電話不足	8.3	21.7	26.7	13.3	13.3	16.7
④ 案内所に情報不足	6.7	20.0	35.0	18.3	5.0	15.0
① 観光案内所不足	6.7	10.0	46.7	15.0	8.3	13.3

図9.16　北海道で不便な情報入手手段（団体旅行, n=60）

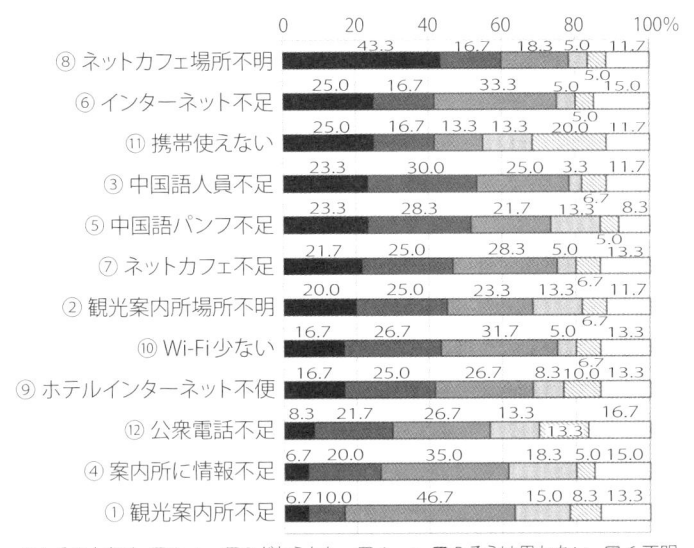

されている。そのなかで「⑨ ホテルでインターネットが使いにくい」を肯定する回答は相対的に少ない。これらの比較から，対象者がホテルから一歩外へ出ると，インターネットを利用する機会が奪われる現状を反映していると思われる。また，インターネット関連以外で両者が高い割合で不便さを指摘しているのは「③ 観光案内所に中国語を使える人が少ない」で，個人旅行者および団体旅行者の両者とも肯定的な回答をした対象者はおよそ半数もいる。また，「⑪ 携帯電話が使えない」も，両者において4割が肯定している。

一方，「⑫ 公衆電話が少ない」および「① 観光案内所が少ない」，「④ 観光案内所に必要な情報がない」に対しては，不便であることを肯定している割合は少ない。

(3) 情報不足で困ったこと・不便なこと

では，具体的に情報不足のために困ったことや不便なことは何であるかを，表9.6の選択肢で訊ねている。対象者には，該当する選択肢すべてを選ぶ複数

表9.6　困ったこと・不便なこと（選択肢群）

1. 公共交通機関の乗り方や料金がわからなかった。
2. 消費税の仕組みがわからなかった。
3. 訪れたい目的地や施設への道や交通機関がわからなかった。
4. 訪れたい施設の営業時間がわからなかった。
5. 訪れたい施設の入場料がわからなかった。
6. 北海道に来てからどこを訪れるかを決めようとしたが，情報がなかった。
7. 暑さ，寒さに対応した服装がわからなかった。
8. 信号など交通法規がわからなかった。
9. 道に迷って自分のいる場所がわからなくなった。
10. 海外旅行者が使えるATMがどこにあるのかがわからなかった。
11. 欲しいものや食べたいものがどこで手に入るのかわからなかった。
12. タクシーの利用の仕方がわからなかった。
13. ご自分の国のニュースがわからない。

回答を求めた。

　選択肢のなかから困ったこと，不便なことで最も多くあげられたのは，図9.17のように「10. 海外旅行者が使える ATM がどこにあるのかがわからなかった。」で33.1％であった。我が国では海外発行のカードで現金を下ろせる金融機関は極めて限られており，全対象者の3分の1が，自分のカードで現金を下ろす場所がわからず困っている現状が見て取れる。次いで，「13. ご自分の国のニュースがわからない。」が31.7％である。この設問には自由解答欄も設けたが，そのなかにも「旅行中，ホテルに CNBC, CNN が映る TV がなくて国際経済ニュースを知ることができません」という具体的な指摘もあった。国内の旅行者はこうしたニュースを知ることは容易であるが，海外からの旅行者の場合は自国の情報や国際的な情報を得ることは困難であることがうかがえる。

　以下指摘が多いのは，「4. 訪れたい施設の営業時間がわからなかった。」が30.9％，「7. 暑さ，寒さに対応した服装がわからなかった。」が28.8％，「1. 公共交通機関の乗り方や料金がわからなかった。」28.1％，「9. 道に迷って自分のいる場所がわからなくなった。」も同じく28.1％となっている。

　一方，困ったという回答が少ないのは，「8. 信号など交通法規がわからなかった。」が5.0％，「6. 北海道に来てからどこを訪れるかを決めようとしたが，情

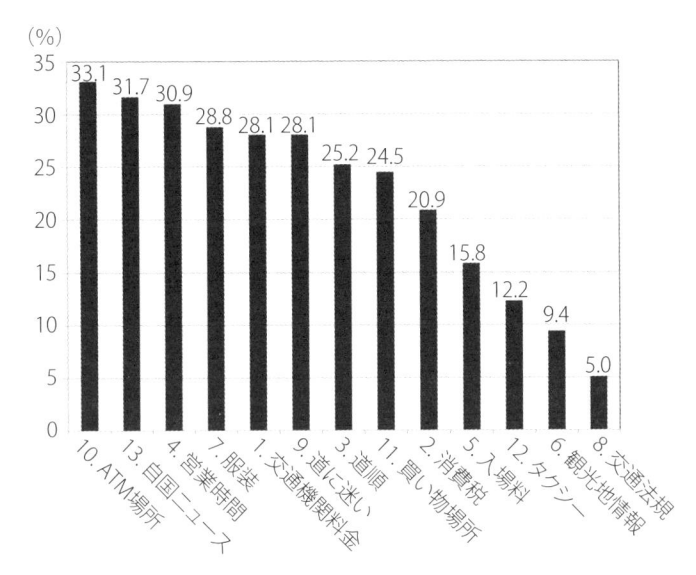

(%)
グラフ:
- 10. ATM場所: 33.1
- 13. 自国ニュース: 31.7
- 4. 営業時間: 30.9
- 7. 服装: 28.8
- 1. 交通機関料金: 28.1
- 9. 道に迷い: 28.1
- 3. 道順: 25.2
- 11. 買い物場所: 24.5
- 2. 消費税: 20.9
- 5. 入場料: 15.8
- 12. タクシー: 12.2
- 6. 観光地情報: 9.4
- 8. 交通法規: 5.0

図9.17　情報不足で困ったこと($n=139$)

報がなかった。」が9.4％などとなっている。海外旅行者が必要とする情報は，いわゆる観光地情報ではなく，着地で活動するための具体的な情報であることがうかがわれる。

　この設問も個人旅行者と団体旅行者で比較してみると，図9.18のように全体的には同じような点で困ったり不便に感じていることがわかるが，団体旅行者の方が困ると指摘している事柄が多い。たとえば，「3. 訪れたい目的地や施設への道や交通機関がわからなかった。」については個人旅行者の21.6％が選択しているのに対して，団体旅行者はそれより4割近くも多い30.0％もが選択している。「1. 公共交通機関の乗り方や料金がわからなかった。」と「9. 道に迷って自分のいる場所がわからなくなった。」も同様の傾向が見られ，個人旅行者に比べ団体旅行者は一人歩きのための情報を得ないで行動している場合が多いようである。

　それとは逆に個人旅行者の指摘が多いのが「4. 訪れたい施設の営業時間がわからなかった。」であり，団体旅行者の指摘が20.0％なのに対して，個人旅行

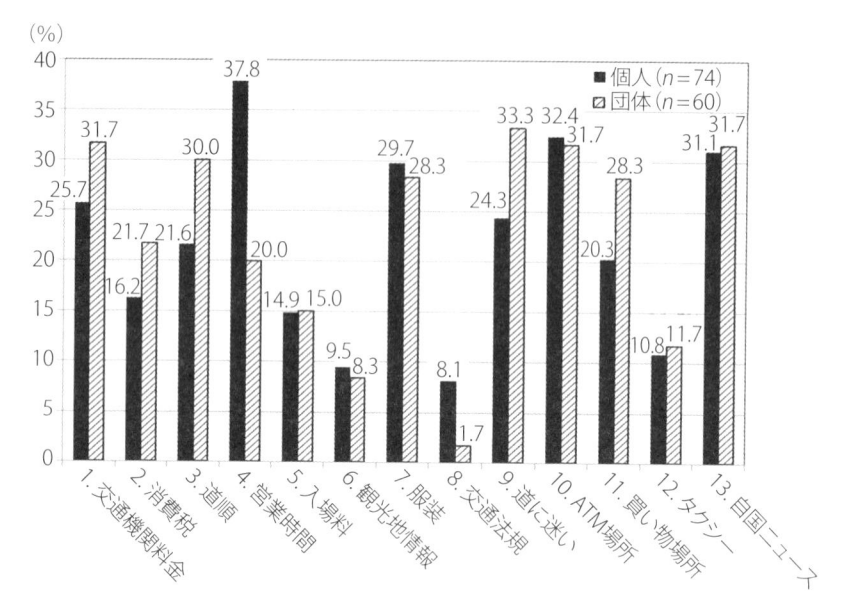

図9.18 情報不足で困ったこと(個人旅行と団体旅行)

者はその倍近くの37.8％が選択しているのが特徴的である。団体旅行者が施設に訪れるのは添乗員などの案内による場合が多いだろうが，個人旅行者は自らの判断で訪問するが，その営業時間の情報を得にくい状態に置かれていると考えられる。

9.6.4 持参情報機器

(1) 持参携帯電話の機能

海外旅行者に情報を提供することを想定すると，彼らが持参してくる情報通信機器と北海道側で提供できる情報通信インフラの共通の基盤，すなわち有望な共通プラットフォームを見いだす必要がある。

一方，外国人旅行者が持参してくる最も一般的な情報通信機器は携帯電話である（台湾のPHSも含む）。その携帯電話が，情報提供に関連するどのような機能を持っているかを確認した。すなわち，表9.7のような選択肢を設け，該

表9.7　持参携帯電話の機能（選択肢群）

1. 通信方式が第3世代規格 W-CDMA（3G, UMTS）も使える。
2. 携帯電話専用サイト（WAP）閲覧用のブラウザが付いている。
3. インターネットの PC サイト閲覧用のブラウザが付いている。
4. Wi-Fi（無線 LAN）機能が付いている。
5. GPS 機能が付いている。
6. さまざまな通信会社の SIM が使える（SIM unlocked, SIM-lock free）。

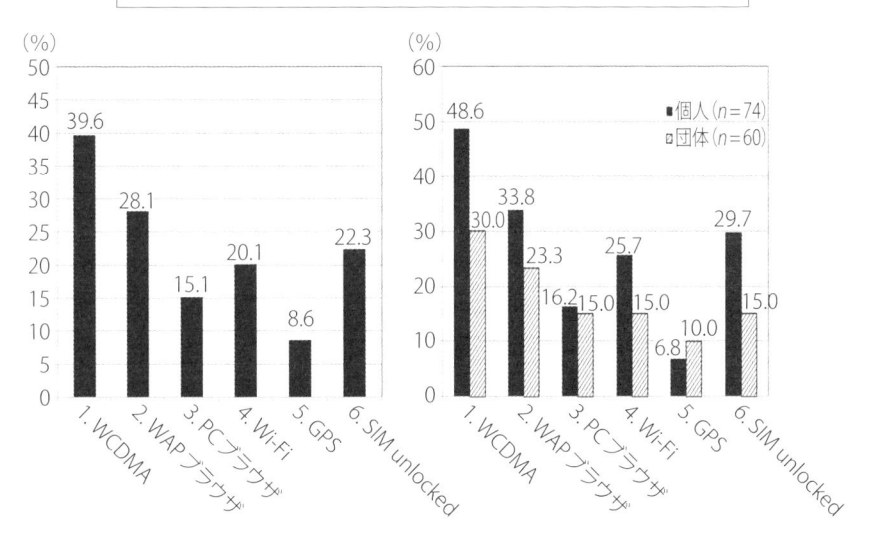

図9.19　持参携帯電話の機能（n＝139）　　図9.20　持参携帯電話の機能
　　　　　　　　　　　　　　　　　　　　　　　　（個人旅行と団体旅行）

当する機能すべてを回答してもらった。

携帯電話の利用者が自分の端末の機能をすべて把握しているとは限らないので，全般にそれぞれの機能に対する回答は，実際に備わっている機能に比べて少なめに現れる可能性があると想定される。しかし，「1. 通信方式が第3世代規格 W-CDMA（3G, UMTS）も使える。」は 39.6％と，高い割合で回答されている。対象者の4割の携帯電話が，日本で採用されている携帯電話通信規格に対応している。日本と他のアジアでは，2100 MHz 帯が使用している周波数帯として共通しているため，ローミングによる利用が可能である。

ここで注目したいのは，図 9.19 に示すように「4. Wi-Fi（無線 LAN）機能

が付いている。」と回答している対象者が 20.1 % いることである。これは，5人に 1 人は Wi-Fi に接続して情報通信できる端末を持参してきていることを意味する。さらに Wi-Fi 機能について個人旅行者と団体旅行者別にみると，図 9.20 のように個人旅行者では 25.7 %，すなわち平均すると 4 人に 1 人はその機能を持った携帯電話端末を持参しているのである。それらの端末は当然，通常のインターネットのホームページを閲覧できるブラウザや，携帯ブラウザのデファクトスタンダードである WAP ブラウザを搭載しており，Wi-Fi のインフラがあれば即座にホームページによる情報提供に活用できるものである。

また，GPS を搭載していると答えているのは全体では 8.6 % と少ないものの，ブラウザによる地図の表示は可能であり，適切なランドマークの表示があれば現在位置の同定は容易となる。

(2) Wi-Fi 利用可能な持参情報機器

さらに，Wi-Fi で通信可能なその他の情報機器を持参しているかについて，改めて Wi-Fi 機能を備えた携帯電話も含めて訊ねている。表 9.8 の選択肢を用意し，持参しているものすべてを答えてもらった。

表9.8　Wi-Fi利用可能な持参情報機器（選択肢群）

1. ラップトップ PC, MacBook, UMPC（超小型 PC）
2. スマートフォン（インターネットにアクセスできる多機能携帯電話）
3. Wi-Fi（無線 LAN）機能付き携帯電話
4. Pocket PC や Palm などの PDA
5. Wi-Fi 機能を付けられるゲーム機

なお，ここでの選択肢にもあえてただし書きを付けたように，スマートフォンの定義は必ずしも明確ではない。一般的には，データ通信機能やマルチメディア機能を持ち，PC のようにアプリケーションをインストールすることによってユーザーの用途に合った端末にカスタマイズできる高機能な携帯電話を指す。しかし，ここでは Wi-Fi 機能に着目しているので，「インターネットにアクセスできる多機能携帯電話」とただし書きしてある。また，調査時点では

Blackberryなど Qwertyキーパッド（PCのようなキーパッド）を持つ携帯電話のみをスマートフォンとみなす場合が多かったので，Nokia社のNシリーズのような10キーパッドしか持たないがWi-Fi機能を持つスマートフォンや携帯電話端末に関しては，「3. Wi-Fi（無線LAN）機能付き携帯電話」と，別に選択肢を設けた。

なお，豊富なアプリケーションがプリインストールされ，それにより携帯電話通信会社などの有料コンテンツを利用させるような日本独特の多機能端末は，海外では一般的ではないので選択肢にはない。

結果を見ると，図9.21のように，最も多いのは「1. ラップトップPC, MacBook, UMPC」の18.0％であった。ホテルへの調査依頼の際，国内客はかなりの率でPCを持参しているという話を支配人などからうかがったが，今回対象となった外国人旅行者も2割もの人々が持参していることがわかった。さらに，全体では「2. スマートフォン」17.3％，「3. Wi-Fi（無線LAN）機能付き携帯電話」15.8％と，いずれもかなりの率で持参していることが確認された。これらに比べ，「4. Pocket PCやPalmなどのPDA」は9.4％，「5. Wi-Fi機能を付けられるゲーム機」も7.9％と，10％以下にとどまった。

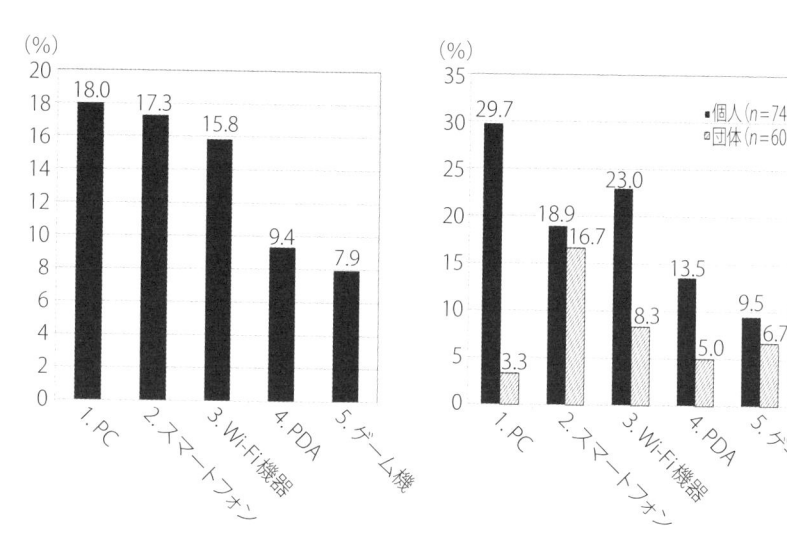

図9.21　持参情報機器（n=139）　　図9.22　持参情報機器（個人旅行と団体旅行）

さらに，図9.22から個人旅行者と団体旅行者別にみると，パソコンを持参している個人旅行者が29.7％もいるが，団体旅行者では3.3％とほとんどおらず，約10倍もの値の差があり明確な違いが見てとれる。スマートフォンでは，個人旅行者と団体旅行者の両者に持参している率の大きな違いは見られないが，Wi-Fi機能付き携帯電話は個人旅行者が団体旅行者の3倍近い対象者が持参している。

　全対象者のなかで，PDAとゲーム機を除くこれら無線LAN接続が可能な3種類の情報機器のうち少なくとも1台を持参している率を求めると図9.23のように39.6％となった。4割の対象者が，Wi-Fiに接続可能な情報機器を持参していることになる。

　さらに，これを個人旅行者と団体旅行者に分けて，持参の割合を比較してみる。すると，図9.24に示すように個人旅行者の55.4％が無線LAN対応機器を持参していることがわかる。実に，個人旅行者はすでに調査時点で2人に1人以上の割合で，Wi-Fiを利用することにより情報通信できる機器を持参して訪れているのである。

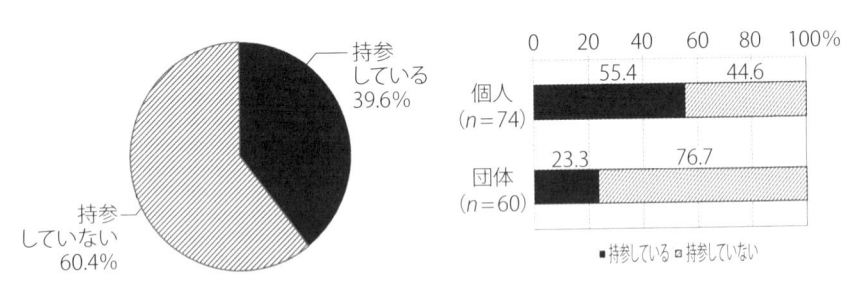

図9.23　無線LAN対応機器の持参（$n=139$）

図9.24　無線LAN対応機器の持参（個人旅行と団体旅行）

（3）無料でWi-Fiが使えるなら持参する機器

　以上より，外国人旅行者である対象者は相当な割合で，現時点ですでにWi-Fiで情報通信可能な機器を持参してきていることが明らかになったが，さらに積極的に北海道においてWi-Fiのサービスを無料で提供するとしたら対象者は情報機器の持参にどのような意向を示すか調べた。

設問は以下のように行った。想定する情報機器は前問と同じである（ただし，ゲーム機に関しては，「Wi-Fi 機能を付けられる」ではなく，「Wi-Fi 機能付きの」とした）。

> 北海道の宿泊施設や案内所，駅，街頭などにおいて，Wi-Fi（無線 LAN）で無料でインターネットが使えるなら，あなたは北海道旅行に情報機器を持参すると思いますか。次の①〜⑤のそれぞれについて，「1. 持参すると思う」〜「5. 持参しないと思う」の間の該当する目盛に〇を付けてください。

積極的な肯定である「1. 持参する」が最も多いのは，図 9.25 のように「① ラップトップ PC, MacBook, UMPC」の 36.0 % である。さらに選択「2」の 7.9 % を加えた肯定的な回答は，43.9 % である。「② スマートフォン」に対する肯定的回答も積極的肯定が 33.8 % で，肯定の「2」を加えると，肯定的回答は 44.6 % となる。この 2 者に比較するとやや回答率が低いが，「③Wi-Fi（無線 LAN）機能付き携帯電話」に対する肯定的回答の率も 38.1 % となる。いずれも今回全対象者のなかで持参している率の 2 倍以上の持参意向となっている。

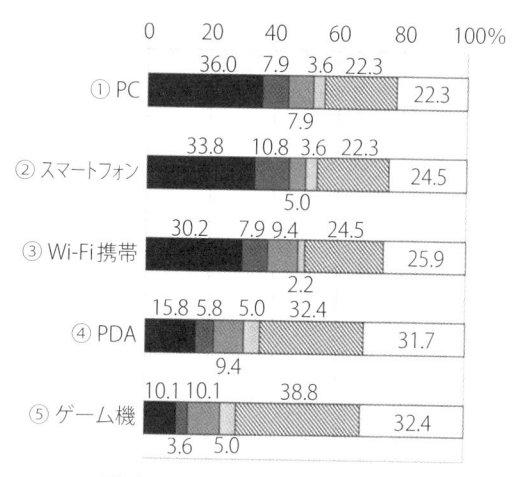

図9.25　Wi-Fi可能なら持参する機器（n=139）

また，持参するという率は少ないものの，PDA，無線 LAN 機能付きのゲーム機の場合も，現状の持参率のおよそ 2 倍の持参意向が示されている。

以下，個別の機器に関して，個人旅行者と団体旅行者の持参意向を比較する。まずパソコンだが，図 9.26 のように選択「1」と「2」の肯定的回答の合計

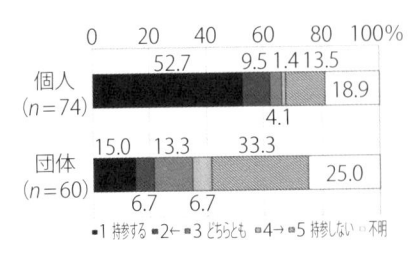

図9.26 Wi-Fi可能なら持参する機器（①PC）

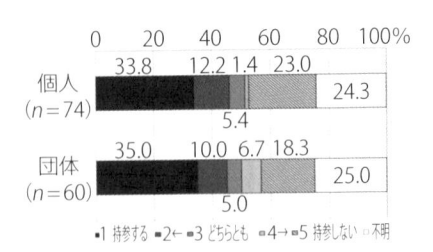

図9.27 Wi-Fi可能なら持参する機器（②スマートフォン）

でみると，個人旅行者は 62.2 %，団体旅行者は 21.7 % となる。現状ですでに個人旅行者の 3 分の 1 がパソコンを持参しているが，Wi-Fi が無料で使えるという条件のもとでは意向はさらに倍になっている。団体旅行者の意向も飛躍的に伸びるが，個人旅行者の意向の多さとはかなりの差がある。

スマートフォンに対する持参意向の率は，現状の持参状況でもそうであったが，図 9.27 のように個人旅行者と団体旅行者の間に大きな違いは見られない。どちらも 45 % 程度になっている。これは，他の機器には見られない特徴である。我が国と異なり調査時点ですでにスマートフォンが普及している海外では，つねに携行できるパソコン並みの機能を持った情報機器として普通に扱われ，持参の意向は旅行形態という行動とは関連性がないと思われる。

一方，パソコンの場合は UMPC など小型化が進んでいるが，それでも個人旅行でレンタカーを利用して移動する場合でもなければあえて持参しようという意向は示さないのであろう。そのため個人旅行者と団体旅行者で，持参の現状も意向にも大きな差が表れたと思われる。

以下，無線 LAN 機能付き携帯電話（図 9.28），PDA（図 9.29），無線 LAN 機能付きゲーム機（図 9.30）に関しては，いずれも持参の意向は，現状の持参率から伸びるとともに，持参の意向率は個人旅行者の方が高い結果になっている。

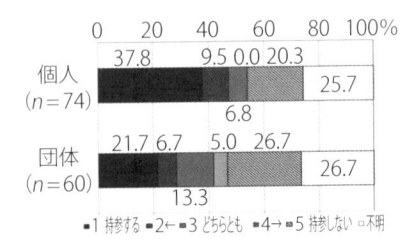

図9.28 Wi-Fi可能なら持参する機器（③Wi-Fi携帯）

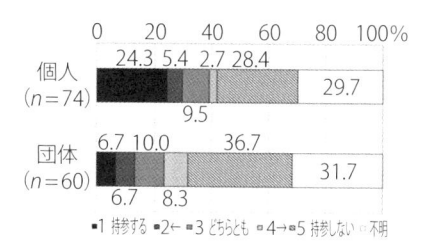

図9.29　Wi-Fi可能なら持参する機器
　　　　　　　（④ PDA）

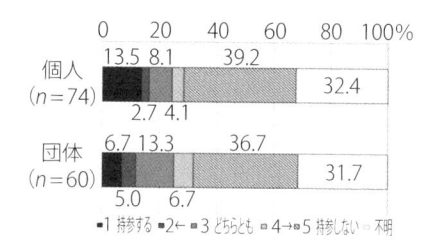

図9.30　Wi-Fi可能なら持参する機器
　　　　　　　（⑤ ゲーム機）

9.7　考察

（1）個人旅行客に着目

　今回の調査対象者のうち 53.2 ％が個人旅行客であった。その内訳は，香港からの旅行者が 52.9 ％で，台湾からが 47.1 ％である。従来ほとんどが団体旅行者であると言われていた台湾からの旅行も，FIT に移行しつつあることがうかがわれる結果だった。こうした個人旅行者への対応が，今後の北海道観光をはじめとした我が国へのインバウンドの外国人旅行者に対応していく上の課題と言える。現在，台湾からの旅行客を中心とした外国人の団体旅行者数の頭打ちが懸念され，新たな観光市場として FIT の増加に期待が寄せられているからである。

　旅行者への情報提供のあり方を探る本調査の結果分析においては，個人旅行者と団体旅行者の回答傾向の違いに着目してきた。なぜなら，団体旅行者に比べ個人旅行者は，旅行会社や添乗員が用意した行動予定や情報を受動的に受け入れる旅行者ではなく，着地で自ら能動的に情報を収集しながら行動する旅行者だからである。

（2）情報収集はインターネット

　日本人が観光旅行を行う際に，参考にするもののなかで重要なものとしてインターネットがあげられる。財団法人日本観光協会が毎年調査を行い，結果を発表している『国民の観光に関する動向調査』（平成 18 年度）によれば，調査時点で観光の参考にするものとして，「家族・友人の話」が 35.1 ％，「ガイ

ブック」34.5％,「パンフレット」33.2％, そして「インターネット」が30.3％と, 選択肢であげられている17の媒体のうち, 利用の多いものから4位に位置づけられている。このうち,「家族・友人の話」という個人的な伝達を除くと, 3番目に多い手段ということになる。

　また, 今回の外国人を対象にした調査では, 全体では8割を超える対象者が北海道旅行へ出発前の情報としてインターネットからのものが役に立ったと答えている。これは5つの選択肢のなかで最も支持が多い情報入手手段である。日本人を対象にした調査とは調査方法が異なるが, 日本人と同様に, あるいは日本人にましてインターネットからの情報を活用していることがうかがえる。

(3) ホテルの外では使えないインターネット

　一方, 北海道での情報入手手段としては, 観光案内所が重視されていることがわかった。とくに個人旅行客にその評価が高く, 観光案内所の説明およびパンフレットに対しておよそ7割が役に立ったと答えている。それに次ぐのがインターネットからの情報となっている。

　しかし, JNTOのTIC調査で指摘されていたのと同様に, 今回の調査結果でもインターネットカフェの場所がわからないことが, 北海道での情報入手手段で困ったことの筆頭にあげられた。ホテルの外でもインターネットを利用したいと思っている外国人旅行者が困っている様子がうかがえる。

　また, 北海道旅行中に外国人旅行者が情報不足のために困っている事柄が少なくないことも判明した。13件あげた具体的な項目のうち, 6件に対して3割前後もの対象者が困ったと回答している。この結果だけでもいかに情報提供が不足しているかを物語っており, 情報提供の重要性と対策の必要性を再認識させられるものである。

(4) Wi-Fiを活用した情報提供の実現性

　この調査は, 外国人観光客への情報提供のあり方としてWi-Fi活用の可能性を探るものである。モバイル技術を利用した情報提供の仕組みには, 共通のプラットフォームのもとで提供側のインフラ整備と利用者側の端末が揃わなければならない。無線LANの場合は, 提供側のインフラは, 規模こそ違えすでに

一般家庭にさえ普及している安価で完成された技術で容易に構築されるものである。したがって，実現への要となるのは，利用者が対応する端末を北海道旅行に持参しているか，あるいは持参の意向を持っているかである。

調査結果では，すでに調査時点で対象者全体のおよそ 2 割がパソコンを，またスマートフォンもおよそ 2 割が持参していることがわかった。Wi-Fi 利用が可能な携帯電話もそれらに迫る割合で持参されている。さらに，個人旅行者での割合を見ると，パソコンは実に 3 割の対象者が持参しており，スマートフォンや Wi-Fi 利用が可能な携帯電話もそれぞれ 2 割前後が持参しているのである。これらの機器は重複して持参しているものもあるので，対象者全体でこれら Wi-Fi 利用が可能な情報機器のいずれか 1 台でも持参している率を求めたところ，4 割がすでに持参していることが明らかになった。そしてさらに，個人旅行者に限ってみると 55.4 ％が持参しているのである。

今回の調査結果では，街頭で Wi-Fi が使えないという不満は少なかったが，多くの対象者が望むインターネットへのアクセスの要望は Wi-Fi の活用で可能になる。

先行調査では，実際には外国人旅行者が使うことを規制されている日本の携帯電話を利用することを想定しているなど，非現実的な前提で情報提供の可能性を探るものが多い。携帯電話の基地局はインフラとしてすでにあるものの，一時滞在の利用者側が日本の携帯端末を持つことは法的規制のため不可能であり，規制が緩和される目処などまったくないのである。

それと比較し，Wi-Fi を利用した情報提供なら，現時点ですでに利用者は端末の準備を終えている状態である。大勢の旅行者に新たに端末を持ってもらうことの困難さに比べ，すでに完成している技術である Wi-Fi のアクセスポイントを設置することは，情報提供を行う側が判断すれば容易に実現可能なことである。

(5) 公衆 Wi-Fi アクセスポイントの無料提供

さらに，日本では一部でしか運用されていないが，海外では珍しくない運用方法として，無料の公衆 Wi-Fi のアクセスポイント提供がある。今回の調査でも，観光客が立ち寄る観光案内所や交通機関の要所要所で公衆 Wi-Fi でイン

ターネットにアクセスできるなら，対応する端末を持参するかを訊ねたところ，現状からさらに持参の意向も伸びることがわかった。

　現状では，外国人旅行者は情報不足のためにさまざまな具体的問題で困っていることが明らかになった。一方，無料の公衆 Wi-Fi のアクセスポイントを旅行者の立ち寄り先に設置すれば，彼らが持参してきているスマートフォンや Wi-Fi 対応の機器で必要な情報にアクセスして解決することが可能となる。

　調査を実施した当時，日本ではスマートフォンの普及が遅れており，海外では先んじて広く普及していることが意識されていなかったと思われる。今回の調査時点で，他の情報機器と異なり，すでにスマートフォンは個人旅行者，団体旅行者にかかわらずおよそ 2 割の対象者が持参している。モバイル ICT 活用が遅れている我が国の常識を基準に対応を考えるのではなく，外国人旅行者の常識に合わせた対策が必要である。

(6)「道の駅」などにおける公衆 Wi-Fi 運用の展望

　今回の調査結果からは，今後，外国人旅行者のドライブ観光も増加することが期待される。外国人ドライブ観光推進協議会の調査が指摘するように，レンタカーに設置するカーナビゲーション・システムの多言語化の対応は始まっている。しかし，移動中や移動先でオンデマンドに求められる内容には，観光案内所のような双方向のやり取りから情報を提供する仕組みが必要である。ところが，広大な北海道に観光案内所を網羅することは困難である。とくに，外国人旅行者に対応できる外国語が堪能な案内員を配置することはさらに不可能である。

　そうした情報提供も，ドライブ観光で旅行者が立ち寄る「道の駅」などに無料の公衆 Wi-Fi のアクセスポイントを設置することで対応することができる。今回の調査結果から，3 割の個人旅行者はすでにパソコンを持参していることがわかった。小型軽量の UMPC やタブレット PC を持参し，レンタカーに持ち込んでドライブ観光をする個人旅行者はますます増えるに違いない。また，その周辺地域が共同で地域情報を網羅したポータルサイトを設け，「道の駅」の駐車場から Wi-Fi でアクセスした場合，リダイレクトでそのサイトを端末画面に表示させれば，確実な地域情報の発信も可能になる。当然そうした仕組み

は外国人旅行者だけでなく，自家用車やレンタカーで北海道旅行を行っている国内旅行者にも活用されるものとなる。

　調査時点で，北海道地区「道の駅」連絡会事務局のサイトによると，「道の駅」の数は全道に107である。そのなかで，無料の公衆無線LANの設置を確認できるのは9か所で全体の8.4％しかない（FREESPOT協議会サイトより確認）。すべての施設に公衆Wi-Fiを設置し，それが「道の駅」の1つの機能となれば，インフォメーション機能が充実するだけでなく，「道の駅」の利用そのものが促進される相乗効果が期待される。

　なお，一般に「道の駅」は郊外に設けられているので，住民へインターネットサービスを提供している既存のISPの事業とは競合しないのも好都合である。

（7）インターネットへアクセスできる優位性

　Wi-Fiでインターネットにアクセスできるメリットは，利用者の必要性に応じて自由にインターネット内の情報を検索できることである。ホテルを出るとインターネットを使えないために困っている外国人旅行者は，いくつかの実証実験で試されたような特定の携帯電話や専用PDAから流される押しつけの情報を求めているのではない。北海道旅行へ出発する前にインターネットで情報を検索したように，北海道に来ても同じように主体的に情報検索がしたいのだ。そういう視点からは，公衆Wi-Fiの活用は情報提供というより，外国人観光客への主体的な情報検索の手段提供というべきかもしれない。さらに，インターネットが利用されるなら，地域側も連携してポータルサイトを立ち上げるなどすれば望む情報発信も可能なのであり，これこそ情報提供そのものとなる。

　さらに，外国人旅行者が日本国内で自由に携帯電話が使えない状態は，近い将来に解消される見込みはない。携帯電話を用いた犯罪の防止という理由のために，外国人が日本の携帯電話を利用することへの制限が増すことはあっても，より自由に使えるようになる方向にはないのである。

　また，あまり知られていないが，外国人が持参したWi-Fi機器を日本国内で使用することは，現在でも電波法に抵触する恐れがある。空港ラウンジで大勢の外国人がWi-Fiを使ってインターネットを利用しているが，これらすべては

厳密には電波法に触れる可能性がある。また、ビジネスで日本の会社を訪れ、日本のオフィスで Wi-Fi を使っているビジネスマンたちも同様に抵触している可能性が高い。

　電波法は、日本国内で電波障害が起きることを避けるため、各国ごとに割り当て周波数帯も出力も異なる無線機器の使用を規制することには意味がある。しかし、Wi-Fi は、米国電気電子学会（IEEE）と、Wi-Fi アライアンスの 2 つの機関の仕様に準拠した国際規格であり、電波障害発生の恐れはほとんど考えられない。また、電波法では Wi-Fi そのものを禁じているのではなく、国内の特定の団体が発行する認証マークの表示を求めているに過ぎない。日本の規格も IEEE と Wi-Fi アライアンスの規格に準拠しているのであり、早急に省令などによって法運用が改善されることが求められる。

　外国人観光客など一時滞在の外国人が日本国内でモバイル通信ができないということは、ビジネスを含む広い意味での観光にとって重大な障害である。MICE 振興の視点からビジネス的誘致を考えた場合、通信の確保が重要な要件となる。しかし、この点についても、公衆 Wi-Fi の利用が容易ならば、問題の多くの部分は補うことが可能だ。つまり、インターネットにアクセス可能ならビジネスマンが持ち込むスマートフォンで E メールの交換が可能になるし、Skype などの IP 電話を利用すれば音声通話も可能になるからである。

（8）まとめ

　日本では公衆 Wi-Fi サービスで企業が収益を得ることが難しいといわれる。その原因への言及はここでの考察の主題ではないので避けるが、そのことが普及を妨げている原因の 1 つと思われる。一方、外国人観光客への情報提供は一企業の収益目的で行うことではない。日本という着地、あるいは地域の側が訪れてもらいたいと願っている外国人観光客が、困っていたり、不便に思っていることを解消するためのものである。つまり、自由な観光行動の阻害要因を取り除くためである。個々の観光事業者は、自らの事業の範囲でサービスを考えるものであるから、公衆 Wi-Fi の整備には関心を持たないだろう。外国人観光客の観光行動全体を見渡し、観光事業者が扱わない分野の行動支援を行うのは着地である地域の仕事である。

外国人旅行者の利用を意図した公衆 Wi-Fi へのアクセスは無料であることが重要であるが，有料サービスが乱立して無料化が難しい場合は，少なくとも外国人旅行者の安価な短期の利用契約を可能にし，サービス提供者間でローミング・サービスを進めるべきだろう。

　ホスピタリティとは，訪れる人々に親切にするという単なる精神運動ではない。元来，同じ宗教を持つ者が，巡礼者に対してもてなしを行ったものである。それがそれぞれの宗教において尊いものとみなされ，尊い行いは何らかのご利益を約束するものだったのだ。つまり，ホスピタリティとは，巡礼者と受け入れる者との利害が一致したところで発生したのである。無料の公衆 Wi-Fi を設置し，外国人観光客が自ら求める情報検索を可能にし，観光行動を行う際の不満や困難を取り除くことは，受け入れ側の着地地域の利益にかなうものである。すなわち，インバウンド観光を快適にし満足感を拡大することは，リピーターを増やし新たな観光客を呼ぶことになるに違いないからだ。外国人観光客の情報検索と地域からの情報提供を可能にする公衆 Wi-Fi の設置は，ホスピタリティそのものと言えるのである。

【参考文献】

[1] ツーリスト・インフォメーション・センター:『TIC 利用者の訪日旅行実態調査報告書』独立行政法人国際観光振興機構（JNTO）(2006)
[2] ツーリスト・インフォメーション・センター:『TIC 利用外国人旅客の訪日旅行実態調査報告書』独立行政法人国際観光振興機構（JNTO）(2007)
[3] ツーリスト・インフォメーション・センター:『TIC 利用外国人旅客の訪日旅行実態調査報告書』独立行政法人国際観光振興機構（JNTO）(2008)
[4] 国際観光振興機構:『訪日外国人旅行者満足度調査報告書』国際観光サービスセンター (2005)
[5] 外国人ドライブ観光推進協議会:『北海道における地域協働型外国人ドライブ観光推進調査報告書』外国人ドライブ観光推進協議会 (2007)
[6] 北海道経済部観光のくにづくり推進局:『北海道観光入込客数調査報告書　平成 19 年度』北海道経済部 (2008)
[7] 社団法人日本観光協会:『平成 18 年度版　観光の実態と志向　第 25 回　国民の観光に関する動向調査』社団法人日本観光協会 (2006)

索　引

【あ行】

赤池情報量　114
アクセシビリティ　159
アグリツーリズム　105
揚げ浜式製塩　9

イマジニア　45
いも煮　113

ウェルカムカード　31
ウォルター・イライアス・ディズニー　36
ウォルト・ディズニー・イマジニアリング社　45
ウォルト・ディズニーとミッキーマウスの共通点　37

エデュテイメント　51
エプコット　52

お伊勢参り　147
温泉施設　112

【か行】

果樹王国　112
カーナビゲーション・システム　181
株式会社スペースワールド　62
加森観光　76, 77
観光案内所　181
観光果樹園　112
観光行動支援　175
観光牧場　97

観光誘因効果　113

機会費用　93
北九州市ルネッサンス　65
教育ファーム　84
教育旅行　83
郷土料理　113
漁業協同組合　123

グリーンツーリズム　105

経営効率性分析　119
計器進入システム　28
経済効果　72
携帯電話回線　145, 149
限界集落　32

効率性評価　119
交流型漁業経営　119
交流型伝統漁業　141
高齢者　176
雇用慣行　56
コンテンツツーリズム　2
コンベンション　156

【さ行】

作業体験　93
さくらんぼ　106

シティー・ファーム　84
ジブリ美術館の構想　42
重回帰分析　103

収穫逓増モデル　137
修学旅行　83
収入効率性　128
障害者　176
食・農村文化体験　93
食の文化的資源　115
食文化　103, 108
食文化継承取組主体　114
新日本製鐵株式会社　61

簀立て　122
ストーリー　52
スペースポート　79

セキュリティ　167

【た行】
体験サービス　93
多重共線性　114

地域産物取引主体　114
地域情報　171, 175
地域内発型ビジネス　105
地域文化的資源　103
中央酪農会議　89

ディズニーランドの構想　42, 43
定置網漁法　122
テーマパーク　55
テーマパークの定義　60
伝統漁法　141
伝統工芸品　114
電波法　209

東京ディズニーランド　71
東京ディズニーリゾート　35

特定サービス産業実態調査　55

【な行】
長崎オランダ村　71
成田ジャパンビレッジ　79

ニッチャー企業　49
日本のテーマパーク　59

農業経営の多角化　84
農業体験　83
農業の教育機能　83
農業の多面的機能　84
農村ツーリズム　88, 103
農村風景　110
のと里山海道　6
乗継割引　21

【は行】
ハウステンボス　71
波及効果　70
ハブ・アンド・スポーク構造　47

東日本大震災　176
費用効率性　128

ファシリテイター　89
フードツーリズム　2, 7
プリペイドSIM　181
ブルー・ツーリズム　119
文化的景観　116
文化的資源　106

防災　177
包絡分析法　121
ホスピタリティ　179

ボランティア　97

【ま行】
マーケティング　95

三鷹市民デー　54
三鷹市立アニメーション美術館　43
道の駅　2, 208
宮崎吾朗　49
宮崎駿　36, 38
民事再生法　75

門司港レトロ地区　73

【や行】
八幡東区東田地区周辺整備計画　66
山形県　103

遊園地　55
指差し会話ブック　31

4つのC　51
米沢牛　113

【ら行】
酪農教育ファーム　83

利益効率性　128
リーダー企業　49

歴史的建造物　110
レンタル携帯電話　182

ロイ・オリヴァー・ディズニー　36
ローミング　199

【アルファベット他】
3G　199
AR　184
CCRモデル　119
DEA　119
GPS機能　181
GSM　194
SWOT分析　8, 24
UMTS　199
W-CDMA　194

■著者

大薮　多可志（おおやぶ　たかし）
1973年　工学院大学工学研究科修士課程修了
1975年　早稲田大学第二文学部英文学科卒業
現在　　金沢星稜大学経済学部経営学科 教授
　　　　NPO法人　観光情報学会副会長
　　　　工学博士

中島　恵（なかじま　めぐみ）
明治大学大学院経営学研究科博士前期課程修了
明治大学大学院経営学研究科博士後期課程単位取得満期退学
2009～2011年　星稜女子短期大学（現・金沢星稜大学女子短期大学部）
　　　　　　　経営実務科 専任講師
2011年より大阪観光大学観光学部 専任講師

大江　靖雄（おおえ　やすお）
1980年　北海道大学大学院環境科学研究科修士課程修了
1980年　北海道胆振支庁主事
1992年　農林水産省中国農業試験場地域計画研究室長
現在　　千葉大学大学院園芸学研究科 教授
　　　　日本農業経済学会副会長
　　　　博士（農学）

細野　昌和（ほその　まさかず）
1985年　筑波大学大学院環境科学研究科修士課程修了
2001年　東北大学大学院情報科学研究科博士課程後期課程修了
現在　　北海商科大学商学部観光産業学科 教授
　　　　博士（情報科学）

ISBN978-4-303-56320-2
観光と地域振興

2013年4月1日　初版発行　　　　　　　　　　　　Ⓒ 2013

著　者　大薮多可志・中島 恵・大江靖雄・細野昌和　　検印省略
発行者　岡田節夫
発行所　海文堂出版株式会社

　　本　社　東京都文京区水道2-5-4（〒112-0005）
　　　　　　電話 03(3815)3291(代)　FAX 03(3815)3953
　　　　　　http://www.kaibundo.jp/
　　支　社　神戸市中央区元町通3-5-10（〒650-0022）
日本書籍出版協会会員・工学書協会会員・自然科学書協会会員

PRINTED IN JAPAN　　　　　　　　印刷　田口整版／製本　小野寺製本

JCOPY <（社）出版者著作権管理機構　委託出版物>
本書の無断複写は著作権法上での例外を除き禁じられています。複写される場合は、そのつど事前に、（社）出版者著作権管理機構（電話03-3513-6969、FAX 03-3513-6979、e-mail: info@jcopy.or.jp）の許諾を得てください。